Leandro Bortoleto
Perla Müller

COLEÇÃO **TRIBUNAIS E MPU**
Coordenador
HENRIQUE CORREIA

NOÇÕES DE ÉTICA NO **SERVIÇO PÚBLICO**

PARA OS CONCURSOS de Técnico e Analista dos Tribunais e do MPU

4ª edição revista atualizada

2020

EDITORA JusPODIVM
www.editorajuspodivm.com.br

EDITORA *Jus*PODIVM
www.editorajuspodivm.com.br

Rua Território Rio Branco, 87 – Pituba – CEP: 41830-530 – Salvador – Bahia
Tel: (71) 3045.9051
• Contato: https://www.editorajuspodivm.com.br/sac

Diagramação: Cendi Coelho *(cendicoelho@gmail.com)*

Capa: Ana Caquetti

ISBN: 978-85-442-2817-3

APRESENTAÇÃO DA COLEÇÃO

O objetivo da coleção é a preparação direcionada para os concursos de Técnico e Analista do TRT, TRE, TRF e Tribunais Superiores. Em todos os livros o candidato irá encontrar teoria específica prevista nos editais, questões recentes comentadas e questões de concurso com gabarito fundamentado.

A ideia da coleção surgiu em virtude das reivindicações dos estudantes, que ansiavam por obras direcionadas para os concursos de Técnico e Analista dos Tribunais. As apostilas específicas mostram-se, na maioria das vezes, insuficientes para o preparo adequado dos candidatos diante do alto grau de exigência das atuais provas, o que ocorre também com as obras clássicas do direito, por abordarem inúmeras matérias alheias ao concurso.

Nessa coleção o candidato encontrará desde as cinco matérias básicas exigidas em todos os concursos, como português, raciocínio lógico ou matemática, informática, direito constitucional e administrativo, até as matérias específicas de outras áreas (arquivologia e Administração Pública) e todas as matérias dos diferentes ramos do direito. Portanto, com os livros da coleção o candidato conseguirá uma preparação direcionada e completa para os concursos de Técnico e Analista do TRT, TRE, TRF e Tribunais Superiores.

O livro **Noções de Ética no Serviço Público** é direcionado para a preparação dos candidatos para os cargos de Técnico e Analista do MPU e dos tribunais (TRE, TRT, TRF e Tribunais Superiores) e, também, por todos os interessados em estudar ética, moral e as regras deontológicas aplicáveis aos servidores públicos federais.

Além da linguagem clara, estão presentes em todos os livros da coleção quadrinhos de resumo, esquemas e gráficos, possibilitando ao leitor a memorização mais rápida da matéria. Temos certeza de que esta coleção irá ajudá-lo a alcançar o tão sonhado cargo público de Técnico ou Analista dos Tribunais.

HENRIQUE CORREIA

Site: www.henriquecorreia.com.br

Twitter: @profcorreia

Instagram: Prof_correia

SUMÁRIO

EDITAL SISTEMATIZADO[1]

(Para facilitar a pesquisa e otimizar seu estudo)

▶ ITENS DO EDITAL	▶ TÓPICO DO LIVRO	▶ PÁGINAS
1. Ética e Moral.	Cap I Itens 1 e 2	13-21
2. Ética, princípios e valores.	Cap I Item 3	21-25
3. Ética e democracia: exercício da cidadania.	Cap I Item 5	31-33
4. Ética e função pública. 5. Ética no Setor Público	Cap I Item 6	33-40
6. Código de Ética Profissional do Serviço Público (Decreto nº 1.171/1994).	Cap II Item 2.1	54-55
7. Lei nº 8.112/1990 e alterações: regime disciplinar (deveres e proibições, acumulação, responsabilidades, penalidades).	Cap III Item 2	117-138
8. Lei nº 8.429/1992: das disposições gerais, dos atos de improbidade administrativa.	Cap IV Item 2	171-181

1. Dependendo do edital, a matéria pode ser cobrada como Ética no Serviço Público ou Ética na Administração Pública.

Introdução

O pensamento sedimentado na modernidade acreditou ter edificado caminho seguro para o progresso humano em todos os campos: o domínio das ciências seria então a garantia da conquista do mundo.

Não se duvida que o progresso da técnica, intimamente relacionado ao progresso científico, em especial das ciências da natureza (aqui incluídas as ciências da matéria e da vida) tenha trazido benefícios à humanidade: tornamo-nos *experts* em 'equacionar' respostas a demandas. Mas nem todos os problemas humanos se resolvem 'tecnicamente', como operações matemáticas de soma, multiplicação ou divisão. O progresso ligado, em especial, às ciências humanas não parece nos ter colocado em estrada segura, já que a **pós-modernidade** anuncia: **a sociedade está em crise**! O domínio das ciências não tem dado conta do **problema do comportamento humano**, ecoando perenemente a indagação: **Como orientar o comportamento humano?**

Egoísmo, individualismo, descomprometimento, alheamento indicam a total **quebra de padrões éticos**, seja na esfera individual, seja na esfera social. As pessoas buscam sua satisfação solitária, desprezando e ignorando as necessidades e interesses alheios em benefício próprio. A **corrupção** parece tomar conta de toda a tessitura privada e social, do que resulta uma generalizada desarmonia e insatisfação sociais, levando os indivíduos a bradarem pelo fim da corrupção e por justiça.

Ora, o Estado, como responsável pelo provimento das necessidades dos indivíduos sob sua tutela, promove a prestação de um sem número de serviços, os quais – como não poderiam deixar de ser – são prestados por pessoas, aquelas mesmas que anteriormente dissemos viver em um mundo eticamente carente. Nos últimos anos, assistimos o sucateamento dos serviços públicos em prol da satisfação de interesses privados e ilegítimos em detrimento das necessidades coletivas e legítimas.

No momento em que a contemporaneidade clama pelo resgate do **comportamento correto**, nada mais providencial do que deitar olhar sobre a **ética no serviço público**, como forma de conscientizar os futuros ingressantes da carreira de sua responsabilidade social e de seu verdadeiro papel dentro da sociedade, não sendo demais recordar, com Aristóteles, que a **pessoa humana é naturalmente um animal político, destinado a viver em sociedade**[1].

1. *Ética a Nicômaco*. São Paulo: Atlas, 2009. p. 11.

A fim de orientar o comportamento do servidor na prestação de seu serviço público, ganha relevo a **deontologia**[2], como **teoria geral dos deveres**, constituída por um conjunto de princípios e regras, de sentido ético e legal, que disciplinam os comportamentos particulares do servidor público no exercício de seu mister. As regras e princípios deontológicos são instrumentos de **transmissão e recordação dos valores** mais caros que devem orientar o agir humano, desempenhando essencial papel educativo na formação da consciência do indivíduo.

Assim, àquele que pretende ingressar no serviço público, importa conhecer, compreender e assimilar, de antemão, os **deveres morais** que lhe competem, bem como desenvolver, solidamente, sua **consciência moral a respeito de suas responsabilidades pessoais e profissionais**, com vista à prestação ética e, consequentemente, eficaz dos serviços públicos!

Esperamos, com esta pequena obra, auxiliá-lo no seu desiderato.

2. Didático o conceito de Elcias Ferreira da Costa para quem deontologia define-se como "o conjunto de regras e princípios que regulam determinadas condutas do profissional, condutas de caráter não técnico, exercidas ou vinculadas, de qualquer modo, ao exercício da profissão e atinentes ao grupo profissional" (*Deontologia jurídica*: ética das profissões jurídicas. Rio de Janeiro: Forense, 2013, p. 04). Assim, a deontologia do servidor público materializa o conjunto de normas que regulam o comportamento do servidor público no exercício do cargo ou função públicos.

CAPÍTULO I
ÉTICA

1. CONCEITO DE ÉTICA

Já os gregos (nos séculos que antecederam à Era Cristã) preocupavam-se com o problema ético, inclusive no exercício das funções públicas[1], e deitavam esforços para delinear o **conceito de 'ética'**. A palavra 'ética' vem do grego *ethos* e significa **caráter, qualidade do ser**, enfim **morada** do ser. Para Sócrates, ética constituía o conhecimento que conduz o indivíduo à **felicidade**; para Platão, ética é tomada como o saber que dirige a conduta humana à **Justiça**; para Aristóteles, ética caracterizava o conhecimento que propicia à pessoa humana alcançar a **virtude** cardeal, consistente na **ação justa, prudente, corajosa e temperada.**

Podemos dizer, de um modo geral, que **ética é o conhecimento que oferta ao indivíduo critérios para a eleição da melhor conduta, tendo em conta o interesse de toda a comunidade humana**[2]! Se o objetivo do indivíduo é a **vida feliz**[3] **e harmônica**, a realização do **bem comum**, o alcance de tal objetivo depende do modo como a pessoa escolhe e determina quais ações podem ser consideradas como as melhores: a ética, desta forma, é a **reflexão** sobre quais ações são virtuosas (boas) e quais não o são.

Nos dias atuais, há um consenso doutrinário bem sedimentado, no sentido de tomar-se os **Direitos Humanos** como critério eletivo da melhor conduta, ou seja,

---

1. Aristóteles, citando Bias, afirmou que "o cargo público revela aquilo de que um homem é capaz, porque no desempenho da sua função já se está em relação com outrem". E Creonte sabiamente ponderou: "É impossível perceber claramente a alma, o coração e os pensamentos de cada um antes que tenha sido posto à prova no seu cargo público e na sua dignidade" (ARISTÓTELES. *Ética a Nicômaco*. São Paulo: Atlas, 2009, p. 106 e 258, respectivamente)
2. Conforme Almeida e Christmann, a Ética é *"filosofia que fará a eleição das melhores ações tendo como horizonte o interesse coletivo, universal"* (ALMEIDA, Guilherme de Assis; CHRISTMANN, Martha Ochsenhofer. *Ética e direito: uma perspectiva integrada*, 3ª ed., São Paulo: Atlas, 2009, p. 4).
3. Sobre ser a felicidade o objetivo do indivíduo e critério para eleição da conduta ética, pertinente os ensinamentos do mestre Comparato: "Com efeito, o que pode existir de mais valioso na vida, quer dos indivíduos, quer dos povos, senão alcançar a plena felicidade? Pois é disto exatamente que se trata quando falamos em ética (...): nunca se ouviu falar de alguém que tivesse a infelicidade por propósito ou programa de vida. Ora, a felicidade não é uma dádiva, e sim a recompensa de um esforço constante e bem orientado. Daí a importância suprema da investigação sobre o que é bom ou mau para se alcançar esse objetivo". (COMPARATO, Fábio Konder. Ética: direito, moral e religião no mundo moderno. São Paulo: Companhia das Letras, 2006, p. 17)

como **critério ético**. Assim, o agir com respeito e reverência aos Direitos Humanos implicaria em um comportamento ético. Entende-se por critério a **pauta de decisão ou de atuação**, ou seja, o padrão levado em consideração pelo agir. Note-se que o agir de um afeta, em maior ou menor grau, a vida dos demais, já que agimos enquanto convivemos, ou seja, enquanto vivemos em sociedade.

Dessa forma, a vida ética realiza-se no modo de viver em grupo, ou seja, no desenvolver das **relações intersubjetivas**.

A ética é **especulativa** (ou seja, é uma **investigação teórica, doutrinária**). Busca responder – sem pretensão de dar resposta definitiva, já que todo processo filosófico prima pela perene indagação – a perguntas como: 'o que é moral?'; 'qual(is) o(s) fundamento(s) da moral?'; 'por que ser moral?'; 'quais princípios devem orientar a moral?'; e assim por diante.

Deste modo, compete à ética, por via da investigação teórica, explicar determinadas realidades sociais, ou seja, **o sentido que o indivíduo dá as suas ações para ser efetiva e verdadeiramente feliz**.

A ética, portanto, é **pedagogia do espírito**, é o **estudo dos ideais da educação moral**. Seu estudo proporciona subsídios teóricos para a **opção pessoal da ação** e **elementos essenciais do dever profissional**. Na lição de José Roberto Nalini, citando Adolfo Sánchez Vázquez, a ética é o "estudo do comportamento moral dos homens em sociedade", sendo certo que o "objeto da Ética é a moral" como "um dos aspectos do comportamento humano"[4]. A ética extrai dos fatos morais, **princípios gerais (constantes morais)** a eles, fatos morais, aplicáveis.

Por ter conteúdo **valorativo**, a ética é **doutrina do valor do bem**: ora, é investigação teórica que atribui a seu objeto de estudo, o comportamento humano, a qualidade de bom ou mau, de correto ou errado.

A ética é a **medida que o indivíduo toma de si mesmo**; é **pessoal** (dimensão subjetiva). Quando alguém é ético, o é por sua própria determinação e escolha (o que implica a **liberdade**, já que sob o jugo da coação ninguém pode optar pelo bem ou pelo mau, mas age pelo medo da retaliação). Ser ético implica, portanto, **voluntário respeito a princípios e valores posto por si e para si**. O comportamento ético perpassa a ponderação de três elementos essenciais, a saber: a ação, a intenção e as circunstâncias.

Sendo a ética confiada ao indivíduo, quando este a pratica para si mesmo, a **justiça** torna-se tema secundário, pois sua realização é **consequência natural do agir ético de cada indivíduo**.

Ser ético significa **conhecer e cumprir o 'dever'**; a ética é a condição que possibilita o **conhecimento do dever**. O 'dever' repousa, antes de qualquer coisa, no

4. *Ética geral e profissional*, 9ª ed. rev. atual. e ampl., São Paulo: Editora Revista dos Tribunais, 2012, p.28.

reconhecimento da necessidade de respeitar a todos como fins em si mesmos e não como meios para qualquer outro objetivo. Tratar todas as pessoas como fins em si mesmos é o que lhes confere **dignidade** e não preço: como bem nos legou Immanuel Kant, o que distingue os seres humanos das coisas é o valor que se lhes atribui; enquanto o valor das coisas é o preço, o valor dos seres humanos é a dignidade. Assim, coisas têm preço, os seres humanos têm dignidade.

A **sobrevivência e prosperidade da humanidade** dependem da reverência – preferencialmente autônoma, voluntária, livre – dos padrões éticos, dos valores e princípios que tem a **dignidade humana** como baluarte.

Como dito anteriormente, o respeito e reverência aos **Direitos Humanos** apresenta-se como o **critério ético** contemporâneo, como pauta de decisão e de atuação das pessoas. Não é à toa que a **dignidade humana** seja o **núcleo** irradiador de todos os Direitos Humanos: todas aquelas condições necessárias à salvaguarda e promoção da dignidade humana constituem Direitos Humanos. É o respeito recíproco à dignidade humana que garante, a todos e a cada um, uma **vida digna**, ou seja, uma vida **sem privações e sem medos** (sem privação de liberdade, de igualdade, de saúde, de trabalho, de lazer, de alimentação, de educação, de cultura, bem como sem medo de ter privada a liberdade, a igualdade, a saúde, o trabalho, o lazer, a alimentação, a educação, a cultura e assim por diante).

E aí reside uma das razões de existência do próprio **Estado**: além de regular condutas (através das leis) e proteger e efetivar direitos lesados ou ameaçados (através da prestação jurisdicional), cabe ao Estado, ainda, prover condições para que todos e cada um logrem uma vida digna, o que faz através da atividade administrativa, especialmente por meio dos **serviços públicos**.

Os serviços públicos, por sua vez, são prestados por agentes públicos, dentre os quais destacamos, para o estudo que aqui nos interessa, os **servidores públicos**.

Deste modo, se o fim último do Estado é prestar serviços públicos com objetivo de prover vida digna a todos os cidadãos, de modo a promover a dignidade humana de todos os membros da sociedade, não há como se alcançar tal objetivo senão através do **comportamento ético** dos **servidores públicos**, ou seja, do comportamento comprometido com o respeito e reverência aos Direitos Humanos

Para tanto, o Estado e seus órgãos, ao estabelecerem os chamados 'códigos de ética' ou 'comissões de ética', em verdade estabelecem regras e processos legais que punem as pessoas que os violarem, de modo que visam justamente inibir o mau proceder daqueles que não escolheram, para si, a prática voluntária da ética (o respeito à dignidade humana). Os códigos de ética positivam a filosofia do comportamento profissional, orientando a razão de ser da profissão. Tais códigos e comissões visam o 'adestramento' do indivíduo, a fim de impeli-lo a escolher o comportamento tido como socialmente correto e relevante e aí o indivíduo não é ético, embora seu comportamento seja louvável. Quer isto dizer que o comportamento ético é aquele que escolhe o que é bom, justo e certo não por prescrições de caráter legal, como o são os códigos de ética, mas por **consciência própria e vontade autônoma** acerca do que é bom, justo e certo. Por exemplo, se o Servidor Público recebe com cortesia o cidadão-usuário do serviço público e soluciona com rapidez sua demanda **por medo de sofrer punição disciplinar**, já que o Código de Ética no Serviço Público determina que o servidor seja cortês e ágil na prestação do serviço ao cidadão, então seu comportamento não seria ético em sua essência, embora seja bom e correto. Ético seria o servidor público que, independentemente do que determina o Código de Ética, atua com cortesia e presteza, não por medo de punição, mas por consciência livre e autônoma de que isto é o correto a ser feito, de que assim agindo tem em mais alta estima a dignidade humana!

Portanto, **a legislação de conteúdo ético busca traduzir, ou reproduzir, a moral e os princípios coletivamente desejados**, impondo-os mesmo àqueles que não escolheram, voluntária e autonomamente, agir eticamente[5].

O **servidor público**, no exercício de seu cargo ou função, e ainda fora dele, **materializa o próprio poder do Estado**, ou seja: suas ações, mais do que a qualquer outro indivíduo, devem **influenciar positivamente toda a comunidade**, reforçando valores socialmente relevantes e servindo de **exemplo** aos seus concidadãos. Portanto, deve o servidor público passar cada uma de suas ações pelo crivo de sua consciência moral, a fim de verificar, por si, se pratica a ética para si mesmo, já que é grande a **expectativa da sociedade com relação à conduta dos que desempenham funções ou gestão de bens públicos.**

▸ QUADRO-RESUMO: ÉTICA
– *ethos* (grego): caráter, morada do ser
– disciplina filosófica (parte da filosofia)
– os fundamentos da moralidade e princípios ideais da ação humana
– ponderação da ação, intenção e circunstâncias sob o manto da liberdade
– teórica, universal (geral), especulativa, investigativa
– fornece os critérios para eleição da melhor conduta
– direitos humanos como critério ético do agir
– dignidade humana como núcleo irradiador dos direitos humanos e, pois, do agir ético

5. Note-se que as legislações têm, por vezes, função pedagógica, ou seja, estimular a prática do que é bom e inibir a prática do que é ruim, através da regulação da vida social com vistas à felicidade geral. Assim, a vida social é orientada eticamente através das leis, razão porque a organização política deve dar-se à luz de princípios éticos. Valiosa a lição do ilustre professor Comparato: '[...] o ser humano só realiza integralmente suas potencialidades, isto é, somente se aproxima do modelo superior de pessoa, quando vive numa sociedade cuja organização política não se separa das exigências éticas e regula, de modo harmonioso, todas as dimensões da vida social" (COMPARATO, Fábio Konder. Ética: direito, moral e religião no mundo moderno. São Paulo: Companhia das Letras, 2006, p. 586)

2. ÉTICA E MORAL

Enquanto a **ética está contida na reflexão**, a **moral está contida na ação**. A **moral**, verificada na **ação reiterada no tempo e espaço** (costume, hábito), é tida como **particular**. A **ética**, de cunho **filosófico**, é tida como **universal**[6].

A palavra **'moral'** vem do latim *mos* (cujo plural é *mores*) e significa **costume**, ou seja, uma longa e inveterada repetição de atos consagrados como necessários ao bom conviver, como muito bem lembrado por Elcias Ferreira da Costa ao citar Ulpiano[7].

Enquanto a ética, como disciplina filosófica, é especulativa, a **moral**, seu objeto de estudo, é **normativa**.

A **moral**, portanto, é influenciada por fatores sociais e históricos (espaço-temporais), havendo diferenças entre os conceitos morais de um grupo para outro (**relativismo**), diferentemente da **ética** que, como dito linhas acima, pauta-se pela universalidade (**absolutismo**), valendo - ou ao menos pretendendo valer - seus princípios para todo e qualquer local, em todo e qualquer tempo.

A **moral** constitui-se como **conjunto de normas de conduta que se apresentam como boas, corretas, ou seja, como expressão do 'bem'**[8]. **Por 'bem' entende-se qualquer realidade objetiva, ou seja, independente de sua apreciação pelo sujeito, pelo indivíduo. Tal realidade objetiva é um 'bem', seja porque é realidade perfeita, suprema - como queriam os platônicos, para quem o 'bem' é desejado porque é perfeito - seja porque é realidade desejada e apreciada pelo indivíduo - como defendiam Thomas Hobbes e Spinoza, para os quais o 'bem' é perfeito porque é desejado.**

A experiência humana cotidiana, responsável pela construção do hábito e do costume, é fonte das **normas morais**. A moral é, portanto, **pragmática**. As **normas morais** são **fórmulas** elaboradas pelo ser humano para **ordenar, regular seu comportamento**.

Moral é a característica do **comportamento que é conforme as normas morais**, assim como legal é o comportamento que é conforme as normas legais (jurídicas).

6. A ética tem a pretensão de ser universal, já que quer estabelecer valores e princípios que possam ser considerados universais. Mas sua universalidade não ultrapassa esta pretensão de encontro de valores e princípios universais, ou seja, válidos e obrigatórios para todo ser racional. Isto porque, como fonte perene, incessante de investigação e indagação, a ética transforma-se a cada crítica e reflexão posta a si mesmo.
7. in *Deontologia jurídica*: ética das profissões jurídicas. Rio de Janeiro: Forense, 2013, p. 04.
8. Segundo Aristóteles, 'bem' é "aquele fim que é sempre escolhido segundo si próprio e nunca como meio em vista de qualquer outro" e, para o filósofo grego de Estagira, o 'bem' deste gênero, perfeito, completo e absoluto, é a felicidade. (*Ética a Nicômaco*. São Paulo: Atlas, 2009. p. 26). Assim, Aristóteles não deixa a existência de 'bens', como fins escolhidos como meios para outros fins; mas somente o fim supremo, que não é meio para nenhum outro fim, é 'bem' em sua absoluta completude.

Observe que "a simples existência da moral não significa a presença explícita de uma ética (...), isto é, uma reflexão que discuta, problematize e interprete o significado dos valores morais"[9]. **Quer isto dizer que a ética, enquanto disciplina filosófica, pode modificar, refinar ou aprimorar valores morais, ou seja, pode incidir para alterar as regras morais enraizadas na sociedade através da avaliação que faz de valores morais até então estabelecidos. E, de fato, exemplos não nos falta: se antes a escravidão era moralmente aceitável, hoje, com louvor, já não mais o é; se antes o homossexualismo (terminologia, inclusive, pejorativa) era moralmente condenado, hoje, com acerto, a homossexualidade não mais o é. Isto vem a demonstrar como a crítica e a reflexão éticas auxiliam o desenvolvimento moral da sociedade.**

A **moral**, no **serviço público**, aplica-se às **relações de comando e obediência**, já que é **normativa,** correspondendo ao traçado do comportamento que se espera do agente e, por isso, lhe é exigível, visando o que é bom para si e para todos.

▸ QUADRO-RESUMO: MORAL
– *mos* (latim, plural *mores*): costume
– regulação (normatização) comportamentos considerados como adequados a determinado grupo social
– prática (pragmática), particular
– dependência espaço-temporal (relativa); caráter histórico e social

2.1. Ética e ciência

Ao ver-se no mundo, a pessoa humana estabelece, a si mesma, um projeto de vida que, em primeiro lugar, visa sua sobrevivência. Para tanto, precisa compreender e, se possível, dominar a natureza, criando meios, técnicas, instrumentos que lhe supram, primeiramente, as necessidades materiais. A pessoa humana então percebe que a produção de sua subsistência material depende do trabalho cooperativo, dá-se conta que há outras pessoas humanas com iguais necessidades e que podem, juntas, laborar para melhor suprir sua sobrevivência.

Consciente de suas necessidades materiais e afetivas, da necessidade da vida cooperativa – lembre-se que o ser humano é um animal social – a pessoa humana torna-se consciente do 'outro' que é, em verdade, seu reflexo, de modo que se vê no outro. Neste momento, passa a buscar a compreensão e sentido da própria existência, da vida e do mundo. Porque estamos aqui? Qual fim devemos cumprir? O que devemos fazer? O que é certo fazer, ou esperado de nós?

9. CHAUÍ, Marilena. *Convite à filosofia*, São Paulo: Ática, 2012, p. 386.

A **ciência** nos possibilita dominar e explorar o mundo e a natureza; nos permite criar os instrumentos, técnicas, meios de satisfazer nossas demandas, nossas necessidades materiais; presta-se bem à compreensão e descrição dos fenômenos que nos rodeiam, sendo capaz de nos ofertar **verdades** segundo os métodos, pressupostos e procedimentos postos para ela mesma (ciência) no conhecimento de determinado objeto. A menos que sejam negados os métodos, pressupostos e procedimentos sob os quais edificados o conhecimento científico, as respostas dadas pela ciência são verdades universais. A ciência, portanto, dota-se de **objetividade**. A ciência, assim, estabelece **paradigmas (modelos)** que são tomados por todos como verdadeiros até que as bases (métodos, pressupostos, procedimentos) sob os quais erguidos sejam rechaçados.

E exemplos não nos faltam a respeito da retificação de saberes científicos, podendo ser citada a 'revolução científica' promovida por Copérnico: este cientista combateu e negou a verdade científica até então estabelecida pela teoria Geocêntrica que considerava que a Terra era o centro do universo, girando o Sol a seu redor; Copérnico alterou está 'verdade', demonstrando, pela teoria Heliocêntrica, que o Sol era o centro do universo e que a Terra é que girava a seu redor!

A **filosofia**, por sua vez, prima pelo caráter **subjetivo**; cuida do desvendamento de questões aporéticas (inconclusivas), dos **dilemas humanos** que a ciência não dá conta de resolver, tais como: o que é Justiça? O que é a vida do ser humano na Terra? O que é a morte? Como devo me comportar neste mundo? Onde nos levará o progresso científico? A filosofia, portanto, debruça-se **criticamente** sobre o sentido dos instrumentos, técnicas e meios por nós criados para suprir nossas necessidades, como também **reflete** sobre a realidade e verdade de tais necessidades. A filosofia promove a **crítica** do sentido e valor das coisas, dos fenômenos, dos seres, das pessoas humanas. Não se preocupa com o estabelecimento da verdade, mas antes indaga e investiga as verdades dadas pelas ciências.

Se a ciência busca estabelecer paradigmas (modelos, padrões), a filosofia cuida de rompê-los, superá-los, retificá-los ou reafirmá-los; se a ciência quer dar respostas válidas universalmente, a filosofia quer pôr em cheque as verdades estabelecidas, desconstruindo-as ou reconstruindo-as; se a ciência pensa o não pensado; a filosofia repensa o já pensado, seu sentido, seu valor, seu alcance.

Enquanto a ciência é fragmentária, elegendo uma parte (um fragmento) do todo da realidade como seu objeto de estudo, a filosofia é totalizadora, globalizante tomando tudo e o todo como seu objeto.

Mas ciência e filosofia são irmãs siamesas: não se separam e nem devem fazê-lo. Ciência e filosofia satisfazem o *cogito*, o Ser pensante, o ser humano em sua angustiante caminhada ao encontro da verdade (saber) e o sentido da verdade (reflexão).

Se a ciência nos deu o saber da tecnologia virtual que reduz distâncias e agiliza a comunicação, a filosofia reflete sobre o sentido e consequências deste saber.

promovendo análise crítica sobre sua repercussão em torno das reais relações humanas: as redes sociais, por exemplo, nos aproximou ou nos distanciou? Somos ou não mais solitários?

A **ética**, como **disciplina filosófica**, ou seja, como **parte da filosofia**[10], é, portanto, **reflexiva, crítica, analítica, perturbadora da ordem** posta, porque questiona os paradigmas firmados pela ciência no que atinge o **comportamento humano.**

Assim, a produção do conhecimento científico deve pautar-se por parâmetros éticos[11], ou seja, por princípios que ditem e orientem o sentido e consequências do saber cientificamente produzido, tendo em mira, sempre, o **a pessoa humana como um fim em si mesmo, o bem comum, a felicidade geral, enfim, a dignidade humana**: a pessoa humana deve edificar-se psiquicamente levando em conta a solidariedade e fraternidade ao outro, o respeito a sua dignidade; as empresas devem erguer-se tendo as pessoas como o fim de sua organização e não usando-as como meios de obtenção de lucro, já que a toda luz isso implicaria em ofensa e desprezo à dignidade humana; o Estado, e os serviços públicos por ele prestados por meio dos servidores públicos, deve pautar-se pela dignidade da pessoa humana, tomando-a como fim e razão única de sua existência.

Portanto, os processos, produtos, serviços e, em especial, os modelos de gestão da coisa pública, devem incorporar **princípios éticos e valores morais**, como forma de implementação do **bem comum**[12], promovendo vida digna aos membros da sociedade, desenvolvimento sustentável e preservando recursos humanos, ambientais e culturais, podendo fazê-lo através da adoção de normas éticas.

---

10. Importa ressaltar, por derradeiro, que, por vezes, a filosofia será chamada "ciência" primeira (ou *mater scientiae*, mãe de todas as ciências), de forma que, pela mesma razão, a ética também pode ser chamada "ciência". Todavia, quando se referir à filosofia (ou a ética) como ciência, o estará fazendo no sentido de "ciência em sentido amplo" (*lato sensu*), enquanto as demais ciências (biologia, física, moral, direito, sociologia) seriam ciências em sentido estrito (*stricto sensu*). Assim, como bem nos ensinou o professor Miguel Reale (Filosofia do direito, 17ªed., São Paulo: Saraiva. 1996), o termo ciência pode ser tomado em duas acepções fundamentais. Em seu sentido amplo, 'ciência' constitui o sistema de conhecimentos metodicamente adquiridos e integrados em uma unidade coerente; em seu sentido estrito, 'ciência' constitui um sistema de conhecimentos metodicamente adquiridos e de validade objetiva, pela verificação, se possível experimental, de certeza de seus dados e resultados, sujeitos sempre a correções sucessivas.
11. Interessante a ponderação feita por Marilena Chauí ao destacar que a **ciência** ocupa o campo do **necessário** ou **contingente**, enquanto a **ética** ocupa o campo do **possível**: quer ela dizer que no campo da ciência situam-se coisas e acontecimentos sob os quais não temos controle ou poder, enquanto no campo da ética estão as coisas e acontecimentos sob os quais temos controle ou poder, que acontecem por **liberdade**. Ora, não posso evitar a chuva quando as nuvens se precipitam (campo do necessário ou contingente); mas posso evitar o afogamento de um animalzinho socorrendo-o na piscina (campo do possível). (ver CHAUÍ, Marilena. *Convite à filosofia*, São Paulo: Ática, 2012, p. 424/425).
12. "As normas éticas [...] são essencialmente altruístas: elas dizem respeito ao interesse alheio, ou ao bem comum da coletividade, nunca ao interesse do próprio agente" (COMPARATO, Fábio Konder. Ética: direito, moral e religião no mundo moderno. São Paulo: Companhia das Letras, 2006, p. 496)

O conhecimento científico não garante, por si só, sem interferência da ética, que o indivíduo que o adquiriu – em especial o servidor público – praticará conduta (inclusive profissional) ética. É preciso atitude crítica diante do agir, promover uma reflexão profunda a respeito do comportamento que se pretende adotar.

Dia a dia novas realidades se põem diante a vida social, inauguradas principalmente pelo progresso científico e tecnológico; diante das novas realidades que se impõem, o estudo e prática da ética se colocam como condições necessárias e inarredáveis para orientar as pessoas a respeito do comportamento que devem então adotar, tendo em mente o sentido da vida e o valor das pessoas humanas (sua inerente dignidade).

Desde o século passado, diversos intelectuais das mais diferentes áreas do conhecimento, têm **refletido sobre o avanço e desenvolvimento tecnológicos**, emergindo os teóricos da nomeada **ética aplicada**, ou seja, disciplina filosófica que cuida da reflexão ética a partir de um **diálogo multidisciplinar** entre **filósofos e profissionais das mais diversas áreas científicas** (juristas, médicos, biólogos, sociólogos, psicólogos, dentre outros), podendo-se falar, por exemplo, em uma bioética.

Enfim, a "ética aplicada é, portanto, um ramo contemporâneo da filosofia que nos coloca diante do desafio da deliberação sobre problemas práticos, que exigem conscientização dos riscos que nos ameaçam e a justificação racional das medidas a serem assumidas"[13]. A ética aplicada nos chama à reflexão acerca do progresso e processos científicos quando postos frente a frente à dignidade humana.

▶ FILOSOFIA (E ÉTICA)	▶ CIÊNCIA
- indagação/investigação do sentido e essência do saber e do comportamento humano - especulativa - questiona os pressupostos de validade, métodos e procedimentos das ciências - busca estabelecimento de princípios gerais, universais - busca o sentido das coisas	- sistematização dos saberes e estabelecimento de verdades - dogmática: estabelece paradigmas (modelos) - intócavel a partir de seus pressupostos de validade, métodos e procedimentos (até que sejam eles rechaçados) - estudo de um objeto específico, de uma fração da realidade (fragmentária)

3. ÉTICA, VIRTUDES, VALORES E PRINCÍPIOS

Se a ética é disciplina filosófica que lança esforços e olhares, de forma reflexiva e profundamente crítica, sobre o comportamento humano, a fim de valorá-lo como bom, justo (ou mau, injusto), fazendo-o através da tentativa, perene, de compreensão

13. ARANHA, Maria Lúcia de Arruda; MARTINS, Maria Helena Pires. *Filosofando: uma introdução à filosofia*, 4ª ed. rev., São Paulo: Moderna, 2009, p. 218.

do sentido da vida e da existência humana, buscando, inclusive, fornecer elementos para correção moral da ação, de imperiosa necessidade o entendimento do que sejam virtudes, princípios e valores.

Aristóteles, já na Grécia antiga (por volta do século V a.C.), dedicou um livro inteiro ao problema ético: sua filosofia, em especial no plano da ética, tentou aliar o horizonte teórico-filosófico à dimensão prática expressa no agir. Em Aristóteles, não é suficiente apenas conhecer, compreender e contemplar a verdade sobre o bom, o justo, o correto; é necessário fazê-la atuar, agir segundo a verdade conhecida. Ora, a ética – e toda a filosofia, deve expressar-se no agir humano. Por exemplo, de nada adianta saber fazer fogo, se não se sabe para que e como usá-lo! Quer isto dizer que, de nada adianta saber o que é bom, justo, certo se não se age de forma boa, justa, certa. Note-se que saber o que é bom, justo, certo não significa que seremos, em nossas ações, bons, justos, corretos se assim não agirmos. A ciência nos ensinou a fazer o fogo; mas é nossa consciência moral que nos orientará a como devemos usá-lo: se para saciar adequada e dignamente a fome aquecendo o alimento, ou para causar dano a integridade física ou patrimonial alheia incendiando deliberadamente!

Apenas a título de ilustração, trazendo à atualidade os ensinamentos aristotélicos, não seria suficiente ao indivíduo a que se pretenda qualificar de ético, conhecer o conteúdo e alcance dos Direitos Humanos que todas as pessoas, pelo simples fato de serem humanas, titulam: é necessário que tal indivíduo aja, comporte-se respeitando e promovendo os Direitos Humanos; é imperioso que sua conduta reverencie a dignidade de todas e de cada pessoa humana. O comportamento ético, já dizia Aristóteles, é o agir repetido em conformidade com as respectivas **virtudes (do grego *areté*)**[14]. Mas o que são virtudes? Virtudes[15] são **excelências**, são, no campo ético, **disposições do caráter**, ou seja, a **propensão (inclinação)** a nos comportarmos **bem** relativamente àquilo que nos afeta. Ora, as disposições do caráter podem nos levar a nos comportarmos bem ou mal diante um sentimento que nos afeta, por exemplo. Mas este comportamento só será virtuoso, se for o bem comportar-se. Assim, as disposições do caráter podem constituir virtudes ou perversões: se nos comportamos bem diante determinada situação, praticamos a virtude (a excelência); se nos comportamos mal, praticamos a perversão (o vício).

As **disposições de caráter**, de que as virtudes são espécie, compõem nossas **atitudes**, ou seja, nossas orientações seletivas e ativas em face de uma situação ou um problema que nos demanda um comportamento. As atitudes são, portanto, **predisposições interiores da pessoa** que influem na sua relação como o meio social em que vive, que possibilitam a compreensão de sua vida em sociedade. Uma atitude constitui um projeto de comportamento segundo opções valorativas aferidas diante determinada situação de fato, concreta. Assim, a pessoa pode projetar seu comportamento de acordo com disposições virtuosas (como a eficiência, por exemplo) ou

14. *Ética a Nicômaco*. São Paulo: Atlas, 2009, p. 46.
15. Vulgarmente, virtude é uma habilidade qualquer; uma capacidade qualquer. Um exímio violinista detém a excelência, a virtude de bem tocar, o que nada tem a ver com seu caráter moral.

viciadas (como a ineficiência, por exemplo): a depender da atitude eleita (virtude ou vício), o comportamento decorrente será sua consequência imediata (comportamento eficiente ou ineficiente).

Note que por **comportamento** devemos entender a resposta a uma atitude. O comportamento é o modo como a pessoa procede em relação a outra no meio social. O comportamento é, enfim, a **ação exteriorizada** pela pessoa como resultado de sua atitude diante de situações sociais.

Apenas para melhor elucidação: quando somos magoados ou maltratados por uma pessoa, somos tomados por um sentimento de raiva ou mesmo de ira. Imaginemos que sejamos um servidor público responsável pela expedição de certidões que comprovam a existência ou inexistência de ações ajuizadas em face dos cidadãos. Imaginemos então que aquela pessoa que nos magoou ou maltratou dias antes vá até a repartição pública onde servimos e precise, com urgência, de uma certidão comprobatória de inexistência de ações contra ela ajuizadas, para que consiga, rapidamente, vender um imóvel para levantar dinheiro para fazer frente a despesas com sua saúde debilitada. Diante deste quadro podemos agir de duas formas (tomar duas atitudes): ou inclinarmos pelo desejo de vingança, causando dor e sofrimento a quem antes nos magoou, e como consequência adotaremos um comportamento vingativo (vício); ou, inclinando-nos pela promoção do bem comum (virtude), adotaremos um comportamento ágil e diligente, fornecendo-lhe o quanto antes a certidão buscada, tornando eficaz o serviço público e excelente nosso labor. Veja que nossas disposições de caráter (atitudes) podem pender para a virtude ou para o vício, sendo tal a escolha ética que devemos fazer previamente à exteriorização da ação (comportamento)!

O comportamento ético é, por essência, resultado da atitude virtuosa. A virtude, assim, é a **potência moral do ser humano**, a realização mais perfeita de um modo de agir; e o **hábito** é que torna a pessoa humana virtuosa pela prática reiterada de virtudes, de modo que a virtude é a disposição (atitude) **firme** e **constante** para **o que tem valor**.

Em um sentido vulgar, 'valor' é o preço (ou utilidade) dos bens materiais ou a dignidade (ou mérito) das pessoas (o valor de um carro ou o mérito de um servidor público).

No campo ético, **valores** são os objetos da **escolha moral**, os **fins da ação ética**; é o **predicado**, a **qualidade** que torna algo **estimável**; é o **preferível**, o objeto de uma antecipação ou de uma **expectativa normativa** (de um **dever ser**); é, enfim, possibilidade de escolha, já que nem sempre é escolhido. Ora, a vida é um bem a que atribuímos altíssima estima; desta forma, a vida é um valor!

Ora, vimos anteriormente que as atitudes (disposições de caráter) da pessoa humana podem orientá-la para a prática do bem (do que tem valor moral) ou para o mal (do que não tem valor moral); desta forma, de fato, o valor é preferível e uma possibilidade de escolha nem sempre escolhida, já que, como dito, o indivíduo pode inclinar-se para a perversão, para o vício, resultando, daí, um comportamento igualmente pervertido. Portanto, o valor é o objeto de uma escolha moral, de uma escolha positivamente moral.

Não é demais lembrar, conforme lição de Fábio Konder Comparato, que somente o ser humano é capaz de escolha moral: "[...] só o ser humano é dotado de liberdade, e, por conseguinte, de responsabilidade; isto é, só ele é capaz de escolher conscientemente as finalidades de suas ações, finalidades que podem se revelar boas ou más para si e para outrem, devendo, portanto, o agente responder perante os demais pelas consequências de seus atos"[16].

No exemplo anterior, do 'servidor magoado', se escolher o caminho virtuoso, ou seja, cumprir com presteza e agilidade seu labor ainda que em favor de quem lhe tenha magoado e maltratado, resta evidente que escolheu o que tem valor positivo, o que deve ser moralmente estimado, já que escolheu como valores a eficiência e excelência do serviço público em detrimento de qualquer interesse seu pessoal. E a escolha do que tem valor deve ser uma atitude constante, deve orientar toda e qualquer de nossas ações (comportamentos), porque só assim implementaremos o que de fato nos exige a ética.

É o hábito, desta forma, que, orientando o comportamento para a prática de virtudes, nos leva à observância do valor[17].

Mas como fazer a escolha entre valores ou entre o que tem e o que não tem valor? O processo de escolha, como todo processo, se faz por **princípios**. Princípios, assim, são, de forma geral, **pontos de partida** ou **fundamentos** de um processo. Do ponto de vista filosófico, **princípio** é o **fundamento** do ser, do devir (do vir a ser), do conhecer. Sob a perspectiva especificamente ética, **princípio é a fonte, o substrato em que se funda a ação**[18]. Os princípios éticos são, enfim, **fundamentos, vetores, alicerces** nos quais se fundam a ação humana dirigida para o bem. A dignidade humana, por exemplo, é fundamento do comportamento que se pretenda ético.

---

16. Ética: direito, moral e religião no mundo moderno. São Paulo: Companhia das Letras, 2006, p. 463
17. "Os valores são, num primeiro momento, herdados. Ao nascermos, o mundo cultural é um sistema de significados já estabelecido, de tal modo que aprendemos desde cedo como nos comportar à mesa, na rua, diante de estranhos, como, quando e quanto falar em determinadas circunstâncias: como andar, correr, brincar; como cobrir o corpo e quando desnudá-lo; como apreciar a beleza ou a feiura; quais são nossos direitos e deveres. Conforme atendemos ou transgredimos os padrões, os comportamentos são avaliados como **bons** ou **maus**, seja do ponto de vista ético, estético, religioso, etc." (ARANHA, Maria Lúcia de Arruda; MARTINS, Maria Helena Pires. *Filosofando: uma introdução à filosofia*, 4ª ed. rev., São Paulo: Moderna, 2009, p. 213/214)
18. "Na idade moderna, curiosamente, enquanto o sentido ontológico e lógico do vocábulo princípio foi aos poucos sendo abandonado, o seu uso como causa ou norma de ação tornou-se predominante" (COMPARATO, Fábio Konder. Ética: direito, moral e religião no mundo moderno. São Paulo: Companhia das Letras, 2006, p. 485 – grifos nossos)

Deste modo, por princípio, deve-se optar pela prática de virtudes, ou seja, inclinar-se para o que tem valor moral, como forma de implementar o comportamento ético.

Os princípios que estabelecemos para nós mesmos, como vetores, guias do nosso comportamento, nos são dados por nosso **senso moral**, ou seja, "pela maneira como avaliamos nossa situação e a de nossos semelhantes segundo ideias como as de **justiça** e **injustiça**"[19] e eleitos por nossa **consciência moral**, ou seja, por nossa faculdade de estabelecer julgamentos morais acerca de nossas próprias escolhas[20].

Assim, o senso moral nos permite distinguir o justo do injusto, o certo do errado, o bom do mau; mas é nossa consciência moral que nos torna responsável, perante nós mesmos e os outros, por nossas escolhas. Nosso senso e nossa consciência moral nos auxiliam a definir, para nós mesmos, os valores que iremos salvaguardar através de nosso comportamento individual e social.

E será moralmente acertado, ou seja, ético, o comportamento que satisfizer os ideais de justiça e que respeite os direitos humanos fundamentais de todo ser humano (liberdades, igualdade, dignidade, intimidade, honra, dentre outros).

Virtudes (areté)	- excelências - disposição do caráter para o bem
Valores	- objeto de escolha moral - o preferível
Princípios	- ponto de partida - fundamento da ação - alicerces do comportamento
Atitudes	- disposições do caráter - predisposições interiores da pessoa - projeto de um comportamento
Comportamento	- resultado, consequência de uma atitude - proceder de uma pessoa em relação a outra

19. CHAUÍ, Marilena. *Convite à filosofia*, São Paulo: Ática, 2012, p. 379.
20. Conforme alerta Marilena Chauí, "Consciência e responsabilidade são condições indispensáveis da vida ética" (*Convite à filosofia*, São Paulo: Ática, 2012, p. 383), já que a consciência moral conhece o certo e o errado, o bom e o mau, o justo e o injusto de acordo com o senso moral, escolhe qual seguir pela liberdade de que se investe o sujeito moral e, portanto, torna-se responsável por suas ações e pelas consequências de seu comportamento.

4. CLASSIFICAÇÃO DA ÉTICA SEGUNDO AS DIVERSAS CORRENTES DE PENSAMENTO FILOSÓFICO

Viu-se que ética pode ser entendida como o conhecimento que proporciona à pessoa humana critérios para a eleição das melhores ações; viu-se, ainda, que tal critério pode ser a felicidade geral (Sócrates), a justiça (Platão), as virtudes cardeais (Aristóteles), o útil (David Hume), o prazer (Epicuro), enfim um 'bem' buscado ou orientador da conduta humana, tudo a depender do pensamento filosófico (doutrina) em que baseada.

Portanto, ao longo da história, diversas foram as teorias erguidas para estabelecer qual o critério hábil para escolha das melhores ações, teorias estas que deram origem a classificação da ética como recurso didático de compreensão e análise. Por classificação, entenda-se toda distribuição (de coisas, pessoas, conhecimentos, ...) em grupos[21].

A primeira classificação historicamente (**classificação clássica**) estabelecida é aquela que distribuiu teorias éticas sob dois grandes grupos: as que sustentavam uma **ética do fim (i)** e as que defendiam uma **ética do móvel (ii)**.

i) ética do fim:

Para a ética do fim (ou ética finalista) a conduta humana deve ser orientada por um fim segundo meios hábeis para atingi-lo, deduzindo-se fim e meios da natureza dos seres humanos. À ética, portanto, enquanto estudo filosófico, caberia revelar qual o fim que deve dirigir, guiar o comportamento humano, sendo certo que tal fim, como da essência da própria humanidade do ser, é a ele inato.

Para Platão (teórico da ética do fim), a justiça seria o fim que deve perseguir a ação humana para ser ética. Aristóteles, por sua vez, sustentava que a felicidade (geral, coletiva) seria o propósito (o fim) da ação humana. Santo Tomás de Aquino afirmou que Deus é o fim último do comportamento humano.

ii) ética do móvel

Para os éticos do móvel, o comportamento humano não se orienta por um fim, por um objetivo, mas é movido por um motivo, por uma causa, por uma força. À ética caberia estabelecer os motivos, as causas da ação ou as forças que a determinam através da verificação de fatos. A ética apenas 'descobre', 'enuncia' qual o móvel da ação humana, ou seja, qual objeto, sentimento de aptidão dos seres humanos (o prazer, por exemplo).

---

21. Na lição de José Roberto Nalini, "classificar é armazenar, de forma tão racional quanto se consiga, as principais contribuições dos filósofos no decorrer da edificação do conceito de ética. Toda classificação é convencional. Depende do formulador e de seus critérios (...) Outras tantas classes poderiam se mostrar igualmente adequadas". (*Ética geral e profissional*, 9ª ed. rev. atual. e ampl., São Paulo: Editora Revista dos Tribunais, 2012, p.49)

De acordo com Protágoras (ético do móvel), o desejo de sobreviver é o móvel, o que motiva a ação humana; para Epicuro, o que move o comportamento do ser humano é o prazer e a repulsa da dor; para Bentham, Stuart Mill e Beccaria, o móvel da ação humana é a maior felicidade possível para o maior número possível de pessoas; para David Hume, a utilidade (o útil) é o motivo de todo comportamento humano.

Sumarizando, como bem leciona Nicola Abbagnano[22], enquanto a ética do fim "fala a língua do ideal para o qual o homem se dirige por sua natureza", a ética do móvel "fala dos 'motivos' ou 'causas' da conduta humana, ou das 'forças' que a determinam"[23]. Assim, se toda vez que tenho que escolher qual o comportamento correto, o faço a luz do que seja a justiça ou a felicidade coletiva, escolhi a justiça ou a felicidade coletiva como o **fim** da própria existência do ser humano (devo fazer tudo que me leve ser justo ou a fazer feliz a coletividade). Se ao contrário, se no momento da escolha, o que me leva a escolher é o prazer que vou alcançar, então não atuo segundo um fim, mas me movo pelo interesse do prazer. Se, como servidor público, sou cortês com um cidadão-usuário dos serviços públicos porque a justiça ou a felicidade da comunidade é o fim da minha conduta, então minha ética é finalista; se, como servidor, sou cortês com um cidadão-usuário dos serviços públicos porque tal comportamento me é prazeroso, então minha ética é do móvel, pois é o prazer em bem servir que me move assim agir.

Na contemporaneidade, de relevo o apontamento da classificação formulada por Eduardo García Máynez e adotada com louvor por José Roberto Nalini[24], que distribui as diversas teorias sobre os fundamentos da ética entre os seguintes grupos: **ética empírica (a), ética dos bens (b), ética formal (c) e ética de valores (d)**, sem prejuízos de novos ou diversos grupos classificatórios.

a) ética empírica

Toda vez que se fala em **empírico** é de se ter em mente a ideia de **experiência**. De acordo com a corrente filosófica denominada **empirismo** sustenta-se que todo conhecimento provém da experiência: o conhecimento provém, assim, do que pode ser captado pelos sentidos (no mundo externo).

A **ética empírica**, desta forma, baseia-se na constatação da vida moral dos seres humanos, de modo que não se questiona o que deve a pessoa humana fazer, mas o que ela efetivamente faz. Para tanto, os princípios e valores éticos são extraídos da mera observação dos fatos.

Uma ética empírica de considerável relevância teórica é a chamada **ética utilitarista**, segundo o qual **é bom o que é útil**. Considera-se **utilidade** como aquela propriedade, em qualquer objeto, que tende a produzir benefício, prazer, bem ou

22. Dicionário de filosofia, São Paulo: Martins Fontes, 2000.
23. ABBAGNANO, Nicola. *Dicionário de filosofia*, São Paulo: Martins Fontes, 2000, p. 380.
24. *Ética geral e profissional*, 9ª ed. rev. atual. e ampl., São Paulo: Editora Revista dos Tribunais, 2012, p. 50

a prevenir danos, dor, mal em relação a um ou um grupo de sujeitos. Segundo esta vertente filosófica, a **utilidade** (o **útil**) ditaria a correção moral da ação humana. E é empírica porque é da análise dos fatos que se extraí o que venha a ser mais útil.

A filosofia ética do inglês Jeremy Bentham (essencialmente **utilitarista**), por exemplo, pode muito bem ser considerada uma ética empírica (embora na antiga classificação fosse enquadrada como ética do móvel): ora, segundo Bentham todo comportamento humano fundamenta-se na produção de prazer, de benefícios e na prevenção do dano, da dor. Desta forma, para o teórico inglês em questão, não há valores ou princípios absolutos, um bem objetivamente perseguido pelo ser humano, mas sim o agir conforme o útil, sendo, assim, o princípio ético em que se lastreia o comportamento humano, a máxima felicidade possível. Desta forma, a ética utilitarista (ou utilitária) sustenta que a ação correta é aquela que proporciona a maior felicidade (ou bem estar) possível, ao maior número de indivíduos possível: o bem coletivo é o critério para avaliação da melhor ação.

Outra vertente da ética empírica que também merece relevo, é a nomeada **ética subjetivista**, a qual coloca o indivíduo como fonte (como ponto de partida) da conduta moral. As ações são observadas, valoradas a partir do ângulo estritamente pessoal, de modo que a verdade não é objetiva, mas são tantas quantos os sujeitos do conhecimento. A ética do grego Protágoras pode muito bem ser considerada como uma ética empírico-subjetivista, já que, segundo sua famosa frase, **o homem é a medida de todas as coisas**. Desta forma, é o próprio ser humano – e somente ele – que extraí da vida real e quotidiana os princípios e valores a orientar sua conduta.

Opondo-se a uma ética que tem o bem geral (o interesse coletivo) como objetivo da melhor conduta (como é o caso da ética utilitarista), importa ressaltar uma abordagem **individualista** da ética, para a qual as ações são corretas quando promovem interesses individuais a longo tempo e, em última instância e de forma secundária, o bem geral.

Pensando exemplificadamente em uma conduta ética a pautar-se pela experiência (ou seja, pela ética empírica), ao atuar, caberia ao servidor público não apenas agir segundo a diferença entre o bem e o mal, mas segundo a ideia de que o fim último do serviço administrativo é a máxima felicidade para a coletividade (a satisfação do interesse da maioria), o que afastaria o agir para satisfação de interesse pessoal ou de um grupo privilegiado. Assim, não poderia o servidor público, sem justificativa no interesse público ou premente necessidade, expedir prontamente uma certidão para um amigo que hoje a requisitou, sendo que há cidadãos que aguardam há dias a expedição de seu documento.

b) ética dos bens

Para esta corrente do pensamento ético-filosófico, o comportamento humano orienta-se pela **busca de um bem**. À ética compete o estabelecimento **do bem que ordena a ação**: o estudo ético debruça-se sobre a análise da **estrutura teleológica** (**finalista**, lembrando que a palavra 'teleológico' deriva do grego *télos* que significa 'fim') do atuar do indivíduo.

O bem a ser perseguido pela ação humana é o bem supremo, aquele que é fim último e jamais meio para qualquer outro fim.

A ética eudemonista socrática (de Sócrates) é tipo de ética dos bens, já que elege a felicidade como bem supremo a guiar a ação humana.

É ilustrativo considerar que o Estado elegeu o 'bem comum', o interesse da sociedade, como 'bem supremo' a ordenar a conduta da Administração Pública, apregoando que o servidor não dever, ao agir, decidir apenas entre o bem e o mal, mas agir segundo um fim, qual seja, o bem comum. Ou seja, não se deve optar pelo bem, mas pelo bem comum!

c) ética formal

De acordo com a ética formal (ou formalista), que tem em Immanuel Kant seu grande expoente, a eticidade da ação humana não está nem nos seus resultados externos (nas consequências concretas do agir), nem na relação estabelecida entre o agir individual e um suposto fim buscado.

A eticidade da ação está na **pureza da vontade**, naquela **boa vontade** que quer o que quer não pelo desejo de uma recompensa ou pelo medo de uma punição; mas que quer o que quer por **simples respeito pelo dever** (conduta **autônoma**, fruto da vontade **livre** do agente moral).

Assim, ético é o comportamento que exprime concordância com a norma moral (um imperativo categórico) por puro respeito do dever (dever pelo dever), de forma que a ética formal dissocia a ética das ideias de prazer, utilidade, felicidade, razão de ser pura, pura obediência ao dever. Se se age por alguma recompensa, por exemplo, a ação pode ser até louvável, mas não pode ser reputada ética.

A norma moral (o imperativo categórico) que impõe o dever, ou seja, que impõe ao sujeito moral uma conduta por si mesma, diz ao indivíduo: **aja como se a máxima da sua ação possa valer sempre como princípio universal de conduta.**

Apenas para bem explicar o fundamento que norteia a ética formal, tomemos um exemplo: se por descuido um companheiro seu no servido público perdeu documentos de particular, você, enquanto servidor público e cidadão, não pode esconder tal fato ou falsear a verdade dos fatos alegando que não foram entregues documentos algum naquela repartição, seja para proteger-se seu colega contra uma punição, seja para proteger a honra da própria Administração Pública para não ser taxada de desorganizada; deve o servidor falar a verdade, porque a mentira, para a ética formal, é um mau independentemente das circunstâncias, ainda que para proteção de um amigo.

d) ética dos valores

Finalmente, a ética dos valores propugna que a eticidade da ação não se funda na ideia de dever, mas na ideia de que **todo dever encontra fundamento em um**

valor[25]. Por valor toma-se o **predicado** (a **qualidade**) atribuído a um bem: o que é valioso vale por si, ainda quando seu valor não seja conhecido pelo sujeito que o aprecia.

A consciência moral descobre os valores. À ética compete possibilitar a descoberta dos valores que, se observados pelo agir humano, fazem ético o comportamento.

A consciência moral, guiada pela crítica e reflexão, é como um cone de luz projetado no horizonte ético (conforme García Maynez, citado por José Roberto Nalini): sob a luz da consciência se descobre alguns valores; se não se atenta para outros valores, é porque estes ainda não foram iluminados pela consciência moral.

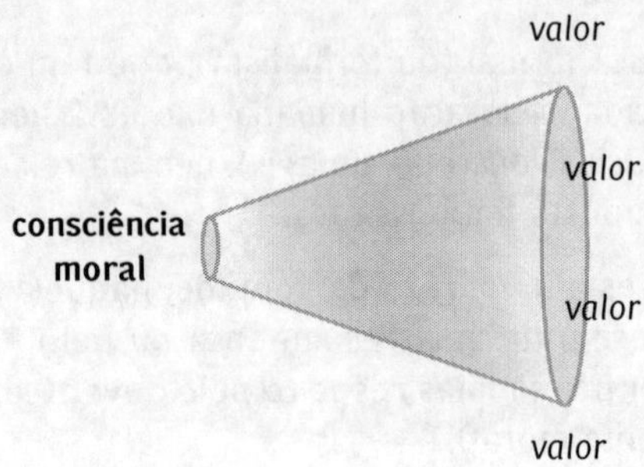

Para melhor compreensão da ética dos valores, exemplar a opção do Estado ao didaticamente ressaltar que a dignidade, o decoro, o zelo e a eficácia são primados maiores, ou seja, são valores que fundamentam o dever do servidor público. Assim, ao escolher como comportar-se, a dignidade, o decoro, o zelo, a eficácia são valores que nortearam o agir do servidor público. Desta forma, deve ele expedir com presteza uma certidão solicitada por um usuário dos serviços públicos, não porque constitui um dever, mas porque constitui um dever já que tem fundamento, respaldo na eleição da eficácia dos serviços públicos como um valor maior a ser perseguido pela Administração pública.

Outrossim, de relevância teórica a classificação estabelecida por Max Weber[26] que prega dois grandes grupos de teorias éticas, quais sejam, as teorias que pregam a (i) ética da convicção e as teorias que pregam a (ii) ética de responsabilidade.

---

25. E é exatamente assim que nos leciona José Roberto Nalini: "Na filosofia valorativa, o valor moral não se baseia na ideia de dever, mas dá-se o inverso: todo dever encontra fundamento em um valor" (NALINI, José Renato. *Ética geral e profissional*, 9ª ed. rev. atual. e ampl., São Paulo: Editora Revista dos Tribunais, 2012, p. 98). Desta forma, há uma inversão de vetores em relação à ética formal: se por esta se age por puro respeito ao dever e a ação assim tem valor moral, na ética dos valores é o valor que faz da ação um dever.
26. ABBAGNANO, Nicola. **Storia della filosofia,** Torino: UTET, 2013, p. 604.

(i) De acordo com a ética da convicção o comportamento humano determina-se segundo valores eleitos pela pessoa humana. Esta crê em valores incondicionados de modo que a eleição da conduta abstém-se da apreciação dos resultados que dela podem advir. Aqui não interessam as circunstâncias, a contingência do caso concreto: o certo e o errado, o bom e o mau, o justo e o injusto o são em qualquer situação, a qualquer tempo. Desta forma, mentir, por exemplo, é sempre errado, não importa as consequências advindas da verdade dita. Não se pode mentir sequer para proteger alguém, pois a mentira é sempre desvaliosa. Deste modo, é a lei moral (do tipo imperativa e categórica) que dita o comportamento ético e não seus resultados.

(ii) Por sua vez, a ética da responsabilidade impõe ao sujeito atentar para o escopo, os resultados que advirão do comportamento. São os resultados da ação que ditarão se o comportamento é ético ou não, levando sempre em consideração o melhor e justo possível para o maior número de pessoas possível. O bom e o mau, o certo e o errado, o justo e o injusto só podem ser auferidos no caso concreto, de acordo com suas circunstâncias e contingências. Assim, a mentira pode ser boa ou má dependendo dos resultados advindos: se se mente para preservar a integridade física ou mesmo a vida de alguém, então a conduta é ética. Assim, a escolha da melhor conduta, da conduta ética, é dilema do sujeito moral que se torna responsável pelas consequências de sua eleição.

Para Max Weber, ambas as éticas, a da convicção e a da responsabilidade, devem se mesclar, acrescer-se uma a outra, de modo que valores e resultados sejam levados em conta na eleição da melhor conduta.

5. ÉTICA, DEMOCRACIA E EXERCÍCIO DA CIDADANIA

Já Aristóteles, portanto já nos anos que antecederam a Cristo, não separava ética e política (como aquilo que se refere ao poder, cuja finalidade deve ser a vida justa e feliz): vislumbrou, com perspicácia, a indissolubilidade entre virtude moral e atividade cívica.

Cidadão é o indivíduo que, dentro de um Estado, goza de **direitos** (civis, políticos, econômicos, sociais e culturais) e desempenha **deveres** (civis, políticos, econômicos, sociais e culturais). Assim, a **cidadania**, ou seja, a **qualidade de quem é cidadão**, se exerce no campo **associativo (da associação civil)**, pela **cooperação** de seres humanos reunidos no Estado. Desta forma, a sobrevivência e harmonia da sociedade – como grupo, associação de pessoas que é – depende da vida cooperativa de seus cidadãos[27].

---

27. "A associação civil é análoga à associação dos marinheiros ou navegadores, que se agrupam, com habilidades diversas, para a realização de um fim comum. Querem, em comum, a preservação da nau e de sua equipagem. os cidadãos, com suas variadas aptidões, não querem nada diverso do que

As **atribuições cívico-políticas** do cidadão dependem da conformação do Estado a que pertence, ou seja, da forma de governo por este adotada.

Sendo a **democracia** a forma de governo eleita pelo Estado, a cidadania retrata a qualidade dos "sujeitos politicamente livres, ou seja, cidadãos que participam da criação e concordam com a ordem jurídica vigente"[28].

Por democracia[29] entende-se, de forma geral, o **governo do povo**, como **governo de todos os cidadãos**. Para que a democracia se estabeleça, necessário o respeito à **pluralidade**, à **transparência** e à **rotatividade**: a democracia caracteriza-se pelo respeito à divergência (heterogeneidade), pela publicidade do exercício do poder e pela certeza de que ninguém ou grupo nenhum tem lugar cativo no poder, acessível a todos e exercido precária e transitoriamente[30].

Curioso o conceito de democracia dado por Norberto Bobbio, para quem a democracia é o **poder em público**[31]. E, de fato, a participação do povo no exercício do poder somente se viabiliza através da transparência, da publicidade, da abertura, quando decisões são tomadas de forma clara e a todos acessíveis. Somente desta forma, o povo, titular de todo poder, pode eficazmente intervir nas tomadas de decisões contestando-as, pelos meios legais, quando delas discordarem. O controle popular é indispensável para que o legítimo titular do poder verifique se seu mandatário o está exercendo em prol do interesse público. Sendo assim, o **exercício da cidadania**, como gozo de direitos e desempenho de deveres, deve pautar-se

---

a conservação da associação, e a associação é sua constituição (*politeía*)." (BITTAR, Carlos Eduardo C. B. *Curso de filosofia política*, 4ª ed., São Paulo: Atlas, 2011, p. 96)

28. CICCO, Cláudio de; GONZAGA, Alvaro de Azevedo. *Teoria geral do Estado e ciência política*. 5ª ed. rev. e atual., São Paulo: Revista dos Tribunais, 2013, p. 84.

29. Segundo Norberto Bobbio (Dicionário de política, Brasília: Editora Universidade de Brasília, 13ª ed., 2010), a fixação do conceito de 'democracia' não pode prescindir de uma reflexão histórica. Aduz, com propriedade, que "por Democracia se foi entendendo um método ou um conjunto de regras de procedimentos para a constituição de Governo e para a formação das decisões políticas (ou seja das decisões que abrangem a toda a comunidade) [...]" (p. 326). Acresce o teórico italiano que, em sua dimensão material (ou substancial), a democracia pressupõe "uma orientação favorável para certos valores, que são normalmente considerados característicos do ideal democrático, como o da solução pacífica dos conflitos sociais, da eliminação da violência institucional no limite do possível, do frequente revezamento da classe política, da tolerância e assim por diante" (p. 326). Enfim, a democracia é vista, hodiernamente, como um elenco "de regras do jogo, ou, como também se diz, de 'procedimentos universais'" que orientam "como se deve chegar à decisão política" (p. 326/327)

30. Marilena Chauí assevera que a democracia reconhece que "a sociedade não é uma comunidade uma e indivisa voltada para o bem comum obtido por consenso, mas, ao contrário, que está **internamente dividida** e que as divisões são **legítimas** e deve expressar-se publicamente. A democracia é a única forma política que considera o conflito legítimo e legal, permitindo que seja **trabalhado politicamente** pela própria sociedade. Da mesma maneira, as ideias de **igualdade** e **liberdade** como direitos civis dos cidadãos vão muito além de sua regulamentação jurídica formal. Significam que os cidadãos são **sujeitos de direitos** e que, onde tais direitos não existam nem estejam garantidos, tem-se o direito de lutar por eles e exigi-los. É esse o cerne da democracia." (*Convite à filosofia*, São Paulo: Ática, 2012, p. 503)

31. Citada por Maria Lúcia de Arruda Aranha e Maria Helena Pires Martins na obra *Filosofando: uma introdução à filosofia*, 4ª ed. rev., São Paulo: Moderna, 2009, p. 269.

por **contornos éticos**: o exercício da cidadania deve materializar-se na **escolha da melhor conduta** tendo em vista o **bem comum**, resultando em uma **ação moral como expressão do bem**.

A sobrevivência e harmonia da vida associativa dependem do nível cooperativo dos sujeitos reunidos em sociedade: há uma expectativa generalizada a respeito das ações humanas e, em especial, das ações daqueles que desempenham funções públicas.

Quanto maior for a cooperação social, mais harmoniosa será determinada sociedade e, ao contrário, quanto mais o egoísmo social estiver presente, maior será o nível de desagregação social. Espera-se de todos os integrantes da sociedade que reconheçam os demais como pessoas em si e nunca como um meio para qualquer finalidade e, com isso, não se autoriza que ninguém se sinta na condição de subjugar o outro em razão de gênero, etnia, orientação sexual, política, religião, estado civil, faixa etária, condição física especial ou de qualquer outro motivo que seja identificador de algum sinal de diversidade, especialmente com o reconhecimento contemporâneo de que os direitos humanos constituem um critério ético do agir. Comportamentos que vilipendiem a dignidade da pessoa humana não poderão ser considerados éticos.

Se assim o é no âmbito das relações privadas, com maior razão deve ser, também, em relação ao Estado, até porque ele não é composto de agentes criados artificialmente para exercerem suas funções e, sim, de pessoas físicas por ele recrutadas diretamente do seio social. O servidor público, antes de sê-lo, é cidadão do Estado e, como tal, tem interesse na sobrevivência e harmonia da sociedade como qualquer outro cidadão.

O bom, correto, justo, enfim, ético desempenho de suas funções à frente da coisa pública não beneficia apenas toda a sociedade, mas antes a ele mesmo. A conduta desvencilhada dos pilares éticos e violadora das normas morais podem até trazer algum benefício temporário ao seu executor, mas as consequências danosas de tal comportamento para si mesmo se farão sentir com o desenvolver do tempo, já que nenhum Estado pode crescer, desenvolver e aprimorar-se sob a ação corrupta de seus governantes, gestores e servidores e um Estado assim falido, inclusive moralmente, retrata a falência mesma dos sujeitos nele reunidos em sociedade.

Desta forma, o servidor que se desvia do comportamento ético, atenta contra si e toda a sociedade, violando, em especial, a própria dignidade, já que o trabalho realizado com excelência é o mais caro patrimônio humano.

6. ÉTICA E FUNÇÃO PÚBLICA

De fato, não se pode negar que o desenvolvimento, retificação e refinamento moral da sociedade impõem que "todas as instituições sociais (públicas e privadas), ao lado dos indivíduos, devem se afinar no sentido da conquista da cultura da moralidade"[32]. Ora, a reverência da moralidade nas relações entre particulares, no âmbito individual e privado, é forma de cultivo da futura moralidade na administração da coisa pública (*res publica*).

Da mesma forma, a sobrevivência (individual e coletiva) e harmonia social dependem do eficaz e satisfatório desempenho moral de todas as atividades do ser humano. É lugar mais que comum ouvir-se debates a respeito de ética médica, ética econômica, ética esportiva e, em especial, ética da gestão da *res publica*. E, de fato, a relação entre ética e política é tema dos mais árduos na contemporaneidade.

Historicamente sustentou-se uma distinção entre a 'moral comum' e a 'moral política', chegando Maquiavel a afirmar que o sujeito político poderia comportar-se de modo diverso da moral comum, como se o sujeito comum e aquele que gere a coisa pública ou exerce função pública obedecessem a 'códigos' de ética distintos.[33]

Todavia, atualmente não se duvida da necessária integração ou 'afinamento' entre a moral comum e a moral política. Não se pode imaginar a existência de uma absoluta distinção entre a ética almejada pelos indivíduos que compõem a sociedade e aquela esperada dos órgãos do Estado, que exercem a função pública.

Justamente por representarem a coletividade, as instituições públicas devem se pautar, de forma ainda mais eficaz, pela ética, posto que devem assumir uma posição de espelho dos anseios da sociedade.

Para que o Estado possa gerir a *res publica*, de forma democrática e não autoritária, este deve gozar de credibilidade, a qual somente pode ser conquistada com a transparência e a moralidade de seus atos, para que não seja necessário o uso exclusivo da força, o que transformaria um Estado democrático em uma nefasta tirania.

Cumpre lembrar que, quando se fala em agir ético do Estado, ou das instituições públicas que o compõe, na realidade devemos nos atentar que o agir ético é sempre exercido por pessoas físicas, já que o Estado, como uma ficção jurídica que é, não goza de vontade própria. Estas pessoas físicas incumbidas, definitiva ou transitoriamente, do exercício de alguma função estatal, a quem chamamos de agentes públicos[34], é que devem, em última análise, pautar-se pela ética, já que expressam, com seus atos, a vontade do Estado.

A vontade do Estado é, pois, materializada através dos atos e procedimentos administrativos executados pelos agentes públicos. Estes atos e procedimentos administrativos que dão forma e viabilizam a atuação da Administração Pública devem ser entendidos como foco de análise da ética, constituindo-se seu objeto, quando a questão se refere à ética na Administração Pública.

32. BITTAR, Eduardo C. B. *Curso de ética jurídica: ética geral e profissional*, 10 ed., São Paulo: Saraiva, p. 106
33. BOBBIO, Norberto. *Etica e politica*, Milano: Mondadori, 2013, p. 577
34. MEIRELLES, Direito administrativo brasileiro, 2000, p. 69.

Embora emanados por ato de vontade dos agentes públicos, os atos e procedimentos administrativos não podem expressar a vontade individual do agente que os exterioriza. Isto porque os atos e procedimentos administrativos estão submetidos ao princípio da moralidade administrativa, o que equivale dizer que "o interesse público está acima de quaisquer outros tipos de interesses, sejam interesses imediatos do governante, sejam interesses imediatos de um cidadão, sejam interesses pessoais do funcionário"[35].

Apesar de se reconhecer que a moralidade sempre foi um traço característico necessário ao ato administrativo, já que não se pode supor a legitimidade de um Estado que não se amolde ao que moralmente é aceito pela sociedade que o constitui, é com a Constituição Federal de 1988, que o princípio da moralidade é expressamente elevado à categoria de princípio essencial da administração pública, ao lado dos princípios da legalidade, da impessoalidade, da publicidade dos atos administrativos e da eficiência, conforme dispõe seu artigo 37.

Os atos e procedimentos administrativos, portanto, além de se submeterem a requisitos formais e objetivos para que possam gozar de validade e legalidade (competência, finalidade, forma, motivo, objeto), devem também se apresentar como moralmente legítimos, sob pena de serem anulados.

Veja-se que neste ponto, aliás, a Constituição Federal também trouxe importante avanço, quando em seu artigo 5º, inciso LXXIII, inclui a moralidade administrativa dentre os motivos que ensejam a via da ação popular a ser proposta por qualquer cidadão que constate uma postura imoral praticada por qualquer entidade da qual o Estado participe.

É justamente neste ponto que a ética exerce seu papel, permitindo realizar ponderações sobre a moralidade da vontade expressa em determinado ato ou procedimento administrativo praticado por um agente público. Assim, não basta que o agente público seja competente para emanar o ato administrativo ou conduzir um procedimento de sua alçada, nem que seja respeitada a forma prescrita em lei, devendo, antes de tudo, corresponder a uma conduta eticamente aceitável e, sobretudo, pautar-se pela preponderância do interesse público sobre qualquer outro.

6.1. Atitudes e comportamentos do servidor público

Parece desnecessário destacar que, do servidor público, espera-se a prática de virtudes, a escolha do que vale moralmente, a orientação do comportamento segundo atitudes que o dirijam ao bem, à justiça e ao respeito dos direitos humanos fundamentais de todo ser humano, ainda que em prejuízo de interesses próprios.

---

35. BITTAR, Eduardo C. B. *Curso de ética jurídica: ética geral e profissional*, 10 ed., São Paulo: Saraiva, p. 476

As atitudes são orientações seletivas e ativas da pessoa em face de uma situação ou um problema. Representam um projeto de comportamento segundo opções de valor aferidos diante determinada situação fática.

Em relação às **atitudes no serviço público**, espera-se que no exercício da função pública, o servidor público tenha seu comportamento dirigido por predisposições interiores de natureza virtuosa, para que seu comportamento seja reflexo da virtude empenhada.

Por sua vez, o comportamento humano é a consequência (resultado) direta da atitude da pessoa em seu ambiente e em dadas circunstâncias e, dessa forma, o **comportamento profissional** é a maneira de uma pessoa proceder em relação a outra em função da atividade profissional por ela desenvolvida, entendendo-se por atividade profissional aquela que exige, além das habilitações legais eventualmente exigidas, aptidão técnica e moral para seu bom e adequado exercício.

Quanto ao comportamento a ser adotado no serviço público, espera-se que o **comportamento do servidor público** seja dirigido por atitudes dignas, decorosas, zelosas, eficazes, preservadoras do patrimônio, da honra e da tradição dos serviços públicos.

Para bem ilustrar o aqui explanado, veja a seguinte situação hipotética: O João, servidor público locado na Secretaria de Gestão de Pessoas, na Seção de Aposentadorias e Pensões, tem uma atitude contrária à ineficiência dos serviços públicos. Por tal razão, quando o servidor público Antônio requereu à Seção de Aposentadorias e Pensões uma certidão para contagem de seu tempo no serviço público para fins de aposentadoria, João foi diligente e empenhado no cumprimento de seu dever profissional, de modo que o comportamento resultante foi altamente eficiente: Antônio conseguiu sua certidão, contendo todas as informações e dados de que precisava, antes do tempo por ele esperado, ficando extremamente satisfeito com os serviços prestados por João.

6.2. Organização do trabalho e prioridade no serviço público

A **organização do trabalho** representa a forma como o trabalho é gerido e organizado, desde sua concepção até as estratégias organizacionais implementadas com vista ao cumprimento dos objetivos institucionalmente traçados e buscados. Na execução das atividades administrativas, o trabalho a ser executado pelos servidores públicos deve ser organizado de maneira a terem como foco um serviço efetivo, humano, célere e diferenciado, superando a qualidade demandada pelos cidadãos-usuários, sem perder de vista a garantia de infraestrutura apropriada às atividades institucionais, atentando-se para o atendimento de ergonomia, promoção de saúde, melhoria das relações interpessoais e responsabilidade social, ampliando o bem-estar das pessoas que integram a organização. A organização do trabalho no serviço público, pois deve se dar em consonância com o princípio da eficiência, previsto no art. 37, *caput*, da Constituição Federal, ou seja, o agente público deve executar suas tarefas com o melhor desempenho possível para alcançar os melhores resultados e a estrutura administrativa deve ser organizada da melhor forma para que a finalidade pública seja atingida da maneira mais efetiva possível. No que se refere às **prioridades** a serem atendidas no serviço público podem ser destacadas a atuação, simultaneamente, em prol da materialização do interesse público e do respeito e da tutela aos direitos fundamentais, tendo como núcleo direcionador do comportamento a dignidade da pessoa humana. Ademais, não se pode esquecer a necessidade prioritária de se promover e garantir a probidade no serviço público.

6.3. Planejamento estratégico

A existência de boas atitudes e de comportamentos virtuosos no âmbito público, sem dúvida, é necessária para que se incorpore a ética como pilar de sustentação da Administração Pública.

Por isso, nota-se a preocupação atual, dos Poderes instituídos, em imprimir nas mentes, corações e ações dos servidores públicos, compromisso ético que não apenas resulte na prestação de serviços públicos de excelência, mas principalmente resgate o reconhecimento social quanto a sua essencialidade.

Para tanto, cada órgão do Estado, dentre eles os órgãos do Poder Judiciário e do MPU, tem criado, **democraticamente** (já que conta com a participação de todo o corpo de agentes políticos e servidores públicos), seu respectivo **"Planejamento Estratégico"**, o qual consiste em uma **ferramenta de atuação institucional** que busca **conduzir sua atuação** em direção aos **resultados realmente esperados pela sociedade**, hoje um tanto desacreditada do serviço público. É com base no "Planejamento Estratégico" que a instituição **norteará suas ações**.

Em seus 'Planejamentos Estratégicos' os órgãos públicos fixam sua Missão, seus Objetivos Estratégicos, seus Valores Organizacionais e sua Visão institucional, com base nos quais procuram construir democraticamente os alicerces de uma **gestão inovadora e efetiva**, pautada, ressalte-se, pela **ética**.

Por **Missão** entende-se a declaração sobre a **razão da existência** de uma organização ou instituição, bem como do serviço que presta, de modo a tornar útil sua ação perante a sociedade.

Os **Objetivos Estratégicos**, por sua vez, constituem os **desafios** que, uma vez alcançados, são suficientes para o êxito no cumprimento da missão da organização ou instituição, bem como para a concretização de sua visão de futuro.

Já os **Valores Organizacionais** representam as **convicções** dominantes, as **crenças** básicas, aquilo em que as pessoas da organização ou instituição acreditam. Os valores descrevem como a organização ou instituição pretende atuar no cotidiano, enquanto busca realizar sua visão.

Finalmente, a **Visão** sintetiza as **aspirações** da organização ou instituição, representando o **quadro futuro que se quer atingir** dentro de um período mais longo de tempo. Constitui, enfim, a definição de **onde se pretende chegar,** permitindo entender com clareza o que é preciso mudar na organização ou como ela evoluir para que a visão seja concretizada.

Portanto, é com base no "Planejamento Estratégico" que cada órgão do Estado busca orientar as **atitudes e comportamentos** de seus membros – sejam agentes políticos, sejam servidores públicos – , os quais são **regidos por Missão, Objetivos, Valores e Visão** construídos sob **pilares éticos.**

É nessa perspectiva que se julga de máxima importância tecer alguns comentários acerca dos Planejamentos Estratégicos de gestão, no que aqui nos interessa, dos órgãos do Poder Judiciário da União e do Ministério Público da União.

Missão	– razão de existência da organização
Objetivos estratégicos	– desafios da organização
Valores organizacionais	– convicção e crenças compartilhados pelos membros da organização
Visão	– aspirações da organização; quadro futuro por ela almejado

6.3.1. Plano Estratégico de atuação dos órgãos do Poder Judiciário da União

Conforme é notório, o **Conselho Nacional de Justiça** (CNJ) tem como um de suas atribuições **coordenar o planejamento e gestão estratégica do Poder Judiciário brasileiro,** incluindo, assim, por óbvio, os órgãos integrantes do Poder Judiciário da União, desde os Tribunais Superiores até os diversos órgãos integrantes dos diferentes ramos de atuação: Justiça Federal, Justiça do Trabalho, Justiça Eleitoral e Justiça Militar da União. Através de sua **Resolução 198/2014**, o CNJ estabeleceu a **"Estratégia Nacional do Poder Judiciário para o sexênio 2015-2020"**, prevendo em seu artigo 3º, que a 'Estratégia Judiciário 2020' deve ser **desdobrada em planos estratégicos de todos os órgãos do Judiciário**, sem prejuízo de **inclusão de especificidades.**

Desse modo, com base na determinação contida no artigo 3º da referida Resolução 198/2014, os órgãos do Poder Judiciário da União têm construído, democraticamente, seu respectivo "Planejamento Estratégico", no qual fixam sua Missão, Visão, Objetivos Estratégicos e Valores Organizacionais, com base nos quais orientarão suas ações.

Como regra, cada órgão do Poder Judiciário, ao estabelecer seu "Planejamento Estratégico", define, de forma aproximada, sua Missão, Visão e Valores Organizacionais, mais ou menos, da forma seguinte:

(i) **Missão**: garantir a legitimidade da prestação jurisdicional respectiva, a fim de fortalecer a democracia e o exercício da cidadania;

(ii) **Visão**: ser reconhecido como uma instituição pública independente e imparcial, referência na prestação de seus serviços e na conscientização para a cidadania;

(iii) **Valores Organizacionais**: embora seja grande a lista de Valores elencada por cada órgão do Poder Judiciário, um valor presente em todos os planejamentos estratégicos é a **ética**, revelada na atuação proba dos magistrados e servidores públicos federais, pautada nos princípios da honestidade, lealdade e dignidade humana.

Obviamente com as **especificidades de cada órgão do Poder Judiciário**, de modo que cada respectivo "Planejamento Estratégico" difere do outro, os elementos acima são uma constante em todos eles, devendo o candidato – e, confiamos, futuro servidor público federal – tê-los em mente, seja no momento de realização de suas avaliações, seja no exercício da função pública, após, esperamos, sua nomeação.

Assim, com as variações e especificidades de cada Tribunal, o **"Planejamento Estratégico"** deixa em evidência que o **fim último do órgão da justiça** é **salvaguardar os direitos de cidadania** em todas as suas dimensões sociais, englobando o cidadão enquanto administrador, o cidadão enquanto jurisdicionado, o cidadão enquanto trabalhador-servidor público, o cidadão enquanto consumidor-usuário dos serviços públicos e o cidadão enquanto contribuinte, sempre orientando-se pela **promoção e proteção da dignidade humana**, perseguindo a **atenuação das desigualdades sociais**, bem como **garantindo os direitos das minorias**, fazendo uso de **práticas socioambientais sustentáveis e de tecnologias limpas**, pautando a atuação de seus membros pela **ética**.

Dessa forma, todos os TRTs, TRFs e TREs e, ainda, cada tribunal superior terá seu **"Planejamento Estratégico"** para, atendidas suas especificidades, dar efetividade ao planejamento nacional. Além disso, em razão das particularidades de cada ramo de atuação do Poder Judiciário da União, é possível fazer um planejamento estratégico setorial. Nesse sentido, por força, respectivamente, dos artigos 105, parágrafo único, II, e 111-A, §2º, II, ambos da Constituição Federal, o Conselho da Justiça Federal[36] e o Conselho Superior da Justiça do Trabalho[37] estabeleceram o Planejamento Estratégico de cada um desses ramos, de maneira a orientar cada tribunal na elaboração de seus planos estratégicos.

36 Resolução CJF nº 313/2014: ciclo 2015-2020.
37 Resolução CSJT nº 145/2014: ciclo 2015-2020.

6.3.2. *Plano Estratégico de atuação do Ministério Público da União*

Como sabido, a organização do Ministério Público pátrio também seguiu a mesma dinâmica de divisão dos órgãos do Poder Judiciário. Por isso, existem diversos Ministérios Públicos, assim como existem diversos Tribunais.

Desse modo – e para o que aqui nos interessa, o Ministério Público da União (MPU) compreende o Ministério Público Federal (MPF), o Ministério Público do Trabalho (MPT), o Ministério Público Militar (MPM) e o Ministério Público do Distrito Federal e Territórios (MPDFT). Recorde-se que o procurador-geral da República, por sua vez, é o chefe do MPU e do MPF e o procurador-geral Eleitoral, além de ser o responsável pela nomeação do procurador-geral do Trabalho (chefe do MPT), do procurador-geral da Justiça Militar (chefe do MPM) e dar posse ao procurador-geral de Justiça do Distrito Federal e Territórios (chefe do MPDFT).

Assim, é fácil concluir que cada Ministério Público, em ação semelhante a de cada órgão do Poder Judiciário, tem criado e estabelecido seu respectivo "Planejamento Estratégico", no qual fixa sua Missão, seus Objetivos Estratégicos, seus Valores Organizacionais e sua Visão, elementos democraticamente delimitados pela participação democrática de todos os seus membros, pautando-os sob esteios éticos.

Apenas a título exemplificativo, a Auditoria Interna do MPU, órgão de controle interno de todos os Ministérios Públicos que compõem o MPU, a qual é diretamente subordinada ao Procurador-Geral da República, conforme Portaria PGR-MPU 53/2017, também estabeleceu o "Planejamento Estratégico" diretivo de suas ações, estabelecendo como: a) Missão – Fiscalizar a aplicação dos recursos públicos destinados ao Ministério Público da União, em benefício da sociedade; b) Visão – Ser reconhecido como órgão de excelência no controle interno e continuar contribuindo para o aperfeiçoamento da gestão das Unidades do MPU; c) Valores Organizacionais – Independência, **ética**, justiça, efetividade, respeito, profissionalismo.

Desse modo, a **ética** aporta-se como valor regente das ações do MPU, constando assim e expressamente de seu "Planejamento Estratégico", de modo que também aqui espera-se que as **atitudes e comportamentos** dos servidores públicos do MPU pautem-se pela ética.

7. QUESTÕES

7.1. Questões comentadas

(Cespe – Analista do MPU – Direito/2018)
Está, pois, suficientemente esclarecido que a virtude moral é um meio-termo entre dois vícios, um dos quais envolve excesso e o outro, deficiência, e isso porque a sua natureza é visar à mediania nas paixões e nos atos.
Do que acabamos de dizer segue-se que não é fácil ser bom, pois em todas as coisas é difícil encontrar o meio-termo.

(...)
A justiça corretiva será o intermediário entre a perda e o ganho. Eis aí por que as pessoas em disputa recorrem ao juiz; e recorrer ao juiz é recorrer à justiça, pois a natureza do juiz é ser uma espécie de justiça animada; e procuram o juiz como um intermediário, e em alguns Estados os juízes são chamados mediadores, na convicção de que, se os litigantes conseguirem o meio-termo, conseguirão o que é justo. O justo, pois, é um meio-termo, já que o juiz o é. Ora, o juiz restabelece a igualdade.

Aristóteles. Ética a Nicômaco. In: Os pensadores. (Org.) José A. M. Pessanha. 4.ª ed., v. 2, São Paulo: Nova Cultural, 1991 (com adaptações).

A partir das ideias constantes nesse fragmento de texto, julgue os itens a seguir.

1. Aristóteles vincula a justiça à natureza do trabalho de juiz, cuja atuação deve ser ética e corresponder ao exercício da própria noção de justiça.
   Certo ( ) Errado ( )

COMENTÁRIOS

Certo. Conforme afirmou Aristóteles, o juiz é uma espécie de justiça animada, ou seja, o juiz é a materialização da justiça. Dessa forma, o juiz tem o dever de ser ético, de ser justo.

2. Constatar a dificuldade em ser bom é uma questão ética que constitui uma condição para que as pessoas recorram ao juiz, pois a natureza de seu trabalho é a bondade.
   Certo ( ) Errado ( )

COMENTÁRIOS

Errado. Constata-se que é difícil ser bom porque é difícil encontrar o meio-termo. E é por essa razão que as pessoas recorrem ao juiz, pois o juiz, como justiça animada que é, é ele próprio meio-termo, sendo da natureza de seu trabalho a igualdade e não a bondade.

3. Depreende-se do texto que a decisão do juiz, apesar de ética, não necessariamente representa o justo para os litigantes, pois um terá de perder e o outro, ganhar, para que a justiça corretiva aconteça.
   Certo ( ) Errado ( )

COMENTÁRIOS

Errado. Depreende-se do texto que a decisão do juiz é ética porque representa, necessariamente, o justo para os litigantes. A justiça corretiva é um meio-termo entre a perda e o ganho, ou seja, é a mediania entre o excesso (o ganho) e a deficiência (a perda). Sendo o meio-termo entre perda e ganho, a justiça corretiva é sim o justo para os litigantes.

4. Com o objetivo de promover os valores éticos para o bem da sociedade, a fórmula aristotélica da mediania propõe a rigorosa punição dos vícios pelos agentes públicos, simbolizados no texto pela profissão de juiz.
Certo ( ) Errado ( )

COMENTÁRIOS

Errado. A profissão de juiz, no texto, simboliza a justiça animada, ou seja, a própria mediania entre o excesso e a deficiência. É por isso que a fórmula aristotélica da mediania não propõe a rigorosa punição dos vícios pelos públicos (representados pelo juiz), mas sim o encontro do meio-termo.

5. Conforme a ética aristotélica, o meio-termo deve ser buscado por todas as pessoas como principal caminho para uma vida virtuosa, tanto nas ações como nas paixões humanas, a fim de se equilibrarem os vícios, tanto os decorrentes do excesso como aqueles que resultam da falta.
Certo ( ) Errado ( )

COMENTÁRIOS

Certo. Sendo a virtude moral um meio-termo entre dois vícios, a vida virtuosa exige que sejamos capazes de encontrar a mediania entre os vícios por excesso e os vícios por escassez. Dessa forma, equilibrando-se os vícios (por excesso e por falta) será possível encontrar o justo, ou seja, será possível restabelecer a igualdade.

(Cespe – Técnico do MPU – Administração/2018) A partir do fragmento de texto antecedente, julgue os itens a seguir.

Visto que a virtude se relaciona com paixões e ações, e é às paixões e ações voluntárias que se dispensa louvor e censura, enquanto as involuntárias merecem perdão e às vezes piedade, é talvez necessário a quem estuda a natureza da virtude distinguir o voluntário do involuntário. Tal distinção terá também utilidade para o legislador no que tange à distribuição de honras e castigos. São, pois, consideradas involuntárias aquelas coisas que ocorrem sob compulsão ou por ignorância; e é compulsório ou forçado aquilo cujo princípio motor se encontra fora de nós e para o qual em nada contribui a pessoa que age e que sente a paixão — por exemplo, se tal pessoa fosse levada a alguma parte pelo vento ou por homens que dela se houvessem apoderado.

(...)

No que tange a dar ou receber dinheiro, a mediania é a generosidade; o excesso é a prodigalidade, e a deficiência, a mesquinhez, mas o indivíduo pródigo e o mesquinho são excessivos e carentes de maneiras opostas entre si; o pródigo se excede em dar e é deficiente em obter, enquanto o mesquinho se excede em obter e é deficiente em dar.

Aristóteles. Ética a Nicômaco. In: Os pensadores. (Org.) José A. M. Pessanha. 4 a ed. Vol. 2. São Paulo:
Nova Cultural, 1991 (com adaptações).
A partir do fragmento de texto antecedente, julgue os itens a seguir.

6. Segundo Aristóteles, é preciso identificar entre as ações e as paixões as que sejam voluntárias, ou seja, aquelas que dependem da vontade, a fim de se reconhecer seu aspecto ético.
Certo ( ) Errado ( )

COMENTÁRIOS

Certo. A censura ou o louvor de uma ação ou de uma paixão humana constitui um julgamento ético. E tal julgamento somente se pode fazer acerca das ações ou paixões humanas voluntárias, ou seja, daquelas que sejam livres e conscientes. Não se pode fazer julgamento ético dos que agem por compulsão ou ignorância, posto que sua consciência e liberdade não foram o motor, a causa das ações. Aquele que não age por vontade livre e voluntária não pode ser alvo do julgamento ético, sendo digno de piedade ou compaixão.

7. Segundo Aristóteles, a prodigalidade e a mesquinhez correspondem a vícios, marcados pelo excesso e pela falta respectivamente, ao passo que a generosidade corresponde a uma virtude a ser buscada voluntariamente para se encontrar a mediania.
Certo ( ) Errado ( )

COMENTÁRIOS

Certo. Para Aristóteles, o pródigo se excede em dar, enquanto o mesquinho é deficiente em dar, sendo ambos vícios que se opõem, um pelo excesso, outro pela escassez. O meio termo entre a prodigalidade e a mesquinhez é a generosidade, posição intermediária que nem excede em dar, nem carece em obter. É por isso, por ser o meio termo entre os dois vícios, que a generosidade corresponde à virtude a ser voluntariamente buscada por quem deseja ser ético.

8. Considerando-se as premissas de Aristóteles, é correto inferir que o exercício ético de uma função pública exige que todas as ações do agente público sejam guiadas pela razão, vinculada à vontade de agir com virtude.
Certo ( ) Errado ( )

COMENTÁRIOS

Certo. De acordo com as premissas de Aristóteles, o exercício ético impõe ao agente público agir segundo a sua livre vontade: o motor do seu agir, deve ser sua vontade consciente. O exercício ético exige, ainda, que o agir seja orientado, dirigido pela razão.

A razão apontará a virtude, ou seja, o meio termo entre dois vícios, competindo à vontade agir conforme essa mediania. O agir não pode ficar entregue aos desejos e apetites, mas ser conduzido pela razão.

9. O indivíduo pródigo do modelo aristotélico deve servir de modelo para a ação ética no serviço público, haja vista ser ele, ao contrário do mesquinho, exemplo de generosidade.
Certo ( ) Errado ( )

COMENTÁRIOS

Errado. O indivíduo pródigo, no modelo aristotélico, não é modelo para a ação ética; ao contrário, é modelo para o vício por excesso (por excesso em dar), assim como também é modelo para o vício, por falta (escassez em dar), a mesquinhez. O pródigo não é generoso, pois a generosidade, ao contrário do pródigo, é virtude, o meio termo entre o que dá em excesso (a prodigalidade) e o que dá em falta (a mesquinhez).

10. Servidores públicos são orientados a agir de forma involuntária no exercício de suas funções, porque estão subordinados ao conjunto das leis e normas que regulam as funções públicas; portanto, suas ações, especialmente as que sejam relativas ao uso de recursos públicos, não podem ser pautadas nos princípios da ética aristotélica.
Certo ( ) Errado ( )

COMENTÁRIOS

Errado. Servidores públicos são orientados a agir de forma voluntária no exercício de suas funções. Sua vontade deve se dirigir ao exercício do agir ético, ou seja, da busca do justo, da mediania entre o vício por excesso e o vício por falta. É certo que a ação do servidor público, em especial quando relativas ao uso de recursos públicos, mas que conforme à legalidade, deve ser conforme à honestidade. Enfim, é importante ressaltar que se exige lisura do servidor público, valor que vai além do cumprimento da estrita legalidade dos atos, na medida em que abarca valores éticos e morais.

11. **(Cespe – Funpresp Jud – Assistente – 2016)** Os princípios éticos são diretivas de ação que atendem e exteriorizam valores éticos que podem servir, inclusive, de norte interpretativo de leis e Constituições.
Certo ( ) Errado ( )

COMENTÁRIOS

Certo. Princípios éticos são vetores, guias do nosso comportamento, de modo que devem ser por nós tomados como parâmetro interpretativo de toda e qualquer norma jurídica, inclusive constitucionais.

12. **(Cespe – Funpresp Jud – Analista - Área Administrativa – Direito – 2016)** A constituição de um país deve se guiar pela ética a fim de viabilizar, na sociedade, a implementação plena dos serviços públicos e possibilitar a efetivação dos direitos da pessoa humana e do exercício da cidadania.
Certo ( ) Errado ( )

COMENTÁRIOS

Certo. Não há dúvidas de que os Direitos Humanos atuam, ao mesmo tempo, como pautas ou critérios éticos, bem como fim último da existência do Estado. Sendo assim, as Constituições devem guiar-se pela ética, ou seja, pelo respeito e realização dos Direitos Humanos, na mesma medida em que a atuação do Estado, por meio de sua atividade administrativa, em especial pelos serviços públicos, deve efetivar os direitos da pessoa humana e fortalecer o exercício da cidadania.

(Cespe – Analista do MPU – MPU/2015)

13. Uma vez que a moral se reveste de conteúdo mais doutrinário e normativo que a ética, é correto afirmar que um dos fundamentos de existência da noção de moral seria a formação de uma base teórica para o estudo da ética
Certo ( ) Errado ( )

COMENTÁRIOS

Errado. Ora, é a ética, e não a moral, que se reveste de conteúdo doutrinário, teórico, sendo uma disciplina filosófica. É a ética que oferta base teórica para o estudo da moral.

14. O exercício da cidadania sofre influência das questões éticas e morais que moldam o comportamento individual do cidadão. Isso porque o conjunto das condutas individuais compõe o comportamento de determinado grupo social, do qual são extraídas as demandas que subsidiam a adoção de políticas públicas e a concretização de direitos sociais.
Certo ( ) Errado ( )

COMENTÁRIOS

Certo. O exercício da cidadania, como gozo de direitos e desempenho de deveres, deve pautar-se por contornos éticos e morais, de modo que o exercício da cidadania materialize-se na escolha da melhor conduta tendo em vista o bem comum, havendo uma expectativa generalizada a respeito das ações humanas e, em especial, das ações daqueles que desempenham funções públicas.

(Cespe – CNJ – Técnico Judiciário – Área Administrativa – 2013) Acerca de ética no serviço público, julgue os itens a seguir.

15. O relativismo cultural estabelece que todos os seres humanos são, em si, padrões pelos quais suas ações devem ser julgadas em termos éticos e morais.

Certo ( ) Errado ( )

COMENTÁRIOS

Errado. A afirmação se refere não ao 'relativismo cultural', mas sim ao 'relativismo moral'. Ora, na lição de Nicola Abbagnano, o 'relativismo cultural' "parte do reconhecimento da diversidade dos costumes e das normas vigentes em culturas diversas", apoiando-se "no reconhecimento quase universal da pluralidade e da heterogeneidade das culturas"[38]. Ou seja, o relativismo cultural prega que cada grupo social tem seus valores, princípios e regras morais a ele, grupo, particular e não particular a cada um de seus membros (a cada ser humano). Já o 'relativismo moral' muito bem se sustenta no ditado de Protágoras que afirmava que 'o homem é a medida de todas as coisas', de modo que a verdade moral, por exemplo, é sempre relativa à pessoa, ou seja, cada pessoa é um padrão pelo qual são julgadas moralmente suas ações.

16. O primeiro nível das questões éticas é constituído pelo indivíduo. Esse nível enfatiza como as pessoas devem ser tratadas nas organizações.

Certo ( ) Errado ( )

COMENTÁRIOS

Errado. Na verdade, o nível que enfatiza como as pessoas devem ser tratadas nas organizações não é o nível individual, mas sim o nível organizacional das questões éticas. De um modo geral, poderíamos apontar ao menos quatro níveis das questões éticas, quais sejam, os níveis social, legal, organizacional (ou profissional) e individual. No nível social, as decisões das organizações, incluídas as instituições, e as ações dos indivíduos são apreciadas segundo os valores e princípios éticos sedimentados na sociedade. No nível legal, aprecia-se se o comportamento humano obediente à legalidade é ou não ético, já que a incapacidade de a lei reproduzir fielmente todos os valores morais sedimentados na sociedade não conduz à eticidade do comportamento pelo seu só cumprimento da lei. No nível das organizações ou profissional, a eticidade das ações de seu membro ou categoria profissional é apreciada segundo as diretrizes, princípios e valores estabelecidos por seus códigos de ética para direcionamento das condutas e para disseminação da filosofia da profissão. Finalmente, no nível individual, é o próprio indivíduo que julga seu comportamento a partir dos valores éticos por ele mesmo eleitos, dizendo respeito, assim, à integridade moral do próprio agente.

17. **(Cespe – TJ-RR – Nível Médio – 2012)** A respeito de ética no serviço público e dos atos de improbidade administrativa, julgue o item a seguir.

---

38. ABBAGNANO, Nicola. **Dicionário de filosofia**, 4ª ed., São Paulo: Martins Fontes, 2000.

De acordo com a abordagem utilitária, ética diz respeito ao cuidado do servidor público com a sua conduta, de modo a considerar sempre os efeitos desta na realização dos próprios interesses.
Certo ( ) Errado ( )

COMENTÁRIOS

Errado. A ética utilitarista impõe ao sujeito moral, no caso o servidor público, o dever de antever os resultados de seu comportamento, tornando-se moralmente por ele responsáveis. De acordo com a abordagem utilitária, os efeitos da conduta devem considerar sempre a otimização da satisfação do maior número de pessoas (interesse coletivo ou bem comum) e **não** a otimização da satisfação dos próprios interesses.

18. **(Cespe – TRE BA – Técnico Judiciário – Segurança Judiciária – 2010)** As organizações públicas possuem muitas semelhanças com as empresas tradicionais, mas com um grande diferencial: ter como meta a prestação de serviços de qualidade que beneficiarão a toda sociedade civil.
Certo ( ) Errado ( )

COMENTÁRIOS

Certo. De fato, como afirmamos neste Capítulo, o desenvolvimento, retificação e aprimoramento moral da sociedade, como condição para sua sobrevivência e harmonia, é responsabilidade de todas as organizações, sejam elas públicas, sejam elas privadas, já que a moralidade deve permear todas as atividades da pessoa humana, seja no âmbito privado, seja no público. Demonstrou-se, ainda, que hodiernamente não se duvida da necessária integração ou 'afinamento' entre a moral comum e a moral política, donde as semelhanças entre as organizações públicas e empresas tradicionais: a sobrevivência e harmonia de ambas dependem do desempenho moral dos homens que as compõem. Todavia, os atos administrativos não podem expressar a vontade individual do agente que os exterioriza, mas sim devem ter em alta conta que o interesse público está acima de quaisquer outros tipos de interesse, estando aí o grande diferencial entre as organizações públicas e as empresas tradicionais: aquelas têm por objetivo a satisfação do **bem comum**.

19. **(Cespe – TRE BA – Técnico Judiciário – Segurança Judiciária – 2010)** Os códigos de ética, que incluem, de maneira contundente, os princípios basilares do direito e do composto ético, oferecem suporte ao controle das relações no serviço público, propiciam maior transparência nas relações de governo e evidenciam a ética em seus processos.
Certo ( ) Errado ( )

COMENTÁRIOS

Certo. Realmente os códigos de ética visam, através da positivação de princípios de direito e éticos, expressar quais os valores a serem perseguidos no desempenho da função ou cargo públicos pelos servidores públicos como forma de salvaguarda da moralidade administrativa, colocando-se, para os servidores públicos, como **deveres** de observância e cumprimento inarredáveis e, para os usuários dos serviços públicos, como **direitos** a serem reclamados, em especial no que concerne ao direito de tratamento digno e respeitoso por parte do servidor, bem como ao direito à prestação de serviços públicos satisfatórios.

20. **(Cespe – TRE BA – Técnico Judiciário – Segurança Judiciária – 2010)** Apesar de estritamente relacionadas, ética e moral não se confundem. No entanto, os princípios éticos pressupõem determinadas regras morais de comportamento
Certo ( ) Errado ( )

COMENTÁRIOS

Errado. De fato, ética e moral **não** se confundem. Porém, os princípios éticos **não** pressupõem regras morais de comportamento. A moral lida (e, portanto, pressupõe) regras morais de comportamento, adotadas como corretas, boas, justas por um determinado grupo social em determinado tempo. A ética, por sua vez, é **crítica** e **reflexiva**, criticando e refletindo, inclusive e principalmente, sobre regras de comportamento tidas, por determinado grupo social, como morais. Deste modo, a ética não pressupõe determinadas regras morais de comportamento, mas debruça-se sobre a compreensão, críticas, reflexão e estabelecimento de elementos, critérios que possam levar o indivíduo à escolha da melhor conduta, ainda que, neste percurso, conclua que determinadas regras morais violam princípios éticos. Lembre-se que até algum tempo atrás, no Brasil, a escravidão era moralmente admitida; porém, a crítica e reflexão éticas levaram à conclusão de que tal comportamento era eticamente reprovável, levando à alteração das regras morais a este respeito. Então não se esqueça: a moral é normativa (pressupõe regras, normas que orientam a vida em sociedade); a ética é reflexiva, crítica (não pressupondo regras).

21. **(Cespe – TRE BA – Técnico Judiciário – Segurança Judiciária – 2010)** A ética profissional deve ser compreendida estritamente no âmbito do relacionamento do profissional com sua clientela e vice-versa, tendo em vista a dignidade do homem e o bem-estar do contexto sociocultural em que atua na sua profissão.

COMENTÁRIOS

Errado. O exercício profissional integra-se na vida particular de cada profissional. Desta forma, a ética profissional não se resume às relações do profissional com sua clientela; ao contrário, abarca as relações com seus colegas de trabalho, com seus concidadãos, com seus familiares, sendo certo que os acontecimentos verificados em sua vida privada podem refletir, positiva ou negativamente, no conceito de sua vida profissional. Assim, é **incorreto** afirmar que a ética profissional compreende **estritamente** os relacionamentos do profissional com sua clientela e vice-versa.

22. **(Cespe – TRE BA – Técnico Judiciário – Segurança Judiciária – 2010)** Os códigos de ética profissional se limitam a uma enumeração de artigos contendo normas de ação

Certo ( ) Errado ( )

COMENTÁRIOS

Errado. Os códigos de ética profissional **não** se limitam à enumeração de artigos contendo normas de ação. Os códigos de ética profissional buscam estabelecer e exprimir os valores e fundamentos que dão sentido à profissão, em geral prescrevendo o respeito à dignidade humana (o respeito à pessoa humana como fim último e jamais como meio para qualquer outro fim) e a realização do bem comum (satisfação dos interesses públicos).

7.2. Questões de concursos

(Cespe – Técnico do MPU – MPU/2015) Com relação a moral e ética, julgue os itens a seguir.

01. A ética é um ramo da filosofia que estuda a moral, os diferentes sistemas públicos de regras, seus fundamentos e suas características.

Certo ( ) Errado ( )

02. Moral pode ser definida como todo o sistema público de regras próprio de diferentes grupos sociais, que abrange normas e valores que são aceitos e praticados, como certos e errados.

Certo ( ) Errado ( )

03. **(Cespe – TJ/RR – Nível Superior – 2012)** O servidor público que age contra a injustiça, ainda que em prejuízo próprio, demonstra um comportamento ético.

Certo ( ) Errado ( )

(Cespe – MPU – Técnico de apoio especializado – segurança – 2010) Com relação à ética profissional, julgue os seguintes itens.

04. Os códigos de ética expressam a filosofia de ação profissional, o que confere verdadeiro sentido à profissão.

Certo ( ) Errado ( )

05. A ética constitui-se como conjunto de normas de conduta que se apresentam como boas e corretas.

Certo ( ) Errado ( )

(Cespe – TRE BA – Técnico Judiciário – Segurança Judiciária – 2010) Normalmente, condutas antiéticas extrapolam os limites das relações interpessoais e se tornam objeto de política, fomentando a elaboração de códigos de ética de grupos profissionais, como os servidores públicos. A respeito da ética no serviço público, julgue os itens que se seguem.

06. A ética profissional se refere ao ideal de conduta do profissional, ao conjunto de atitudes desejáveis ao assumir no desempenho de sua profissão.
Certo ( ) Errado ( )

07. A formação ética se impõe nas profissões porque os conhecimentos técnico-científicos, por si só, não bastariam ao profissional.
Certo ( ) Errado ( )

08. **(Cespe – MPU – Técnico de apoio especializado – segurança – 2010)** O conhecimento científico não garante, por si só, que o indivíduo que o adquiriu assuma conduta profissional ética.
Certo ( ) Errado ( )

09. **(Cespe – MPU – Técnico de apoio especializado – segurança – 2010)** De acordo com a ética da convicção, o agente moral deve focar sempre os resultados de sua ação, considerando sempre a contingência do caso concreto.
Certo ( ) Errado ( )

10. **(Cespe – MPU – Técnico de apoio especializado – segurança – 2010)** O exercício da cidadania, como gozo de direitos e desempenho de deveres, dispensa o elemento ético, já que os direitos e deveres são impostos pela lei que é a medida do ético.
Certo ( ) Errado ( )

11. **(Cespe – MPU – Técnico de apoio especializado – segurança – 2010)** Não basta que o agente público seja competente para a prática do ato administrativo ou para conduzir um procedimento de sua alçada, devendo, antes de tudo, corresponder a uma conduta eticamente aceitável e, sobretudo, pautar-se pela preponderância do interesse público sobre qualquer outro.
Certo ( ) Errado ( )

12. **(Cespe – Funpresp Jud – Assistente – 2016)** Enquanto a ética trata do conjunto de regras de uma sociedade, a moral se volta ao seu estudo teórico, razão pela qual esta foi alçada a princípio constitucional da administração pública.
Certo ( ) Errado ( )

▶ GABARITO

Questão	Resposta	Fundamentação
01	C	Ver item 1.
02	C	Ver item 2.
03	C	Ver item 3.
04	C	Ver item 1.
05	E	Ver item 2.
06	C	Ver item 1.
07	C	Ver item 2, subitem 2.1.
08	C	Ver item 2, subitem 2.1.
09	E	Ver item 4.
10	E	Ver item 5.
11	C	Ver item 6.
12	E	E. Ver item 2.

CAPÍTULO II

CÓDIGOS DE ÉTICA DOS SERVIDORES PÚBLICOS FEDERAIS[1]

1. INTRODUÇÃO

A modernidade tem experimentado, cada vez mais, uma perda de padrões éticos. Diante da complexidade da vida nos dias atuais, tornou-se extremamente difícil ao indivíduo de cultura média a distinção entre o bem e o mal, o honesto e o desonesto, a virtude e o vício.

Tal situação tem exigido uma crescente ampliação do Direito ao campo antes reservado à moral e à ética. O que antes era resolvido pela consciência humana, hoje passa a ser regido pelo formalismo do Direito.

É neste contexto que se destacam os "códigos de ética", que se caracterizam por princípios e regras que visam justamente definir condutas a serem seguidas por um determinado grupo de profissionais.

A necessidade de se definir os caminhos éticos a serem seguidos pelos profissionais de cada ramo específico fez multiplicar, nos últimos anos, os chamados "códigos de éticas" relativos às mais diversas profissões (código de ética da advocacia, código de ética da medicina, etc.).

Não poderia ser diferente em relação à profissão dos servidores públicos, sobretudo quando se leva em consideração que a Administração Pública deve se pautar pelo princípio da moralidade, sendo exigido de seus agentes – aos quais se incumbe a materialização da vontade do Estado por meio de atos e procedimentos administrativos – um comportamento regido pela ética.

Dessa forma, **com a finalidade de amoldar a conduta dos agentes públicos dentro do que eticamente se espera da Administração Pública, visando compeli-los a absterem-se de práticas que não sejam moralmente aceitáveis, é que surgem as**

1. Em razão do objetivo da obra, serão analisados, apenas, os aspectos do tema relevantes aos concursos de Técnico e Analista dos tribunais do Poder Judiciário da União e do Ministério Público da União e, assim, não serão objeto as normas éticas existentes no âmbito do Poder Legislativo federal e nem de outros órgãos com autonomia constitucional.

normas deontológicas, ou seja, **as regras que definem condutas corretas a serem seguidas, positivadas através dos Códigos de Ética.**

Ademais, os **'códigos de ética'** são mais que mero conjunto de leis a serem observadas por seus destinatários, no caso os servidores públicos, sob pena da sanção estatal; os 'códigos de ética' são, na realidade um conjunto de normas a serem observadas, não por medo da violência do Estado por sua inobservância (sanção), mas por senso e consciência moral livre, autônoma e íntima, por convicção interna, de que os serviços públicos devem orientar-se à consecução do **bem comum** e prestígio à **solidariedade social** como meios de sobrevivência e harmonia da sociedade para o que se exige o estrito respeito ao elemento ético que deve compor todo o agir humano.

2. CÓDIGO DE ÉTICA DO SERVIDOR PÚBLICO CIVIL DO PODER EXECUTIVO FEDERAL: DECRETO Nº 1.171/94

2.1 Introdução

No que se refere aos Servidores Públicos Civis do Poder Executivo Federal, o Governo Federal, por meio do Decreto nº 1.171/94, instituiu o Código de Ética Profissional do Servidor Público Civil do Poder Executivo Federal. Na "Exposição de Motivos" do ato normativo, destaca-se que o objetivo pretendido é "instalar, na Administração Pública, a consciência ética na conduta do servidor público, com o restaurar da sua dignidade e da sua honorabilidade, criando assim incentivos à prática da solidariedade social", bem como, expressamente, informar ao cidadão usuário dos serviços públicos "a adesão do Estado ao entendimento doutrinário de que sua conduta conforme à Ética consolida efetivamente o Poder, criando em torno da autoridade a colaboração espontânea da cidadania, em decorrência da conseqüente obtenção de serviços públicos mais satisfatórios"[2].

De acordo com o art. 2º do Decreto, foi determinado à época que os órgãos da administração direta e as entidades da administração indireta federal deveriam implementar, no prazo de sessenta dias, "as providências necessárias à plena vigência do Código de Ética, inclusive mediante a Constituição da respectiva Comissão de Ética, integrada por três servidores ou empregados titulares de cargo efetivo ou emprego permanente" e, posteriormente, a constituição da Comissão de Ética deveria ser comunicada à, então existente, Secretaria da Administração Federal da Presidência da República, com a indicação dos respectivos membros titulares e suplentes.

Assim, o Código de Ética Profissional do Servidor Público Civil do Poder Executivo Federal segue como anexo ao decreto mencionado e está dividido da seguinte maneira:

---

2. *in* http://www.dnit.gov.br/institucional/comissao-de-etica/legislacao/legislacao-aplicada-a-gestao-da-etica-e-de-pessoas/Exposicao%20de%20Motivos%20Codigo%20de%20Etica%20do%20Serv%20%20Publico.pdf, acesso em 30/07/2014.

▸ CÓDIGO DE ÉTICA PROFISSIONAL DO SERVIDOR PÚBLICO CIVIL DO PODER EXECUTIVO FEDERAL (DECRETO Nº 1.171/94)	
Capítulo I	**Capítulo II**
Seção I – Das regras deontológicas **Seção II** – Dos principais deveres do servidor público **Seção III** – Das vedações ao servidor público	Das comissões de ética

Todas as disposições do Código de Ética referem-se ao servidor público federal e o Decreto nº 1.171/94, no inciso XXIV (Capítulo II) cuida de definir quem se encaixa nessa expressão. Assim, nos termos desse dispositivo, para fins de apuração do comprometimento ético, considera-se servidor público todo aquele **"que, por força de lei, contrato ou de qualquer ato jurídico, preste serviços de natureza permanente, temporária ou excepcional, ainda que sem retribuição financeira, desde que ligado direta ou indiretamente a qualquer órgão do poder estatal, como as autarquias, as fundações públicas, as entidades paraestatais, as empresas públicas e as sociedades de economia mista, ou em qualquer setor onde prevaleça o interesse do Estado"**.

▸ DEFINIÇÃO DE SERVIDOR PÚBLICO PARA FINS DE APURAÇÃO DE COMPROMETIMENTO ÉTICO		
Aquele que por força de:	**preste serviços de natureza:**	**desde que ligado:**
- lei - contrato ou - qualquer ato jurídico	- **permanente** - **temporária** - **excepcional** ainda que sem retribuição financeira	- direta ou - indiretamente a **qualquer órgão** do poder estatal, como as autarquias, as fundações públicas, as entidades paraestatais, as empresas públicas e as sociedades de economia mista, ou em **qualquer setor** onde prevaleça o **interesse** do **Estado**

ATENÇÃO!

Apesar de o Decreto 1.171/94 ser direcionado aos servidores do Poder Executivo Federal, trata-se de norma ética extremamente importante porque consubstancia conceitos e princípios aplicáveis indistintamente à Administração Pública e, por isso, o conteúdo de vários de seus dispositivos, mesmo quando previsto expressamente no edital, podem ser cobrados em provas cujos editais tenham previsão genérica sobre os títulos incluídos na rubrica Ética no Serviço Público. Ainda, é recente a implementação ampla de códigos de ética nos diversos órgãos do Poder Judiciário da União e do MPU, o que, todavia, ainda não ocorreu na totalidade e, dessa maneira, a depender do órgão que estiver realizando o concurso há a cobrança desse ato normativo. Por isso, é indispensável a sua compreensão.

2.2. Das regras deontológicas

Conforme anteriormente apontado, é de extrema necessidade compelir os agentes públicos a seguirem um padrão ético condizente com a moralidade que deve cercar os atos administrativos, de modo que o próprio Estado edita normas deontológicas.

Tais regras deontológicas são insertas nos chamados 'códigos de ética' que positivam os princípios éticos na forma de normas jurídicas que, por um lado, impõem-se como elemento obrigatório da conduta do servidor público e, por outro lado, apresentam-se como 'informativos' aos usuários dos serviços públicos de que devem ser tratados com respeito e dignidade, bem como de que os atos e processos administrativos devem ser dotados de moralidade como condição de sua eficácia e validade.

Referido Código de Ética, inserido no Anexo ao Decreto nº 1.171/94, traz em sua primeira parte, um conjunto de normas deontológicas que deverão ser seguidas pelos Servidores Públicos Civis do Poder Executivo Federal como forma de incorporação do elemento ético ao comportamento do agente administrativo no desempenho de seu cargo ou função públicos.

Como se vê, o Código de Ética dos Servidores Públicos Federais, reforça a ideia, logo em seu primeiro dispositivo legal (Inciso I), de que **o servidor público deve manter seu comportamento e seus atos sempre direcionados pelos princípios morais.** Tal determinação decorre obviamente do princípio da moralidade previsto expressamente na Constituição Federal de 1988.

Assim, **"a dignidade, o decoro, o zelo, a eficácia e a consciência dos princípios morais são primados maiores que devem nortear o servidor público"**.

Porém, o que deve ser verificado é que **a moralidade tratada no enunciado não se limita apenas ao mérito dos atos e procedimentos administrativos, pelos quais se materializa a vontade do Estado, mas deve, sobretudo, pautar o próprio comportamento do servidor, seja no exercício do cargo ou função ou fora dele.**

Isto significa que o servidor deve manter uma conduta digna e decorosa mesmo que esteja fora do exercício de sua profissão, já que representa o Estado, **não se admitindo que comportamentos imorais venham a abalar a honra e a tradição dos serviços públicos**, já que seus **"atos, comportamentos e atitudes serão direcionados para a preservação da honra e da tradição dos serviços públicos"**.

Portanto, se o servidor público é dado a condutas indecorosas que possam refletir negativamente sobre a imagem da instituição à qual pertença, restará caracterizada a violação à norma que impõe o dever de seguir uma conduta moralmente aceita, ainda que a falta de decoro se dê fora do ambiente de trabalho.

▸ CONDUTA DO SERVIDOR PÚBLICO	
Moralidade, dignidade, decoro, zelo, eficácia	Dentro do serviço público e fora dele – Comportamento dentro da moralidade para preservação da honra e tradição dos serviços públicos

No que se refere aos atos e procedimentos administrativos, o inciso II do Código de Ética dispõe que o servidor público está obrigado a realizar, quando diante uma tomada de decisão, um juízo ético para ponderar qual decisão se amolda ao que seja moralmente aceitável. Não basta ao servidor a verificação dos critérios formais do ato a ser praticado, devendo, antes de tudo, verificar se sua decisão segue um padrão ético justificável e esperado pela sociedade, já que, caso sua decisão esteja dissociada da moralidade, poderá ser caracterizado como ato de improbidade, sujeito às sanções legais, conforme previsão contida no artigo 37, § 4º, do Constituição Federal.

Assim, o servidor **não poderá "desprezar o elemento ético** de sua conduta", ou seja, **não poderá** se limitar a **"decidir somente entre o legal e ilegal, o justo e o injusto, o conveniente e o inconveniente, o oportuno e o inoportuno"**, devendo sempre agregar a sua escolha política a ponderação **"entre o honesto e o desonesto"**, de forma a **propiciar a decisão que mais se enquadre dentro dos princípios éticos.**

Porém, cabe observar que **o conceito de moralidade na Administração Pública não se limita apenas à indagação de uma conduta ser boa ou má, mas deve, sobretudo, ter sempre como norte a ser seguido, a prevalência do interesse público.** Assim, o que interessa saber é se a decisão é a melhor para resguardar o bem comum, não bastando simplesmente que não seja uma decisão contrária aos bons costumes.

Deve o servidor perseguir sempre o "equilíbrio entre a legalidade e a finalidade" para concluir sobre a moralidade, conforme nos informa o inciso III do código de ética. Sendo assim, o ato administrativo não pode se pautar somente pela legalidade sem que observe uma finalidade que satisfaça o interesse público. Por outro lado, o ato ilegal não se convalesce pelo simples fato de ser mais vantajoso para o interesse público. **O que deve se buscar é a perfeita simbiose entre a legalidade e o interesse público.**

<table>
<tr><th colspan="3">▶ DECISÕES DO SERVIDOR DEVEM SEMPRE PONDERAR ENTRE</th></tr>
<tr><td>- Legal x ilegal</td><td rowspan="4">+</td><td rowspan="4">Honesto x desonesto
(moralidade do ato)
e
Preponderância
do interesse público</td></tr>
<tr><td>- Justo x injusto</td></tr>
<tr><td>- Conveniente x inconveniente</td></tr>
<tr><td>- Oportuno x inoportuno</td></tr>
</table>

O código de ética, com o objetivo de incentivar uma postura ética dos servidores, destaca em seu inciso IV, de forma didática, a ideia de que o **servidor é remunerado pelos tributos pagos por toda a sociedade, inclusive por ele próprio,** o que torna legítima a exigência de uma conduta pautada pela moralidade, já que **seu dever corresponde a uma contraprestação à coletividade que o remunera, devendo, pois, fazer com que suas decisões não sejam apenas formais, mas ditadas**

por uma ponderação ética capaz de fazer com que o interesse da sociedade seja colocado em primeiro lugar, de forma a coincidir com os princípios morais por esta reconhecidos. Em outras palavras, o que se pretende é evitar que o servidor se abstenha de atender aos interesses da sociedade, supondo, erroneamente, que somente deve retribuição à entidade pública a qual pertença ou ao seu superior hierárquico, sem se dar conta que o objeto maior do Estado é o atendimento dos interesses da coletividade e que os órgãos e entidades públicas somente existem para tal finalidade.

Remuneração do servidor pela sociedade	→	**Contraprestação:** Serviço público de qualidade e pautado pela moralidade

Além de saber que seu trabalho é uma contraprestação à remuneração que lhe é paga por toda a sociedade, o servidor deve sempre ter em mente que seu trabalho é proteger o bem comum, nunca se esquecendo de que assim agindo estará contribuindo para a melhora de sua própria vida, já que também usufrui dos bens e serviços públicos, dispostos pelo Estado aos cidadãos. Portanto, **"o trabalho desenvolvido pelo servidor público perante a comunidade deve ser entendido como acréscimo ao seu próprio bem-estar"** (inciso V), uma vez que, como o servidor faz parte da sociedade, todo benefício alcançado em relação ao bem público, que a todos pertence, também reverterá em benefício ao próprio servidor.

Por outro lado, da mesma forma que um médico, um advogado, um engenheiro que extrapola os limites do vício, da vida desregrada, da falta de decoro, pode ter arruinada sua carreira profissional, o servidor público também pode afetar negativamente sua profissão, caso tenha uma conduta social incompatível com a moralidade. Tal advertência, verbalizada expressamente no inciso VI, vem completar o sentido da determinação extraída do inciso I, que determina que a dignidade, o decoro e a moralidade do servidor público devem ser verificados dentro e fora do seu ambiente de trabalho.

Serviço público prestado com virtude e eficácia	=	Benefício ao próprio servidor na vida social
Conduta viciada e desregrada na vida social	=	Prejuízo ao servidor no ambiente de trabalho

Conforme deflui do inciso VII do Código de Ética, a publicidade é o que permite a transparência dos atos administrativos. Sem dúvida, somente com a transparência dos atos administrativos é que se pode avaliar se o ato está ou não em sintonia com a moralidade. Portanto, somente se admite sigilo quando a segurança nacional assim o exigir, ou em caso de investigações policiais ou, ainda, na hipótese de existir interesse do Estado e da Administração Pública, devendo, nestes casos, ser previamente declarado o sigilo, seguindo-se, para tanto, os termos da lei.

▶ REGRA	▶ EXCEÇÃO
Publicidade de todo e qualquer ato administrativo; requisito de eficácia e moralidade	Sigilo declarado em processo nos termos da lei, em caso de: Segurança Nacional, investigações policiais, e interesse superior do Estado e da Administração Pública

Por sua vez, o direito à verdade é um direito essencial à cidadania, como determina o inciso VIII, do Código de Ética. Somente com a verdade se constrói a credibilidade e a legitimidade do poder. Portanto, a verdade deve prevalecer em todos os atos administrativos, independentemente de ser prejudicial aos interesses da administração ou do particular que tenha interesse na verdade. Dessa forma, é obrigação do servidor público jamais omitir a verdade ou falseá-la.

▶ DIREITO À VERDADE
Garantido a toda pessoa
Condição de crescimento e estabilização do Estado; condição de salvaguarda da dignidade humana e da Nação.

A necessidade de dedicação do servidor público ao empenho de sua atividade, que é um dos objetivos primordiais do Código de Ética, é destacada no inciso IX, que dispõe que o servidor público deve empregar sempre a boa vontade no que faz, sendo cortês e cuidadoso no trato dos cidadãos que buscam atendimento de um serviço público para o qual contribuiu com o pagamento de tributos. Tal norma deontológica, embora aparentemente trate de um padrão mínimo de moralidade e de boa educação que se espera de qualquer profissional, se torna justificável quando se trata de servidor público, já que é corriqueira a reclamação, por parte dos cidadãos, relatando atitudes grosseiras ou mesmo uma má vontade por parte de alguns servidores.

Dessa forma, no âmbito do serviço público, a inobservância da cortesia, da boa vontade e do zelo no atendimento do usuário, acarreta a este dano moral causado pelo servidor.

- Falta de cortesia - Má vontade - Descuido - Maus tratos	=	Danos morais ao usuário

O inciso X, do Código de Ética, a exemplo do inciso anterior, busca compelir o servidor a exercer sua atividade de forma eficaz e com dedicação, a fim de evitar grave dano moral ao usuário pelo atraso imotivado na prestação dos serviços, inclusive permitindo a formação de longas filas, o que não apenas atenta contra a ética no serviço público, mas pode constituir, também, ato de desumanidade. Infelizmente é comum se ouvir reclamações de longa espera em filas de atendimento de determinados serviços públicos, muitas vezes agravada pela ausência injustificada do servidor em seu posto de trabalho.

– Usuário injustamente à espera de solução – Longas filas – Atraso na prestação do serviço público	=	– Dano moral ao usuário – Atitude contra a ética – Ato de desumanidade

Adicione-se que a hierarquia dentro do funcionalismo público é extremamente necessária para o bom andamento do serviço prestado aos cidadãos. Todavia, mais uma vez é necessária a intervenção do direito para regrar, através de suas normas impositivas, uma conduta que seria esperada do servidor público. Assim, o Direito, através de normas deontológicas deste jaez, acaba servindo como "adestrador" da conduta do servidor público.

Portanto, o respeito às ordens legais de seus superiores evita a conduta negligente do servidor público, sendo certo que erros reiterados, descaso e desvios rotineiros caracterizam imprudência no desempenho de função pública.

▸ CONDUTA NEGLIGENTE	▸ CONDUTA IMPRUDENTE
inobservância e descumprimento de ordens legais superiores	repetidos erros, descaso e acúmulo de desvios

Importante destacar, também, que a ausência injustificada – e somente injustificada – do servidor de seu local de trabalho gera a desmoralização do serviço público, conduzindo, como de se esperar, à desordem das relações entre os homens (inciso XII, do Código de Ética).

Ausência/falta INJUSTIFICADA	=	– desmoralização do serviço público – desordem nas relações humanas

Finalmente, desenvolvendo-se os serviços públicos dentro da estrutura organizacional do Estado, espera-se a cooperação e colaboração recíproca entre servidores e entre estes e cada concidadão, forma de oportunizar o crescimento e engrandecimento da Nação, como muito bem destacado pelo inciso XIII, do Código de Ética. Nunca é demais ressaltar que a sobrevivência e a harmonia da sociedade dependem, em especial, das atividades humanas que devem sempre ter em alta conta a solidariedade social, a satisfação do bem comum e o respeito à dignidade de cada ser humano.

Colaboração recíproca entre servidores e entre estes e seus concidadãos	=	crescimento e engrandecimento da Nação

2.3. Dos principais deveres do servidor público

A Seção II do Código de Ética, no inciso XIV, elenca os principais deveres do servidor público[3], que estão encadeados nas alíneas "a" a "v"[4] do dispositivo. Como se depreende da própria expressão "principais", não se trata de rol exclusivo, mas, na verdade, de rol com exemplos de deveres do servidor.

A Administração Pública tem sua existência justificada pela busca da satisfação das necessidades coletivas e, sem dúvida, a principal forma para isso é a adequada prestação dos serviços públicos como, por exemplo, saúde, educação, segurança pública. O servidor público é o elemento humano da Administração Pública e sem ele essa atividade não seria possível, exigindo-se, também dele, o respeito aos princípios da Administração Pública e aos princípios éticos, os quais são corporificados na atividade administrativa. Por isso, é dever do servidor **ter "consciência de que seu trabalho é regido por princípios éticos que se materializam na adequada prestação dos serviços públicos"** (alínea "f").

▸ SERVIDOR DEVE TER CONSCIÊNCIA DE QUE	
Princípios éticos	**Regem** o seu trabalho
	Materializam-se na adequada prestação do serviço público

Quanto ao exercício de sua função, o servidor deve **cumprir, "de acordo com as normas do serviço e as instruções superiores, as tarefas de seu cargo ou função, tanto quanto possível, com critério, segurança e rapidez, mantendo tudo sempre em boa ordem"** (alínea "r").

3. É indispensável a leitura e memorização dos deveres, pois são cobrados com bastante frequência nas provas de Técnico e Analista, atentando-se, ainda, para não se fazer confusão com os deveres elencados no art. 116 da Lei nº 8.112/90, especialmente porque as sanções são diferentes.
4. Por motivo de didática, os deveres não serão abordados na ordem exata constante do Código de Ética.

Isso se justifica porque o exercício das funções atinentes ao cargo que ocupa não pode ser desempenhado a critério de cada um, mas, ao contrário, deve se balizar nas normas de competência, pois são elas que delimitam as atribuições do agente. A competência é definida por lei e é irrenunciável e, assim, o servidor deve ter consciência que ao ocupar determinado cargo deve exercer as respectivas atribuições.

No mesmo sentido, a Lei nº 8.112/90 estabelece que é dever do servidor público civil federal, nos termos do art. 116, III, "observar as normas legais e regulamentares".

Destaca-se, ainda, que o dever do servidor de **cumprir as tarefas** de seu cargo e função deve ocorrer **em obediência às instruções superiores.** Um dos instrumentos que a Administração Pública tem para a busca do interesse público é o poder hierárquico e, por ele, a Administração Pública tem a prerrogativa de se organizar para buscar o interesse público e, para isso, desconcentra competências, isto é, distribui internamente competência entre seus diversos órgãos, escalonando-os, hierarquizando-os. Cria-se uma relação de hierarquia entre os órgãos, pelo que os subordinados têm o dever de obediência aos superiores.

Nesse sentido, estabelece a alínea "h" que é dever do servidor "**ter respeito à hierarquia, porém sem nenhum temor de representar contra qualquer comprometimento indevido da estrutura em que se funda o Poder Estatal**".

Como visto no item 2.2 deste Capítulo, dentre as regras deontológicas, há o dever que o servidor tem de "prestar toda a sua atenção às ordens legais de seus superiores, velando atentamente por seu cumprimento, e, assim, evitando a conduta negligente [...]" (inciso XI). Os repetidos erros, o descaso e o acúmulo de desvios tornam-se, às vezes, difíceis de corrigir e caracterizam até mesmo imprudência no desempenho da função pública.

Por outro lado, o dever de obediência hierárquica não pode – e não deve – ser absoluto e, dessa forma, o Código de Ética estabelece como deveres: **"resistir a todas as pressões de superiores hierárquicos, de contratantes, interessados e outros que visem obter quaisquer favores, benesses ou vantagens indevidas em decorrência de ações imorais, ilegais ou aéticas e denunciá-las"** (alínea "i") **e "comunicar imediatamente a seus superiores todo e qualquer ato ou fato contrário ao interesse público, exigindo as providências cabíveis"** (alínea "m).

Na mesma linha, a Lei nº 8.112/90 prevê, no art. 116, VI, que o servidor deve "**levar as irregularidades** de que tiver **ciência em razão do cargo** ao **conhecimento** da **autoridade superior** ou, quando houver suspeita de envolvimento desta, ao conhecimento de **outra autoridade competente** para apuração", bem como exime o servidor de cumprir as ordens superiores quando forem **manifestamente ilegais** (art. 116, IV).

▶ SERVIDOR DEVE				
Cumprir as tarefas	de seu cargo ou função	**de acordo** com as - **normas** do serviço e - **instruções** superiores	tanto quanto **possível**	com: - **critério** - **segurança** - **rapidez** Mantendo tudo sempre em **boa ordem**
Ter respeito à hierarquia	porém, **sem nenhum temor**	de **representar** contra	qualquer **comprometimento indevido** da estrutura em que se funda o Poder Estatal	
Resistir a e denunciar	todas as **pressões** de - **superiores** hierárquicos - **contratantes** - **interessados** - **outros**	que **visem obter** quaisquer - **favores** - **benesses** - **vantagens** indevidas	em decorrência de **ações** - **imorais** - **ilegais** - **aéticas**	
Comunicar (imediatamente a seus superiores)	Todo e qualquer	- **ato** contrário ao interesse público - **fato** contrário ao interesse público	Exigindo as providências cabíveis	

Não basta ao servidor o exercício das atribuições do cargo, mas é dever que isso se dê tempestivamente, isto é, nos termos da alínea "a", deve "**desempenhar, a tempo, as atribuições do cargo, função ou emprego público de que seja titular**". Não poderia ser de outra forma, pois, especialmente pelo princípio da eficiência, **a Administração Pública deve atuar de maneira a buscar resultados e não simplesmente agir**. Isto é, a atuação administrativa deve buscar a **melhor relação custo-benefício**, deve ser feita a otimização dos recursos, o devido planejamento e estabelecimento de metas e a fiscalização do efetivo cumprimento do que fora planejado. Administração eficiente é aquela que **atua com presteza, perfeição e rendimento funcional**[5]. É uma exigência constitucional que se manifesta, especialmente, em relação aos serviços públicos, pois esses devem ser cada vez mais executados da melhor maneira possível e devem alcançar todos os administrados e, mais, de maneira eficiente. Ser eficiente significa uma boa administração.

Seguindo essa diretriz, por exemplo, o art. 116, V, da Lei nº 8.112/90, elenca como dever do servidor federal atender com presteza ao público em geral, bem como quanto ao comportamento ético, viu-se, no item 2.2, que caracteriza grave

5. MARINELA, Fernanda. *Direito administrativo*. 5. ed. Niterói: Impetus, 2011, p. 43.

dano moral aos usuários de serviço público o atraso na prestação do serviço em razão de inércia do servidor na solução de problema pertinente ao setor em que trabalhe. Reforçando essa concepção, é dever do servidor, nos moldes da alínea "b", **"exercer suas atribuições com rapidez, perfeição e rendimento, pondo fim ou procurando prioritariamente resolver situações procrastinatórias, principalmente diante de filas ou de qualquer outra espécie de atraso na prestação dos serviços pelo setor em que exerça suas atribuições, com o fim de evitar dano moral ao usuário"**.

▶ SERVIDOR DEVE				
Exercer suas atribuições	com – rapidez – perfeição – **rendimento**	Pondo fim ou Procurando resolver (prioritariamente)	Situações procrastinatórias, principalmente diante de – filas ou – qualquer espécie de atraso na prestação dos serviços pelo setor em que exerça suas atribuições	com o **fim** de **evitar dano moral** ao usuário

Também, podem ser correlacionados com o princípio da eficiência os deveres de **"participar dos movimentos e estudos que se relacionem com a melhoria do exercício de suas funções, tendo por escopo a realização do bem comum"** (alínea "o") e de **"manter-se atualizado com as instruções, as normas de serviço e a legislação pertinentes ao órgão onde exerce suas funções"** (alínea "q").

Ainda em relação ao exercício da função, é comum os estatutos funcionais preverem como deveres a que o servidor está sujeito, apesar da obviedade, a assiduidade e a pontualidade como, por exemplo, o art. 116, X, do Estatuto dos servidores federais. O servidor, portanto, tem o dever de ir trabalhar e de cumprir o horário estabelecido.

A relevância dessa previsão deve-se ao fato de que, como apontado quando da análise das regras deontológicas, a ausência injustificada do servidor é fator de desmoralização do serviço público e, assim, é dever, também de natureza ética, **"ser assíduo e frequente ao serviço, na certeza de que sua ausência provoca danos ao trabalho ordenado, refletindo negativamente em todo o sistema"** (alínea "l").

O servidor que ocupa cargo público e que não exerce as suas atribuições, seja por negligenciá-las seja por não comparecer injustificadamente ao trabalho, afronta os princípios da Administração Pública, de maneira especial o princípio da moralidade, expressamente consignado no art. 37 da Constituição Federal. De acordo com esse princípio, **a atuação administrativa além de ser legal tem que ser moral.**

Tem que estar de acordo com a **boa-fé,** com a **moral,** com a **ética,** com a **honestidade,** com a **lealdade,** com a **probidade.**

Outro exemplo de dever correlacionado diretamente com o princípio da moralidade e, também com o princípio da impessoalidade, é o descrito na alínea "c": **"ser probo, reto, leal e justo, demonstrando toda a integridade do seu caráter, escolhendo sempre, quando estiver diante de duas opções, a melhor e a mais vantajosa para o bem comum".**

Além do servidor ter que atuar de forma proba, leal, com retidão e honestidade, deve atuar em obediência ao princípio da impessoalidade, o qual pode ser visto sob dois aspectos: **em relação aos administrados e em relação à própria Administração**[6]. Quanto à própria Administração, significa que quando um ato é praticado por um agente público, na verdade, quem o faz é a pessoa jurídica, à qual pertence o órgão em que o servidor está lotado. Já, em relação **aos administrados,** o princípio da impessoalidade significa que **a atuação administrativa deve ser conduzida sempre em busca da finalidade pública.** É esse o sentido a que remete o dever apontado e, também, o descrito na alínea "u": **"abster-se, de forma absoluta, de exercer sua função, poder ou autoridade com finalidade estranha ao interesse público, mesmo que observando as formalidades legais e não cometendo qualquer violação expressa à lei".**

▶ É DEVER DO SERVIDOR	
Ser: - **probo** - **reto** - **leal** - **justo**	**demonstrando** toda a **integridade** do seu **caráter**
	escolhendo sempre, quando estiver diante de duas opções, a **melhor** e a **mais vantajosa** para o **bem comum**

No mesmo sentido, o servidor deve atuar de forma a **"exercer com estrita moderação as prerrogativas funcionais que lhe sejam atribuídas, abstendo-se de fazê-lo contrariamente aos legítimos interesses dos usuários do serviço público e dos jurisdicionados administrativos"** (alínea "t").

A relação entre o servidor, no exercício de sua função, e o usuário é fator importante para a adequada prestação do serviço público. Inclusive, o Código de Ética reservou espaço para o tema ao dispor, nas regras deontológicas, que causa dano moral tratar mal o contribuinte (inciso IX), bem como estabeleceu como deveres do servidor: **"tratar cuidadosamente os usuários dos serviços aperfeiçoando o processo de comunicação e contato com o público"** (alínea "e") e **"ser cortês, ter urbanidade, disponibilidade e atenção, respeitando a capacidade e as limitações individuais de todos os usuários do serviço público, sem qualquer espécie de preconceito ou**

6. DI PIETRO, Maria Sylvia Zanella. *Direito administrativo.* 23. ed. São Paulo: Atlas, 2010. p. 67.

distinção de raça, sexo, nacionalidade, cor, idade, religião, cunho político e posição social, abstendo-se, dessa forma, de causar-lhes dano moral" (alínea "g").

<table>
<tr><th colspan="3">▶ EM RELAÇÃO AOS USUÁRIOS DE SERVIÇO PÚBLICO, O SERVIDOR PÚBLICO DEVE</th></tr>
<tr><td colspan="3">Tratá-los cuidadosamente, aperfeiçoando o processo de comunicação e contato com o público</td></tr>
<tr><td>– ser cortês

Ter:
– urbanidade
– disponibilidade
– atenção</td><td>respeitando a capacidade e as limitações individuais de todos, sem qualquer espécie de preconceito ou distinção de
– raça
– sexo
– nacionalidade
– cor
– idade
– religião
– cunho político
– posição social</td><td>abstendo-se de causar-lhes dano moral</td></tr>
</table>

Na atuação administrativa deve ser observado, também, o princípio da publicidade, pelo qual a **atuação administrativa** não pode ser secreta. Ao contrário, deve ser **transparente** para que, assim, o titular do poder – que é o povo – possa verificar se, realmente, a conduta do administrador estava pautada no interesse público.

Por isso, o Código de Ética elenca como deveres do servidor: **"jamais retardar qualquer prestação de contas, condição essencial da gestão dos bens, direitos e serviços da coletividade a seu cargo"** (alínea "d") e **"facilitar a fiscalização de todos atos ou serviços por quem de direito"** (alínea "s").

Ainda, podem ser apontados os seguintes deveres:

- **"zelar, no exercício do direito de greve, pelas exigências específicas da defesa da vida e da segurança coletiva"** (alínea "j");
- **"manter limpo e em perfeita ordem o local de trabalho, seguindo os métodos mais adequados à sua organização e distribuição"** (alínea "n");
- **"apresentar-se ao trabalho com vestimentas adequadas ao exercício da função"** (alínea "p");
- **"divulgar e informar a todos os integrantes da sua classe sobre a existência deste Código de Ética, estimulando o seu integral cumprimento"** (alínea "v").

Para fixar os deveres previstos no Código de Ética, que acabaram de ser analisados, e compará-los com os deveres elencados na Lei nº 8.112/90, segue quadro comparativo.

▸ DEVERES DO SERVIDOR PÚBLICO

Código de Ética - Inciso XIV	Lei nº 8.112/90 - Art. 116
a) desempenhar, a tempo, as atribuições do cargo, função ou emprego público de que seja titular; b) exercer suas atribuições com rapidez, perfeição e rendimento, pondo fim ou procurando prioritariamente resolver situações procrastinatórias, principalmente diante de filas ou de qualquer outra espécie de atraso na prestação dos serviços pelo setor em que exerça suas atribuições, com o fim de evitar dano moral ao usuário; c) ser probo, reto, leal e justo, demonstrando toda a integridade do seu caráter, escolhendo sempre, quando estiver diante de duas opções, a melhor e a mais vantajosa para o bem comum; d) jamais retardar qualquer prestação de contas, condição essencial da gestão dos bens, direitos e serviços da coletividade a seu cargo; e) tratar cuidadosamente os usuários dos serviços aperfeiçoando o processo de comunicação e contato com o público; f) ter consciência de que seu trabalho é regido por princípios éticos que se materializam na adequada prestação dos serviços públicos; g) ser cortês, ter urbanidade, disponibilidade e atenção, respeitando a capacidade e as limitações individuais de todos os usuários do serviço público, sem qualquer espécie de preconceito ou distinção de raça, sexo, nacionalidade, cor, idade, religião, cunho político e posição social, abstendo-se, dessa forma, de causar-lhes dano moral; h) ter respeito à hierarquia, porém sem nenhum temor de representar contra qualquer comprometimento indevido da estrutura em que se funda o Poder Estatal; i) resistir a todas as pressões de superiores hierárquicos, de contratantes, interessados e outros que visem obter quaisquer favores, benesses ou vantagens indevidas em decorrência de ações imorais, ilegais ou aéticas e denunciá-las;	I - exercer com zelo e dedicação as atribuições do cargo; II - ser leal às instituições a que servir; III - observar as normas legais e regulamentares; IV - cumprir as ordens superiores, exceto quando manifestamente ilegais; V - atender com presteza: a) ao público em geral, prestando as informações requeridas, ressalvadas as protegidas por sigilo; b) à expedição de certidões requeridas para defesa de direito ou esclarecimento de situações de interesse pessoal; c) às requisições para a defesa da Fazenda Pública. VI - levar as irregularidades de que tiver ciência em razão do cargo ao conhecimento da autoridade superior ou, quando houver suspeita de envolvimento desta, ao conhecimento de outra autoridade competente para apuração; VII - zelar pela economia do material e a conservação do patrimônio público; VIII - guardar sigilo sobre assunto da repartição; IX - manter conduta compatível com a moralidade administrativa; X - ser assíduo e pontual ao serviço; XI - tratar com urbanidade as pessoas; XII - representar contra ilegalidade, omissão ou abuso de poder. Parágrafo único. A representação de que trata o inciso XII será encaminhada pela via hierárquica e apreciada pela autoridade superior àquela contra a qual é formulada, assegurando-se ao representando ampla defesa.

▸ DEVERES DO SERVIDOR PÚBLICO

Código de Ética – Inciso XIV	Lei nº 8.112/90 – Art. 116
j) zelar, no exercício do direito de greve, pelas exigências específicas da defesa da vida e da segurança coletiva; l) ser assíduo e frequente ao serviço, na certeza de que sua ausência provoca danos ao trabalho ordenado, refletindo negativamente em todo o sistema; m) comunicar imediatamente a seus superiores todo e qualquer ato ou fato contrário ao interesse público, exigindo as providências cabíveis; n) manter limpo e em perfeita ordem o local de trabalho, seguindo os métodos mais adequados à sua organização e distribuição; o) participar dos movimentos e estudos que se relacionem com a melhoria do exercício de suas funções, tendo por escopo a realização do bem comum; p) apresentar-se ao trabalho com vestimentas adequadas ao exercício da função; q) manter-se atualizado com as instruções, as normas de serviço e a legislação pertinentes ao órgão onde exerce suas funções; r) cumprir, de acordo com as normas do serviço e as instruções superiores, as tarefas de seu cargo ou função, tanto quanto possível, com critério, segurança e rapidez, mantendo tudo sempre em boa ordem. s) facilitar a fiscalização de todos atos ou serviços por quem de direito; t) exercer com estrita moderação as prerrogativas funcionais que lhe sejam atribuídas, abstendo-se de fazê-lo contrariamente aos legítimos interesses dos usuários do serviço público e dos jurisdicionados administrativos; u) abster-se, de forma absoluta, de exercer sua função, poder ou autoridade com finalidade estranha ao interesse público, mesmo que observando as formalidades legais e não cometendo qualquer violação expressa à lei; v) divulgar e informar a todos os integrantes da sua classe sobre a existência deste Código de Ética, estimulando o seu integral cumprimento.	–

2.4. Das vedações ao servidor público

Paralelo aos deveres, o Código de Ética arrola as vedações a que se sujeita o servidor público[7], em sua Seção III, no inciso XV, nas alíneas "a" a "p".

As proibições dirigidas ao servidor no Anexo do Decreto nº 1.171/94 não podem ser confundidas com as que constam no art. 117 da Lei nº 8.112/90, especialmente porque no estatuto dos servidores federais há a previsão de aplicação de sanções mais graves como, por exemplo, a suspensão e a demissão, enquanto que no Código de Ética a pena prevista é a censura.

O servidor, no exercício de seu cargo ou função, deve atuar sempre em busca do interesse público e, assim, não pode pretender obter vantagem pelo seu exercício. Nesse sentido, o Código de Ética veda ao servidor o **"uso do cargo ou função, facilidades, amizades, tempo, posição e influências, para obter qualquer favorecimento, para si ou para outrem"** (alínea "a") e **"fazer uso de informações privilegiadas obtidas no âmbito interno de seu serviço, em benefício próprio, de parentes, de amigos ou de terceiros"** (alínea "m").

<table>
<tr><th colspan="4">▸ NÃO PODE O SERVIDOR</th></tr>
<tr><td rowspan="2">Usar</td><td>- cargo
- função
- facilidades
- amizades
- tempo
- posição
- influências</td><td>para obter qualquer favorecimento, para si ou para outrem</td><td>alínea "a"</td></tr>
<tr><td>- informações privilegiadas (obtidas no âmbito interno de seu serviço)</td><td>em benefício:
- próprio
- de parentes
- de amigos
- de terceiros</td><td>alínea "m"</td></tr>
</table>

A contraprestação pelo exercício das atribuições próprias do cargo que ocupa é devida pelo Estado e, por isso, o servidor não presta nenhum favor a ninguém quando exerce suas atividades e não lhe é permitido obter qualquer espécie de retorno ou vantagem como recompensa ou como condição para praticar ou deixar de praticar algum ato que lhe é próprio. Nessa esteira, prevê a alínea "g" que é vedado ao servidor **"pleitear, solicitar, provocar, sugerir ou receber qualquer tipo de ajuda financeira, gratificação, prêmio, comissão, doação ou vantagem de qualquer espécie, para si, familiares ou qualquer pessoa, para o cumprimento da sua missão ou para influenciar outro servidor para o mesmo fim"**.

7. Da mesma maneira quanto aos deveres, ressalta-se a importância da leitura e da memorização das vedações, seja pela corriqueira cobrança nas provas, seja para se fazer a diferenciação com as vedações elencadas no art. 117 da Lei nº 8.112/90.

▸ AO SERVIDOR É VEDADO			
Pleitear **Solicitar** **Provocar** **Sugerir** **Receber**	Qualquer tipo de: - **ajuda** financeira - **gratificação** - **prêmio** - **comissão** - **doação** - **vantagem** de qualquer espécie	para: - si - familiares - qualquer pessoa	– para o **cumprimento** da sua missão ou – para **influenciar** outro servidor para o mesmo fim

Também, por exigência de uma atuação impessoal não pode o servidor querer privilegiar nem prejudicar ninguém e, desse modo, lhe é proibido **"usar de artifícios para procrastinar ou dificultar o exercício regular de direito por qualquer pessoa, causando-lhe dano moral ou material"** (alínea "d") ou **"iludir ou tentar iludir qualquer pessoa que necessite do atendimento em serviços públicos"** (alínea "i").

Não pode o servidor querer imprimir suas vontades e desejos pessoais no exercício de sua função e, portanto, lhe é vedado **"permitir que perseguições, simpatias, antipatias, caprichos, paixões ou interesses de ordem pessoal interfiram no trato com o público, com os jurisdicionados administrativos ou com colegas hierarquicamente superiores ou inferiores"** (alínea "f"), bem como não pode **"prejudicar deliberadamente a reputação de outros servidores ou de cidadãos que deles dependam"** (alínea "b").

▸ AO SERVIDOR É VEDADO			
(alínea "d") **usar de artifícios**	para: - **procrastinar** ou - **dificultar**	o **exercício regular de direito** por qualquer pessoa	causando-lhe **dano**: - moral ou - material
(alínea "i") **iludir ou tentar iludir**	qualquer pessoa	que necessite do **atendimento em serviços** públicos	
(alínea "f") **permitir**	que: - **perseguições** - **simpatias** - **antipatias** - **caprichos** - **paixões** - **interesses** de ordem pessoal	**interfiram** no trato com	- o **público** - os **jurisdicionados** administrativos - **colegas** hierarquicamente superiores ou inferiores
(alínea "b") **prejudicar**	deliberadamente a **reputação**	de: - outros **servidores** ou - **cidadãos** que deles dependam	

Para que a atuação administrativa possa ser exercida, há a necessidade de recursos materiais e humanos e, por isso, há servidores públicos, os quais têm a sua disposição bens materiais para viabilizar sua atividade. Entretanto, o único fim admissível é a busca do interesse público e, desse modo, não pode o superior hierárquico, por exemplo, **"desviar servidor público para atendimento a interesse particular** (alínea "j"). Por outro lado, por mais que tenha boas intenções, os documentos e bens que o servidor tem a seu dispor não são seus e não pode usá-los como quiser e, desse modo, mesmo que queira, por exemplo, levar serviço para fazer em sua residência, só poderá fazê-lo com a autorização da autoridade competente, pois, nos termos da alínea "l", é vedado ao servidor **"retirar da repartição pública, sem estar legalmente autorizado, qualquer documento, livro ou bem pertencente ao patrimônio público"**.

No mesmo sentido, o servidor não pode **"alterar ou deturpar o teor de documentos que deva encaminhar para providências"** (alínea "h").

Ainda quanto ao exercício de sua função, deve ser ressaltado que o servidor deve exercer sua atividade objetivando efetivar o princípio da eficiência e, assim, deve bem realizar as suas funções, valendo-se, especialmente, das inovações que estiverem a seu dispor. Aliás, o Código de Ética veda ao servidor **"deixar de utilizar os avanços técnicos e científicos ao seu alcance ou do seu conhecimento para atendimento do seu mister"** (alínea "e").

Como já visto anteriormente, há preocupação no Código de Ética com o comportamento do servidor também fora do serviço e, por isso, nos termos das alíneas "n", "o" e "p", respectivamente, o servidor não pode:

- **apresentar-se embriagado no serviço ou fora dele habitualmente;**
- **dar o seu concurso a qualquer instituição que atente contra a moral, a honestidade ou a dignidade da pessoa humana;**
- **exercer atividade profissional aética ou ligar o seu nome a empreendimentos de cunho duvidoso.**

Por fim, a alínea "c" estabelece o dever do servidor de não ser omisso quanto às infrações realizadas e assim prevê que é proibido **"ser, em função de seu espírito de solidariedade, conivente com erro ou infração a este Código de Ética ou ao Código de Ética de sua profissão"**.

Para fixar as vedações previstas no Código de Ética, que acabaram de ser analisadas, e compará-las com as proibições elencadas na Lei nº 8.112/90, segue quadro comparativo.

▸ VEDAÇÕES E PROIBIÇÕES AO SERVIDOR PÚBLICO

Código de Ética – Inciso XV – Vedações	Lei nº 8.112/90 – Art. 117 – Proibições
a) o uso do cargo ou função, facilidades, amizades, tempo, posição e influências, para obter qualquer favorecimento, para si ou para outrem; b) prejudicar deliberadamente a reputação de outros servidores ou de cidadãos que deles dependam; c) ser, em função de seu espírito de solidariedade, conivente com erro ou infração a este Código de Ética ou ao Código de Ética de sua profissão; d) usar de artifícios para procrastinar ou dificultar o exercício regular de direito por qualquer pessoa, causando-lhe dano moral ou material; e) deixar de utilizar os avanços técnicos e científicos ao seu alcance ou do seu conhecimento para atendimento do seu mister; f) permitir que perseguições, simpatias, antipatias, caprichos, paixões ou interesses de ordem pessoal interfiram no trato com o público, com os jurisdicionados administrativos ou com colegas hierarquicamente superiores ou inferiores; g) pleitear, solicitar, provocar, sugerir ou receber qualquer tipo de ajuda financeira, gratificação, prêmio, comissão, doação ou vantagem de qualquer espécie, para si, familiares ou qualquer pessoa, para o cumprimento da sua missão ou para influenciar outro servidor para o mesmo fim; h) alterar ou deturpar o teor de documentos que deva encaminhar para providências; i) iludir ou tentar iludir qualquer pessoa que necessite do atendimento em serviços públicos; j) desviar servidor público para atendimento a interesse particular; l) retirar da repartição pública, sem estar legalmente autorizado, qualquer documento, livro ou bem pertencente ao patrimônio público;	I – ausentar-se do serviço durante o expediente, sem prévia autorização do chefe imediato; II – retirar, sem prévia anuência da autoridade competente, qualquer documento ou objeto da repartição; III – recusar fé a documentos públicos; IV – opor resistência injustificada ao andamento de documento e processo ou execução de serviço; V – promover manifestação de apreço ou desapreço no recinto da repartição; VI – cometer a pessoa estranha à repartição, fora dos casos previstos em lei, o desempenho de atribuição que seja de sua responsabilidade ou de seu subordinado; VII – coagir ou aliciar subordinados no sentido de filiarem-se a associação profissional ou sindical, ou a partido político; VIII – manter sob sua chefia imediata, em cargo ou função de confiança, cônjuge, companheiro ou parente até o segundo grau civil; IX – valer-se do cargo para lograr proveito pessoal ou de outrem, em detrimento da dignidade da função pública; X – participar de gerência ou administração de sociedade privada, personificada ou não personificada, exercer o comércio, exceto na qualidade de acionista, cotista ou comanditário; XI – atuar, como procurador ou intermediário, junto a repartições públicas, salvo quando se tratar de benefícios previdenciários ou assistenciais de parentes até o segundo grau, e de cônjuge ou companheiro; XII – receber propina, comissão, presente ou vantagem de qualquer espécie, em razão de suas atribuições; XIII – aceitar comissão, emprego ou pensão de estado estrangeiro; XIV – praticar usura sob qualquer de suas formas;

▸ **VEDAÇÕES E PROIBIÇÕES AO SERVIDOR PÚBLICO**

Código de Ética – Inciso XV – Vedações	Lei nº 8.112/90 – Art. 117 – Proibições
m) fazer uso de informações privilegiadas obtidas no âmbito interno de seu serviço, em benefício próprio, de parentes, de amigos ou de terceiros; n) apresentar-se embriagado no serviço ou fora dele habitualmente; o) dar o seu concurso a qualquer instituição que atente contra a moral, a honestidade ou a dignidade da pessoa humana; p) exercer atividade profissional aética ou ligar o seu nome a empreendimentos de cunho duvidoso.	XV – proceder de forma desidiosa; XVI – utilizar pessoal ou recursos materiais da repartição em serviços ou atividades particulares; XVII – cometer a outro servidor atribuições estranhas ao cargo que ocupa, exceto em situações de emergência e transitórias; XVIII – exercer quaisquer atividades que sejam incompatíveis com o exercício do cargo ou função e com o horário de trabalho; XIX – recusar-se a atualizar seus dados cadastrais quando solicitado. Parágrafo único. A vedação de que trata o inciso X do *caput* deste artigo não se aplica nos seguintes casos: I – participação nos conselhos de administração e fiscal de empresas ou entidades em que a União detenha, direta ou indiretamente, participação no capital social ou em sociedade cooperativa constituída para prestar serviços a seus membros; e II – gozo de licença para o trato de interesses particulares, na forma do art. 91 desta Lei, observada a legislação sobre conflito de interesses.

2.5. Das comissões de ética

O Capítulo II do Anexo do Decreto nº 1.171/94 dispõe sobre as Comissões de Ética. Originalmente, eram os incisos XVI a XXV, mas vários dispositivos foram revogados pelo Decreto nº 6.029/2007[8]. Restaram, apenas, os incisos XVI, XVIII, XXII e XXIV.

O inciso XVI contém comando normativo para que, à época, fossem criadas Comissões de Ética em todos os órgãos e entidades da Administração Pública Federal e em órgãos que exerçam atribuição delegada, competindo às comissões "orientar e aconselhar sobre a ética profissional do servidor, no tratamento com as pessoas e com o patrimônio público, competindo-lhe conhecer concretamente de imputação ou de procedimento susceptível de censura".

8. Esse Decreto não é objeto de cobrança, conforme os editais já divulgados, nos concursos de Técnico e Analista dos tribunais. Por isso, não será aqui analisado.

Deve ser ressaltado que a **única pena** passível de aplicação pela Comissão de Ética, com fundamento no Código de Ética, é a **censura**, conforme os incisos XVI e XXII. Nenhuma outra é possível. Entretanto, determinado fato praticado pelo servidor pode ser, simultaneamente, falta ética e infração disciplinar e penal e, assim, poderá haver a responsabilização do servidor em cada uma das esferas.

O inciso XXII determina, ainda, que **para a aplicação da pena de censura** pela Comissão de Ética **deverá haver a devida fundamentação em parecer**, que deve ser **assinado por todos os membros** da comissão, devendo ser dada **ciência ao servidor** infrator.

No caso específico do servidor público federal, nos termos do art. 127, da Lei nº 8.112/90, as penas disciplinares passíveis de aplicação são: a) advertência; b) suspensão; c) demissão; d) cassação de aposentadoria e disponibilidade; e) destituição de cargo em comissão; f) destituição de função comissionada.

▸ **PENAS APLICÁVEIS AO SERVIDOR FEDERAL**

Decreto nº 1.171/94	**Lei nº 8112/90**
– Censura	– advertência – suspensão – demissão – cassação de aposentadoria e disponibilidade – destituição de cargo em comissão – destituição de função comissionada

Foi atribuída, também, às comissões a função de fornecer os registros de conduta ética dos servidores aos respectivos órgãos públicos, para instruir promoções e demais procedimento inerentes à carreira (inciso XVIII).

3. CÓDIGOS DE ÉTICA DOS SERVIDORES DO PODER JUDICIÁRIO DA UNIÃO

Em relação aos magistrados, existe o Código de Ética da Magistratura Nacional, instituído pelo Conselho Nacional de Justiça (CNJ). Porém, não há norma similar em relação aos servidores do Poder Judiciário brasileiro. Cada tribunal estadual pode instituir as normas éticas a serem aplicadas naquele âmbito e, no que se refere ao Poder Judiciário da União, existe um código de ética para o Supremo Tribunal Federal (STF[9])

9. Resolução STF nº 592/2016: Código de Ética dos servidores do Supremo Tribunal Federal. Disponível em: <https://www.stf.jus.br/arquivo/cms/intranetNavegacao/anexo/Codigo_de_etica/CdigodeticaSTFResolu0592de2016.PDF>. Acesso em 01 mar. 2019.

e um para cada tribunal superior (STJ[10], TSE[11], STM[12], TST[13]), instituídos por cada um desses órgãos. Dessa forma, nos concursos para esses órgãos, poderá haver a cobrança dos respectivos códigos de ética.

Quanto aos demais órgãos de cada ramo do Poder Judiciário da União cabe observar:

a) **Justiça do Trabalho e Justiça Eleitoral**: atualmente, não há um código de ética de âmbito nacional, com aplicação em todos os tribunais regionais. Assim, poderá haver a cobrança do código de ética próprio de determinado TRT ou TRE, caso já tenha havido a sua instituição. Por vezes, em caso de inexistência, é corriqueira a cobrança do Decreto 1.171/94, destinado aos servidores do Poder Executivo Federal;

b) **Justiça Federal**: o Conselho Nacional de Justiça aprovou a Resolução nº 147, de 15/04/2011[14], instituindo o Código de Conduta do Conselho e da Justiça Federal de primeiro e segundo graus. Dessa maneira, nos concursos para os TRFs existe um código de ética de aplicação nacional e que vem sendo previsto nos editais;

c) **Justiça Militar da União**: o Superior Tribunal Militar, por meio da Resolução 159/2009, instituiu o Código de ética dos servidores da Justiça Militar da União, aplicando-se, portanto, a todos os servidores da justiça castrense federal.

3.1 Resolução nº 147/2011: Código de Conduta do Conselho e da Justiça Federal de primeiro e segundo graus.

3.1.1. Disposições gerais

São **finalidades** do Código de Conduta do Conselho e da Justiça Federal de primeiro e de segundo graus (art. 1º):

a) tornar claras as regras de conduta dos servidores e gestores do Conselho e da Justiça Federal de primeiro e segundo graus;

---

10. Resolução STJ nº 08/2009: Código de Conduta do STJ. Disponível em: ‹https://ww2.stj.jus.br/publicacaoinstitucional///index.php/conduta/article/view/69/49›. Acesso em 01 mar. 2019,
11. Portaria TSE nº 137/2012: Código de ética dos servidores do Tribunal Superior Eleitoral. Disponível em: ‹http://www.tse.jus.br/hotsites/catalogo-publicacoes/pdf/codigo-etica-tse.pdf›. Acesso em 01 mar. 2019.
12. Resolução STM nº 159/2009: Código de ética dos servidores da Justiça Militar da União. Esse ato não se restringe ao STM, atingindo todos os servidores da JMU. Disponível em: ‹ https://www.stm.jus.br/informacao/legislacao-stm›. Acesso em 01 mar. 2019.
13. ATO Nº 478/SEGP.GP/2015: Código de ética dos servidores do Tribunal Superior do Trabalho. Disponível em: ‹ https://juslaboris.tst.jus.br/handle/20.500.12178/67235›. Acesso em 01 mar. 2019.
14. Disponível em: ‹http://www.cjf.jus.br/cjf/unidades/estrategia-e-governanca/Res_CJF_147_2011.pdf/view›. Acesso em 01 mar. 2019.

b) assegurar que as ações institucionais empreendidas por gestores e servidores do Conselho e da Justiça Federal de primeiro e segundo graus preservem a missão desses órgãos e que os atos delas decorrentes reflitam probidade e conduta ética;

c) conferir coerência e convergência às políticas, diretrizes e procedimentos internos do Conselho e da Justiça Federal de primeiro e segundo graus;

d) oferecer um conjunto de atitudes que orientem o comportamento e as decisões institucionais.

3.1.2. Destinatários e princípios de conduta

Nos termos do art. 2º da Resolução nº 147/2011, com redação dada pela Resolução nº 308/2014, o Código de Conduta tem como **destinatários todos os servidores e gestores do Conselho e da Justiça Federal de primeiro e segundo graus**. Ainda, o parágrafo único desse dispositivo determina que os gestores devem, em todos os níveis, aplicar os preceitos estabelecidos no Código, como exemplo de conduta a ser seguido, e garantir que seus subordinados – servidores, estagiários e prestadores de serviços – vivenciem as disposições do Código.

De maneira a garantir a difusão do Código e dar efetividade ao contido no art. 2º, o art. 3º do Código estabelece que **todos os contratos de estágio e de prestação de serviços terão como sua parte integrante o Código de Conduta**, como maneira de assegurar o alinhamento entre os colaboradores.

Todos esses destinatários do código deverão pautar suas condutas com base nos seguintes **princípios** (art. 4º):

a) **integridade;**

b) **lisura;**

c) **transparência;**

d) **respeito;**

e) **moralidade.**

3.1.3. Comportamentos vedados

Alguns dispositivos do Código de Conduta elencam comportamentos que não devem ser praticados pelos destinatários da norma ética. São **vedados(as):**

a) **atitudes discriminatórias ou preconceituosas** de qualquer natureza, em relação a etnia, a sexo, a religião, a estado civil, a orientação sexual, a faixa etária ou a condição física especial (art. 5º);

b) atos que caracterizem **proselitismo partidário, intimidação, hostilidade ou ameaça, humilhação** por qualquer motivo ou assédio moral e sexual (art. 5º);

c) a **participação de gestores ou servidores em atos ou circunstâncias que se contraponham,** conforme o caso, **aos interesses** do Conselho e da Justiça Federal de primeiro e segundo graus ou que lhes possam causar danos ou prejuízos (art. 6º);

d) o **uso dos recursos, espaço e imagem** do Conselho e da Justiça Federal de primeiro e segundo graus, em qualquer hipótese, **para atender a interesses pessoais, políticos ou partidários** (art. 7º);

e) a **divulgação**, pelo gestor ou servidor, **de informações ainda não divulgadas publicamente do órgão em que atua,** cujo acesso se deu por força de seu cargo ou de suas responsabilidades. Nesse caso, na verdade, é dever do servidor manter sigilo, (art. 8º);

f) **aceitar presentes, privilégios, empréstimos, doações, serviços ou qualquer outra forma de benefício** em seu nome ou no de familiares, quando **originários de partes, ou dos respectivos advogados e estagiários, bem como de terceiros** que sejam ou pretendam ser fornecedores de produtos ou serviços para essas instituições (art. 9º). Exceções: **brindes sem valor comercial** ou aqueles atribuídos por entidades de qualquer natureza a título de **cortesia, propaganda ou divulgação,** por ocasião de eventos especiais ou datas comemorativas, porque nesses casos não são considerados presentes;

g) a **utilização de sistemas e ferramentas de comunicação** para a prática de **atos ilegais** ou **impróprios,** para a obtenção de **vantagem pessoal,** para **acesso ou divulgação de conteúdo ofensivo ou imoral,** para **intervenção em sistemas de terceiros** e para **participação em discussões virtuais acerca de assuntos não relacionados** aos interesses do Conselho e da Justiça Federal de primeiro e segundos graus (art. 11, parágrafo único).

3.1.4. Deveres e responsabilidade dos servidores e gestores

Os destinatários do código são **responsáveis por zelar pela integridade dos bens,** tangíveis e intangíveis, dos órgãos onde atuam, inclusive sua **reputação, propriedade intelectual e informações** confidenciais, estratégicas ou sensíveis, nos termos do art. 10.

Os **sistemas eletrônicos** do Conselho da Justiça Federal e da Justiça Federal de primeiro e de segundo graus **devem ser utilizados com a estrita observância dos atos normativos** vigentes, em especial quanto à utilização e à proteção das senhas de acesso (art. 11, *caput*).

Os destinatários do código, quando se **comunicarem** entre si ou com os órgãos governamentais, os clientes, os fornecedores e a sociedade **devem fazê-lo** de **forma clara, simples, objetiva e acessível** a todos os legitimamente interessados (art. 12). Também, os **contatos com órgãos de imprensa serão realizados, exclusivamente, por porta-vozes autorizados** pelo Conselho, tribunais regionais federais e seções judiciárias, conforme o caso (art. 14).

No que se refere aos **contratos, convênios ou acordos de cooperação**, determina o art. 15 do código que sejam **escritos de forma clara, com informações precisas**, sem haver a possibilidade de interpretações ambíguas por qualquer das partes interessadas.

Conforme previsão do art. 17, será exigido dos servidores e gestores do CJF e da JF de primeiro e segundo graus que, no exercício de suas atribuições, tenham responsabilidade social e ambiental. A **responsabilidade social** significa privilegiar a **adoção de práticas que favoreçam a inclusão social** e, por sua vez, a responsabilidade ambiental representa a **adoção de práticas que combatam o desperdício de recursos naturais e evitem danos ao meio ambiente.**

Na hipótese dos servidores e gestores do CJF e da JF de primeiro e segundo graus cometerem erros, deverão receber orientação construtiva, mas se a conduta faltosa for resultante de desídia, má-fé, negligência ou desinteresse que exponham o Conselho, os tribunais regionais federais e as seções judiciárias a riscos legais ou de imagem, serão tratados com rigorosa correção (art. 16).

3.1.5. Comitê gestor do código de conduta

Haverá **um comitê gestor em cada um dos tribunais regionais federais,** composto por **servidores nomeados pelo presidente** do órgão, **e também no Conselho da Justiça Federal** (art. 19), cabendo ao comitê zelar pelo cumprimento do Código de Conduta, entre outras atribuições (art. 18), as quais, aliás, serão fixadas por ato do Presidente do Conselho da Justiça Federal (art. 20).

O ato mencionado já foi editado pelo Presidente do CJF e é a Portaria nº CF-POR-2012/00116, de 11/05/2012 e, nos termos desse ato, o Comitê Gestor do Código de Conduta será composto por **quatro servidores de cargo efetivo** (e quatro suplentes), designados pelo dirigente máximo em cada órgão, com **mandato de três anos**, podendo ser **reconduzidos até duas vezes** (art. 3º).

Os membros do comitê não receberão nenhum adicional ou gratificação por dele participar, mas os trabalhos desenvolvidos são considerados prestação de relevante serviço público (art. 3º, parágrafo único).

Nos termos do art. 2º, **compete ao comitê gestor**:

a) assegurar a observância do Código de Conduta, objeto da Resolução n. 147/2011, pelos servidores e gestores por ele abrangidos;

b) submeter ao Conselho da Justiça Federal sugestões de aprimoramento do Código de Conduta e demais atos administrativos de caráter interpretativo de suas normas;

c) apurar, de ofício ou em razão de denúncia, condutas que possam configurar violação do Código de Conduta e, se for o caso, adotar as providências nele previstas;

d) dirimir dúvidas a respeito da aplicação do Código de Conduta e deliberar sobre os casos omissos.

4. PORTARIA PGR/MPU Nº 98/2017: CÓDIGO DE ÉTICA E DE CONDUTA DO MINISTÉRIO PÚBLICO DA UNIÃO E DA ESCOLA SUPERIOR DO MINISTÉRIO PÚBLICO DA UNIÃO

4.1. Introdução, objetivos, valores e princípios

No âmbito do Ministério Público da União (MPU), nos concursos anteriores houve a cobrança do Decreto 1.171/94 por não haver código de ética específico da instituição, mas em 13/12/2017 foi publicada a no Diário Oficial da União a Portaria PGR/MPU nº 98, instituindo o Código de Ética e Conduta do Ministério Público da União e da Escola Superior do Ministério Público da União. Dessa forma, no último concurso para provimento nos cargos de Analista e Técnico do MPU, a Portaria em questão foi cobrada na disciplina Ética no serviço público[15].

O Código tem como **destinatários** os **servidores** do Ministério Público da União (MPU) e da Escola Superior do Ministério Público da União (ESMPU), bem como os **colaboradores** que prestarem serviço nesses órgãos, por força de lei, contrato ou de qualquer ato jurídico, de forma temporária ou permanente, ainda que sem retribuição financeira, nos termos previstos no art. 1º. Também, o Código aplica-se a todos os contratos de estágio e de prestação de serviços celebrados no âmbito do MPU e da ESMPU, cabendo à área de gestão de pessoas e à área responsável pela contratação dar conhecimento do seu teor, respectivamente, aos seus estagiários e colaboradores, de forma a assegurar o alinhamento da conduta desses agentes durante a prestação contratual (art. 14).

O art. 13 traz a exigência de que todo **ato de posse em cargo efetivo ou cargo comissionado deverá ser acompanhado da prestação de compromisso** de acatamento e observância das regras estabelecidas por este Código de Ética e de Conduta.

15 Disponível em: ‹http://www.cespe.unb.br/concursos/MPU_18/arquivos/ED_1_MPU_2018___ABT.PDF› . Acesso em 01 mar. 2019.

O art. 2º prevê que são **objetivos** do Código:

a) tornar claras e explícitas as normas de ética e de conduta que regem os servidores e colaboradores do MPU e da ESMPU no exercício de suas funções institucionais ou contratuais, bem como em função delas;

b) contribuir para a formação e reafirmação de valores éticos desejáveis para o MPU;

c) orientar as condutas e os comportamentos comuns indispensáveis ao trabalho em equipe, à gestão participativa e ao clima organizacional;

d) reduzir a subjetividade da interpretação de normas éticas, de forma a indicar com maior clareza e objetividade o entendimento da Administração, buscando compatibilizar os valores individuais dos servidores com os valores adotados pelo MPU e pela ESMPU;

e) determinar a criação de Comissão Permanente de Ética a partir da vigência deste, responsável por zelar pelo seu fiel cumprimento, a qual funcionará como instância consultiva e deliberativa.

O Código (art. 3º) elenca quais são os **valores e princípios** a nortearem o comportamento dos destinatários do Código. São:

a) **legalidade**: garantia de que toda atuação da Administração se dará em conformidade com a lei;

b) **impessoalidade**: obriga a Administração, em sua atuação, a não praticar atos visando aos interesses pessoais ou se subordinando à conveniência de qualquer indivíduo, devendo ser direcionada a atender aos ditames legais e ao interesse público;

c) **moralidade**: todos devem respeitar os princípios éticos de razoabilidade e justiça, devendo atender aos ditames da conduta ética e honesta, do decoro, da boa-fé e das regras que assegurem a boa administração;

d) **lisura**: valor que vai além do cumprimento da estrita legalidade dos atos, na medida em que abarca valores éticos e morais;

e) **transparência**: objetiva corroborar a divulgação de informações, tanto entre suas unidades quanto para a sociedade, visando à promoção do desenvolvimento de cultura interna de intercâmbio de informações para fortalecimento da atuação institucional e do controle social, ressalvados os casos de sigilo legalmente previstos;

f) **urbanidade**: trata-se da polidez, educação, cortesia, gentileza e civilidade no comportamento das pessoas ao atender demandas internas e externas.

4.2. Compromissos de conduta ética e vedações

De forma detalhada, o Código elenca as condutas esperadas de seus destinatários (compromissos de conduta ética), bem como arrola o que não pode ser realizado (vedações).

São **compromissos de conduta ética** (art. 4º):

a) atender demandas com postura ética e de modo imparcial, probo e efetivo, sendo vedada qualquer atitude procrastinatória, discriminatória ou que favoreça indevidamente alguma parte;

b) não utilizar indevidamente informações obtidas em decorrência do trabalho para benefício próprio ou de outrem, sendo imperioso o sigilo quando ainda não divulgadas ou até o prazo que a lei determinar;

c) atuar com imparcialidade no desempenho das atribuições funcionais, não permitindo que convicções de ordem político-partidária, religiosa ou ideológica afetem sua isenção;

d) repudiar atitudes discriminatórias ou preconceituosas de qualquer natureza relativamente à etnia, sexo, religião, estado civil, orientação sexual, faixa etária ou condição física especial, ou quaisquer outras formas de discriminação;

e) declarar-se impedido ou suspeito em situações que sua independência ou imparcialidade possam estar prejudicadas para o desempenho de suas funções, observando-se as hipóteses legais;

f) contribuir com o clima institucional, fortalecendo as relações de trabalho por meio da confiança mútua, assertividade e transparência, predispondo-se à solução pacífica de conflitos internos ou controvérsias na instituição nas quais esteja envolvido;

g) valorizar e promover ambiente de trabalho harmonioso, primando por atitudes positivas de respeito pelas pessoas, a fim de evitar práticas que possam configurar qualquer tipo de assédio ou discriminação, comunicando a ocorrência de eventuais situações às autoridades competentes;

h) não aceitar ajuda financeira, presentes, privilégios, empréstimos, doações ou outra vantagem indevida para si e seus familiares, quando oriundos de possíveis interessados nos serviços institucionais prestados, não se considerando presentes os brindes sem valor comercial ou aqueles distribuídos por entidades de qualquer natureza, a título de cortesia, propaganda ou divulgação, por ocasião de eventos especiais ou datas comemorativas;

i) zelar pelo uso correto e eficiente do patrimônio institucional, adotando práticas de economicidade e sustentabilidade;

j) desempenhar suas atividades com responsabilidade social, privilegiando a adoção de práticas que favoreçam a inclusão social e com responsabilidade ambiental, combatendo o desperdício de recursos materiais;

k) utilizar dos recursos e ferramentas de Tecnologia da Informação e Comunicação, observando as normas internas, sendo vedada a utilização desses recursos para a prática de atos ilegais ou para propagação e divulgação de conteúdo que atentem contra a moralidade administrativa;

l) zelar pela imagem institucional, agindo com cautela em suas manifestações públicas, ressalvado o exercício da livre manifestação do pensamento;

m) tratar todas as pessoas com urbanidade e respeito, considerando as características individuais de cada um, sobretudo as possíveis limitações pessoais;

n) zelar pela eficiência no serviço público, notadamente pelo cumprimento de prazos estabelecidos para prestação de informações ao setor ou à unidade demandante ou justificar a necessidade de sua prorrogação;

o) empenhar-se em seu desenvolvimento profissional, buscando capacitações adequadas e regulares, bem como disseminar o conhecimento obtido em treinamentos profissionais;

p) assegurar aos interessados o acesso às suas próprias informações pessoais ou a agentes públicos legalmente autorizados;

q) manter o sigilo de informações de natureza confidencial obtidas em função do desempenho das atividades laborativas, inclusive no que digam respeito a questões afetas à saúde;

r) realizar adequadamente as avaliações de desempenho dos servidores, os quais deverão ser ouvidos, inserindo informações relevantes para o histórico funcional do servidor;

s) cientificar, previamente, sobre as situações que envolvam a designação e a exoneração de cargos em comissão ou dispensa de funções de confiança;

t) exercer suas atribuições administrativas, jurídicas e técnicas com rigor técnico e moral, obedecendo também as normas deontológicas e específicas das respectivas profissões.

Aos servidores é **vedado** (art. 5º):

a) ser conivente com erro ou infração a este Código ou ao Código de Ética de sua categoria profissional;

b) divulgar estudos, pareceres e pesquisas, ainda não tornados públicos, sem prévia autorização;

c) fazer uso, divulgar ou facilitar a divulgação de informações sigilosas ou estratégicas, de que tenha tomado conhecimento em razão das atividades exercidas no cargo ou função, mesmo após ter deixado o cargo;

d) apresentar como de sua autoria ideias, projetos ou trabalhos de outrem;

e) adotar postura hostil, ofensiva, praticar qualquer tipo de assédio, desqualificar os demais profissionais ou ainda utilizar palavras ou gestos que atinjam a autoestima, a imagem ou o profissionalismo de alguém;

f) atribuir aos servidores ou colaboradores a execução de atividades de natureza particular ou abusivas que possam gerar comprometimento de ordem física, mental ou emocional;

g) utilizar bens do patrimônio institucional para atendimento de atividades de interesse particular;

h) apresentar-se no serviço embriagado ou sob efeito de substâncias psicoativas, bem como fazer uso ou portar qualquer tipo de substância entorpecente;

i) manifestar-se em nome da Instituição quando não autorizado pela autoridade competente, nos termos da política interna de comunicação social.

4.3. Comissões permanentes de ética

Nos moldes do contido no art. 6º, as comissões permanentes de ética deverão ser instituídas pela Escola Superior do Ministério Público da União (ESMPU) e por cada ramo do Ministério Público da União (MPU).

A **composição** das comissões permanentes de ética será de, **no mínimo, três** servidores titulares e os respectivos suplentes. Serão designados pelo Diretor-Geral da ESPMU e pelo Procurador-Geral de cada ramo do MPU, para **não coincidente de 3 anos, permitida uma única recondução**[16].

São **requisitos** para ser membro da comissão permanente de ética:

a) ser **servidor público estável** do MPU ou da ESMPU;

b) gozar de **idoneidade**;

c) **não ter sofrido penalidade disciplinar**.

Os servidores integrantes das comissões permanentes de ética deverão **acumular a atividade executada na comissão com o exercício do seu cargo público** e essa atividade será considerada **prestação de relevante serviço público** e constará dos assentamentos funcionais do servidor (art. 7º).

Compete à comissão permanente de ética (art. 8º):

16. A alteração foi dada pela Portaria PGR/MPF nº 96, de 4 de janeiro de 2019.

a) orientar os servidores e colaboradores acerca das normas de ética e de conduta deste Código;

b) atuar como instância consultiva em matéria de ética pública no âmbito do MPU e da ESMPU;

c) fomentar, acompanhar e avaliar, no âmbito do respectivo ramo e da ESMPU, o desenvolvimento de ações objetivando a disseminação, capacitação e treinamento sobre as normas de ética e disciplina;

d) articular ações com vistas a estabelecer procedimentos de incentivo ao desempenho institucional na gestão da ética pública;

e) receber sugestões para o aprimoramento e modernização deste Código;

f) propor a elaboração de normas complementares e orientadoras ou a adequação de normativos internos aos preceitos instituídos neste Código;

g) conhecer denúncias ou representações formuladas contra servidor ou colaborador pela prática de atos contrários às normas estabelecidas neste Código;

h) apresentar relatório de suas atividades aos órgãos da Administração Superior, cujos critérios deverão ser definidos por cada ramo do MPU e pela ESMPU.

Compete, também, à comissão, nos termos do art. 15, dirimir as dúvidas suscitadas na aplicação deste Código no âmbito de cada ramo do MPU e da ESMPU.

5. LEGISLAÇÃO RELACIONADA AO CAPÍTULO

» Decreto nº 1.171, de 22 de junho de 1994

Aprova o Código de Ética Profissional do Servidor Público Civil do Poder Executivo Federal.

O PRESIDENTE DA REPÚBLICA, no uso das atribuições que lhe confere o art. 84, incisos IV e VI, e ainda tendo em vista o disposto no art. 37 da Constituição, bem como nos arts. 116 e 117 da Lei nº 8.112, de 11 de dezembro de 1990, e nos arts. 10, 11 e 12 da Lei nº 8.429, de 2 de junho de 1992,

DECRETA:

Art. 1º Fica aprovado o Código de Ética Profissional do Servidor Público Civil do Poder Executivo Federal, que com este baixa.

Art. 2º Os órgãos e entidades da Administração Pública Federal direta e indireta implementarão, em sessenta dias, as providências necessárias à plena vigência do Código de Ética, inclusive mediante a Constituição da respectiva Comissão de Ética, integrada por três servidores ou empregados titulares de cargo efetivo ou emprego permanente.

Parágrafo único. A constituição da Comissão de Ética será comunicada à Secretaria da Administração Federal da Presidência da República, com a indicação dos respectivos membros titulares e suplentes.

Art. 3º Este decreto entra em vigor na data de sua publicação.

Brasília, 22 de junho de 1994, 173º da Independência e 106º da República.

ITAMAR FRANCO
Romildo Canhim

Publicado no DOU de 23.6.1994.

ANEXO

Código de Ética Profissional do Servidor Público Civil do Poder Executivo Federal

CAPÍTULO I

Seção I

Das Regras Deontológicas

I - A dignidade, o decoro, o zelo, a eficácia e a consciência dos princípios morais são primados maiores que devem nortear o servidor público, seja no exercício do cargo ou função, ou fora dele, já que refletirá o exercício da vocação do próprio poder estatal. Seus atos, comportamentos e atitudes serão direcionados para a preservação da honra e da tradição dos serviços públicos.

II - O servidor público não poderá jamais desprezar o elemento ético de sua conduta. Assim, não terá que decidir somente entre o legal e o ilegal, o justo e o injusto, o conveniente e o inconveniente, o oportuno e o inoportuno, mas principalmente entre o honesto e o desonesto, consoante as regras contidas no art. 37, caput, e § 4°, da Constituição Federal.

III - A moralidade da Administração Pública não se limita à distinção entre o bem e o mal, devendo ser acrescida da idéia de que o fim é sempre o bem comum. O equilíbrio entre a legalidade e a finalidade, na conduta do servidor público, é que poderá consolidar a moralidade do ato administrativo.

IV - A remuneração do servidor público é custeada pelos tributos pagos direta ou indiretamente por todos, até por ele próprio, e por isso se exige, como contrapartida, que a moralidade administrativa se integre no Direito, como elemento indissociável de sua aplicação e de sua finalidade, erigindo-se, como conseqüência, em fator de legalidade.

V - O trabalho desenvolvido pelo servidor público perante a comunidade deve ser entendido como acréscimo ao seu próprio bem-estar, já que, como cidadão, integrante da sociedade, o êxito desse trabalho pode ser considerado como seu maior patrimônio.

VI - A função pública deve ser tida como exercício profissional e, portanto, se integra na vida particular de cada servidor público. Assim, os fatos e atos verificados na conduta do dia-a-dia em sua vida privada poderão acrescer ou diminuir o seu bom conceito na vida funcional.

VII - Salvo os casos de segurança nacional, investigações policiais ou interesse superior do Estado e da Administração Pública, a serem preservados em processo previamente declarado sigiloso, nos termos da lei, a publicidade de qualquer ato administrativo constitui requisito de eficácia e moralidade, ensejando sua omissão comprometimento ético contra o bem comum, imputável a quem a negar.

VIII - Toda pessoa tem direito à verdade. O servidor não pode omiti-la ou falseá-la, ainda que contrária aos interesses da própria pessoa interessada ou da Administração Pública. Nenhum Estado pode crescer ou estabilizar-se sobre o poder corruptivo do hábito do erro, da opressão ou da mentira, que sempre aniquilam até mesmo a dignidade humana quanto mais a de uma Nação.

IX - A cortesia, a boa vontade, o cuidado e o tempo dedicados ao serviço público caracterizam o esforço pela disciplina. Tratar mal uma pessoa que paga seus tributos direta ou indiretamente significa causar-lhe dano moral. Da mesma forma, causar dano a qualquer bem pertencente ao patrimônio público, deteriorando-o, por descuido ou má vontade, não constitui apenas uma ofensa ao equipamento e às instalações ou ao Estado, mas a todos os homens de boa vontade que dedicaram sua inteligência, seu tempo, suas esperanças e seus esforços para construí-los.

X - Deixar o servidor público qualquer pessoa à espera de solução que compete ao setor em que exerça suas funções, permitindo a formação de longas filas, ou qualquer outra espécie de atraso na prestação do serviço, não caracteriza apenas atitude contra a ética ou ato de desumanidade, mas principalmente grave dano moral aos usuários dos serviços públicos.

XI – o servidor deve prestar toda a sua atenção às ordens legais de seus superiores, velando atentamente por seu cumprimento, e, assim, evitando a conduta negligente. Os repetidos erros, o descaso e o acúmulo de desvios tornam-se, às vezes, difíceis de corrigir e caracterizam até mesmo imprudência no desempenho da função pública.

XII – Toda ausência injustificada do servidor de seu local de trabalho é fator de desmoralização do serviço público, o que quase sempre conduz à desordem nas relações humanas.

XIII – o servidor que trabalha em harmonia com a estrutura organizacional, respeitando seus colegas e cada concidadão, colabora e de todos pode receber colaboração, pois sua atividade pública é a grande oportunidade para o crescimento e o engrandecimento da Nação.

Seção II
Dos Principais Deveres do Servidor Público

XIV – São deveres fundamentais do servidor público:

a) desempenhar, a tempo, as atribuições do cargo, função ou emprego público de que seja titular;

b) exercer suas atribuições com rapidez, perfeição e rendimento, pondo fim ou procurando prioritariamente resolver situações procrastinatórias, principalmente diante de filas ou de qualquer outra espécie de atraso na prestação dos serviços pelo setor em que exerça suas atribuições, com o fim de evitar dano moral ao usuário;

c) ser probo, reto, leal e justo, demonstrando toda a integridade do seu caráter, escolhendo sempre, quando estiver diante de duas opções, a melhor e a mais vantajosa para o bem comum;

d) jamais retardar qualquer prestação de contas, condição essencial da gestão dos bens, direitos e serviços da coletividade a seu cargo;

e) tratar cuidadosamente os usuários dos serviços aperfeiçoando o processo de comunicação e contato com o público;

f) ter consciência de que seu trabalho é regido por princípios éticos que se materializam na adequada prestação dos serviços públicos;

g) ser cortês, ter urbanidade, disponibilidade e atenção, respeitando a capacidade e as limitações individuais de todos os usuários do serviço público, sem qualquer espécie de preconceito ou distinção de raça, sexo, nacionalidade, cor, idade, religião, cunho político e posição social, abstendo-se, dessa forma, de causar-lhes dano moral;

h) ter respeito à hierarquia, porém sem nenhum temor de representar contra qualquer comprometimento indevido da estrutura em que se funda o Poder Estatal;

i) resistir a todas as pressões de superiores hierárquicos, de contratantes, interessados e outros que visem obter quaisquer favores, benesses ou vantagens indevidas em decorrência de ações imorais, ilegais ou aéticas e denunciá-las;

j) zelar, no exercício do direito de greve, pelas exigências específicas da defesa da vida e da segurança coletiva;

l) ser assíduo e frequente ao serviço, na certeza de que sua ausência provoca danos ao trabalho ordenado, refletindo negativamente em todo o sistema;

m) comunicar imediatamente a seus superiores todo e qualquer ato ou fato contrário ao interesse público, exigindo as providências cabíveis;

n) manter limpo e em perfeita ordem o local de trabalho, seguindo os métodos mais adequados à sua organização e distribuição;

o) participar dos movimentos e estudos que se relacionem com a melhoria do exercício de suas funções, tendo por escopo a realização do bem comum;

p) apresentar-se ao trabalho com vestimentas adequadas ao exercício da função;

q) manter-se atualizado com as instruções, as normas de serviço e a legislação pertinentes ao órgão onde exerce suas funções;

r) cumprir, de acordo com as normas do serviço e as instruções superiores, as tarefas de seu cargo ou função, tanto quanto possível, com critério, segurança e rapidez, mantendo tudo sempre em boa ordem.

s) facilitar a fiscalização de todos atos ou serviços por quem de direito;

t) exercer com estrita moderação as prerrogativas funcionais que lhe sejam atribuídas, abstendo-se de fazê-lo contrariamente aos legítimos interesses dos usuários do serviço público e dos jurisdicionados administrativos;

u) abster-se, de forma absoluta, de exercer sua função, poder ou autoridade com finalidade estranha ao interesse público, mesmo que observando as formalidades legais e não cometendo qualquer violação expressa à lei;

v) divulgar e informar a todos os integrantes da sua classe sobre a existência deste Código de Ética, estimulando o seu integral cumprimento.

Seção III
Das Vedações ao Servidor Público

XV – E vedado ao servidor público;

a) o uso do cargo ou função, facilidades, amizades, tempo, posição e influências, para obter qualquer favorecimento, para si ou para outrem;

b) prejudicar deliberadamente a reputação de outros servidores ou de cidadãos que deles dependam;

c) ser, em função de seu espírito de solidariedade, conivente com erro ou infração a este Código de Ética ou ao Código de Ética de sua profissão;

d) usar de artifícios para procrastinar ou dificultar o exercício regular de direito por qualquer pessoa, causando-lhe dano moral ou material;

e) deixar de utilizar os avanços técnicos e científicos ao seu alcance ou do seu conhecimento para atendimento do seu mister;

f) permitir que perseguições, simpatias, antipatias, caprichos, paixões ou interesses de ordem pessoal interfiram no trato com o público, com os jurisdicionados administrativos ou com colegas hierarquicamente superiores ou inferiores;

g) pleitear, solicitar, provocar, sugerir ou receber qualquer tipo de ajuda financeira, gratificação, prêmio, comissão, doação ou vantagem de qualquer espécie, para si, familiares ou qualquer pessoa, para o cumprimento da sua missão ou para influenciar outro servidor para o mesmo fim;

h) alterar ou deturpar o teor de documentos que deva encaminhar para providências;

i) iludir ou tentar iludir qualquer pessoa que necessite do atendimento em serviços públicos;

j) desviar servidor público para atendimento a interesse particular;

l) retirar da repartição pública, sem estar legalmente autorizado, qualquer documento, livro ou bem pertencente ao patrimônio público;

m) fazer uso de informações privilegiadas obtidas no âmbito interno de seu serviço, em benefício próprio, de parentes, de amigos ou de terceiros;

n) apresentar-se embriagado no serviço ou fora dele habitualmente;

o) dar o seu concurso a qualquer instituição que atente contra a moral, a honestidade ou a dignidade da pessoa humana;

p) exercer atividade profissional aética ou ligar o seu nome a empreendimentos de cunho duvidoso.

CAPÍTULO II
DAS COMISSÕES DE ÉTICA

XVI – Em todos os órgãos e entidades da Administração Pública Federal direta, indireta autárquica e fundacional, ou em qualquer órgão ou entidade que exerça atribuições delegadas pelo poder público, deverá ser criada uma

Comissão de Ética, encarregada de orientar e aconselhar sobre a ética profissional do servidor, no tratamento com as pessoas e com o patrimônio público, competindo-lhe conhecer concretamente de imputação ou de procedimento susceptível de censura.

XVII – Revogado pelo Decreto nº 6.029, de 2007.

XVIII – À Comissão de Ética incumbe fornecer, aos organismos encarregados da execução do quadro de carreira dos servidores, os registros sobre sua conduta ética, para o efeito de instruir e fundamentar promoções e para todos os demais procedimentos próprios da carreira do servidor público.

XIX – Revogado pelo Decreto nº 6.029, de 2007.

XX – Revogado pelo Decreto nº 6.029, de 2007.

XXI – Revogado pelo Decreto nº 6.029, de 2007.

XXII – A pena aplicável ao servidor público pela Comissão de Ética é a de censura e sua fundamentação constará do respectivo parecer, assinado por todos os seus integrantes, com ciência do faltoso.

XXIII – Revogado pelo Decreto nº 6.029, de 2007.

XXIV – Para fins de apuração do comprometimento ético, entende-se por servidor público todo aquele que, por força de lei, contrato ou de qualquer ato jurídico, preste serviços de natureza permanente, temporária ou excepcional, ainda que sem retribuição financeira, desde que ligado direta ou indiretamente a qualquer órgão do poder estatal, como as autarquias, as fundações públicas, as entidades paraestatais, as empresas públicas e as sociedades de economia mista, ou em qualquer setor onde prevaleça o interesse do Estado.

XXV – Revogado pelo Decreto nº 6.029, de 2007.

» Resolução CJF nº 147, de 15 de abril de 2011

Institui o Código de Conduta do Conselho e da Justiça Federal de primeiro e segundo graus.

Das Disposições Gerais

Art. 1º Instituir o Código de Conduta do Conselho e da Justiça Federal de primeiro e segundo graus, com as seguintes finalidades:

I – tornar claras as regras de conduta dos servidores e gestores do Conselho e da Justiça Federal de primeiro e segundo graus;

II – assegurar que as ações institucionais empreendidas por gestores e servidores do Conselho e da Justiça Federal de primeiro e segundo graus preservem a missão desses órgãos e que os atos delas decorrentes reflitam probidade e conduta ética;

III – conferir coerência e convergência às políticas, diretrizes e procedimentos internos do Conselho e da Justiça Federal de primeiro e segundo graus;

IV – oferecer um conjunto de atitudes que orientem o comportamento e as decisões institucionais.

CAPÍTULO I
Dos Destinatários

Art. 2º O Código de Conduta aplica-se a todos os servidores e gestores do Conselho e da Justiça Federal de primeiro e segundo graus. (Redação dada pela Resolução n. 308, de 07/10/2014)

Parágrafo único. Cabe aos gestores, em todos os níveis, aplicar, como um exemplo de conduta a ser seguido, os preceitos estabelecidos no Código e garantir que seus subordinados – servidores, estagiários e prestadores de serviços – vivenciem tais preceitos.

Art. 3º O Código de Conduta do Conselho e da Justiça Federal de primeiro e segundo graus integrará todos os contratos de estágio e de prestação de serviços, de forma a assegurar o alinhamento entre os colaboradores.

CAPÍTULO II
Dos Princípios de Conduta

Art. 4º A conduta dos destinatários do Código deverá ser pautada pelos seguintes princípios: integridade, lisura, transparência, respeito e moralidade.

CAPÍTULO III
Da Prática de Preconceito, Discriminação, Assédio ou Abuso de Poder

Art. 5º O Conselho e a Justiça Federal de primeiro e segundo graus não serão tolerantes com atitudes discriminatórias ou preconceituosas de qualquer natureza, em relação a etnia, a sexo, a religião, a estado civil, a orientação sexual, a faixa etária ou a condição física especial, nem com atos que caracterizem proselitismo partidário, intimidação, hostilidade ou ameaça, humilhação por qualquer motivo ou assédio moral e sexual.

CAPÍTULO IV
Do Conflito de Interesses

Art. 6º Gestores ou servidores não poderão participar de atos ou circunstâncias que se contraponham, conforme o caso, aos interesses do Conselho e da Justiça Federal de primeiro e segundo graus ou que lhes possam causar danos ou prejuízos.

Art. 7º Recursos, espaço e imagem do Conselho e da Justiça Federal de primeiro e segundo graus não poderão, sob qualquer hipótese, ser usados para atender a interesses pessoais, políticos ou partidários.

CAPÍTULO V
Do Sigilo de Informações

Art. 8º O servidor ou gestor que, por força de seu cargo ou de suas responsabilidades, tiverem acesso a informações do órgão em que atuam ainda não divulgadas publicamente deverão manter sigilo sobre seu conteúdo.

Art. 9º Ao servidor ou gestor do Conselho e da Justiça Federal de primeiro e segundo graus é vedado aceitar presentes, privilégios, empréstimos, doações, serviços ou qualquer outra forma de benefício em seu nome ou no de familiares, quando originários de partes, ou dos respectivos advogados e estagiários, bem como de terceiros que sejam ou pretendam ser fornecedores de produtos ou serviços para essas instituições.

Parágrafo único. Não se consideram presentes, para fins deste artigo, os brindes sem valor comercial ou aqueles atribuídos por entidades de qualquer natureza a título de cortesia, propaganda ou divulgação, por ocasião de eventos especiais ou datas comemorativas.

CAPITULO VI
Do Patrimônio Tangível e Intangível

Art. 10. É de responsabilidade dos destinatários do Código zelar pela integridade dos bens, tangíveis e intangíveis, dos órgãos onde atuam, inclusive sua reputação, propriedade intelectual e informações confidenciais, estratégicas ou sensíveis.

CAPÍTULO VII
Dos Usos de Sistemas Eletrônicos

Art. 11. Os recursos de comunicação e tecnologia de informação disponíveis no Conselho e na Justiça Federal de primeiro e segundo graus devem ser utilizados com a estrita observância dos normativos internos vigentes, notadamente no que tange à utilização e à proteção das senhas de acesso.

Parágrafo único. É vedada, ainda, a utilização de sistemas e ferramentas de comunicação para a prática de atos ilegais ou impróprios, para a obtenção de vantagem pessoal, para acesso ou divulgação de conteúdo ofensivo ou imoral, para intervenção em sistemas de terceiros e para participação em discussões virtuais acerca de assuntos não relacionados aos interesses do Conselho e da Justiça Federal de primeiro e segundos graus.

CAPÍTULO VIII
Da Comunicação

Art. 12. A comunicação entre os destinatários do Código ou entre esses e os órgãos governamentais, os clientes, os fornecedores e a sociedade deve ser indiscutivelmente clara, simples, objetiva e acessível a todos os legitimamente interessados.

CAPÍTULO IX
Da Publicidade de Atos e Disponibilidade de Informações

Art. 13. É obrigatório aos servidores e gestores do Conselho e da Justiça Federal de primeiro e segundo graus garantir a publicidade de seus atos e a disponibilidade de informações corretas e atualizadas que permitam o conhecimento dos aspectos relevantes da atividade sob sua responsabilidade, bem como assegurar que a divulgação das informações aconteça no menor prazo e pelos meios mais rápidos.

CAPÍTULO X
Das Informações à Imprensa

Art. 14. Os contatos com os órgãos de imprensa serão promovidos, exclusivamente, por porta-vozes autorizados pelo Conselho, tribunais regionais federais e seções judiciárias, conforme o caso.

CAPÍTULO XI
Dos Contratos, Convênios ou Acordos de Cooperação

Art. 15. Os contratos, convênios ou acordos de cooperação nos quais o Conselho, os tribunais regionais federais e as seções judiciárias sejam partes devem ser escritos de forma clara, com informações precisas, sem haver a possibilidade de interpretações ambíguas por qualquer das partes interessadas.

CAPÍTULO XII
Das Falhas Administrativas

Art. 16. Servidores ou gestores do Conselho e da Justiça Federal de primeiro e segundo graus que cometerem eventuais erros deverão receber orientação construtiva, contudo, se cometerem falhas resultantes de desídia, má-fé, negligência ou desinteresse que exponham o Conselho, os tribunais regionais federais e as seções judiciárias a riscos legais ou de imagem, serão tratados com rigorosa correção.

CAPÍTULO XIII
Da Responsabilidade Socioambiental

Art. 17. O Conselho e a Justiça Federal de primeiro e segundo graus exigirão de seus servidores, no exercício de seus misteres, responsabilidade social e ambiental; no primeiro caso, privilegiando a adoção de práticas que favoreçam a inclusão social e, no segundo, de práticas que combatam o desperdício de recursos naturais e evitem danos ao meio ambiente.

CAPÍTULO XIV
Do Comitê Gestor do Código de Conduta

Art. 18. Fica instituído o comitê gestor do Código de Conduta, ao qual compete, entre outras atribuições, zelar pelo seu cumprimento.

Art. 19. Cada tribunal terá um comitê gestor formado por servidores nomeados pelo seu presidente; outro tanto no Conselho da Justiça Federal.

Art. 20. As atribuições do comitê gestor do Código de Conduta serão formalizadas por ato do presidente do Conselho da Justiça Federal.

Art. 21. Esta resolução entra em vigor na data de sua publicação.

Ministro ARI PARGENDLER

Publicada no Diário Oficial da União De 18/04/2011 Seção 1 Pág. 133.

» Portaria PGR/MPU nº 98, de 12 de setembro de 2017

Aprova o Código de Ética e de Conduta do Ministério Público da União e da Escola Superior do Ministério Público da União.

O PROCURADOR-GERAL DA REPÚBLICA, no uso de suas atribuições que lhe são conferidas no art. 26, incisos VIII e XIII, da Lei Complementar nº 75, de 20/05/1993, tendo em vista o que consta do Processo Administrativo PGR nº 1.00.000.007151/2016-17;

Considerando que a ética consta no Planejamento Estratégico do Ministério Público da União como um dos atributos de valor para a sociedade;

Considerando que a atuação segundo padrões éticos de probidade, decoro e boa-fé deve ser inerente aos integrantes da Administração Pública;

Considerando os Acórdãos nº 1956/2016 - TCU – 1ª Câmara e nº 7893/2016 - TCU – 2ª Câmara, emanados pelo Tribunal de Contas da União, os quais recomendam, respectivamente, ao Ministério Público Federal e ao Ministério Público do Distrito Federal e Territórios a elaboração e instituição formal de um Código de Ética;

e Considerando os trabalhos desenvolvidos pela Comissão instituída para elaboração do Código de Ética e de conduta dos servidores por meio da Portaria PGR/MPU nº 79, de 19 de outubro de 2016;

RESOLVE:

Art. 1º Fica aprovado o Código de Ética e de Conduta do Ministério Público da União e da Escola Superior do Ministério Público da União, na forma do Anexo desta Portaria.

Art. 2º Os casos omissos serão resolvidos pelo Procurador-Geral da República.

Art. 3º Esta Portaria entra em vigor na data de sua publicação.

RODRIGO JANOT MONTEIRO DE BARROS

Publicado no DOU, Brasília, DF, 13 set. 2017. Seção 1 , p. 74.

ANEXO
CÓDIGO DE ÉTICA E DE CONDUTA

CAPÍTULO I
DISPOSIÇÕES PRELIMINARES

Art. 1º Este Código de Ética e de Conduta estabelece os princípios e as normas de conduta ética aplicáveis aos servidores do Ministério Público da União (MPU) e da Escola Superior do Ministério Público da União (ESMPU), bem como aos colaboradores que prestarem serviço nesses Órgãos, por força de lei, contrato ou de qualquer ato jurídico, de forma temporária ou permanente, ainda que sem retribuição financeira, sem prejuízo da observância dos demais deveres e vedações legais e regulamentares.

CAPÍTULO II
DOS OBJETIVOS

Art. 2º Este Código tem por objetivo:

I. tornar claras e explícitas as normas de ética e de conduta que regem os servidores e colaboradores do MPU e da ESMPU no exercício de suas funções institucionais ou contratuais, bem como em função delas;

II. contribuir para a formação e reafirmação de valores éticos desejáveis para o MPU;

III. orientar as condutas e os comportamentos comuns indispensáveis ao trabalho em equipe, à gestão participativa e ao clima organizacional;

IV. reduzir a subjetividade da interpretação de normas éticas, de forma a indicar com maior clareza e objetividade o entendimento da Administração, buscando compatibilizar os valores individuais dos servidores com os valores adotados pelo MPU e pela ESMPU;

V. determinar a criação de Comissão Permanente de Ética a partir da vigência deste, responsável por zelar pelo seu fiel cumprimento, a qual funcionará como instância consultiva e deliberativa.

CAPÍTULO III
DOS PRINCÍPIOS E VALORES

Art. 3º Os princípios e valores fundamentais deste Código são:

I. Legalidade: garantia de que toda atuação da Administração se dará em conformidade com a lei;

II. Impessoalidade: obriga a Administração, em sua atuação, a não praticar atos visando aos interesses pessoais ou se subordinando à conveniência de qualquer indivíduo, devendo ser direcionada a atender aos ditames legais e ao interesse público;

III. Moralidade: todos devem respeitar os princípios éticos de razoabilidade e justiça, devendo atender aos ditames da conduta ética e honesta, do decoro, da boa-fé e das regras que assegurem a boa administração;

IV. Lisura: valor que vai além do cumprimento da estrita legalidade dos atos, na medida em que abarca valores éticos e morais;

V. Transparência: objetiva corroborar a divulgação de informações, tanto entre suas unidades quanto para a sociedade, visando à promoção do desenvolvimento de cultura interna de intercâmbio de informações para fortalecimento da atuação institucional e do controle social, ressalvados os casos de sigilo legalmente previstos;

VI. Urbanidade: trata-se da polidez, educação, cortesia, gentileza e civilidade no comportamento das pessoas ao atender demandas internas e externas.

CAPÍTULO IV
DAS CONDUTAS

Art. 4º São compromissos de conduta ética:

I. atender demandas com postura ética e de modo imparcial, probo e efetivo, sendo vedada qualquer atitude procrastinatória, discriminatória ou que favoreça indevidamente alguma parte;

II. não utilizar indevidamente informações obtidas em decorrência do trabalho para benefício próprio ou de outrem, sendo imperioso o sigilo quando ainda não divulgadas ou até o prazo que a lei determinar;

III. atuar com imparcialidade no desempenho das atribuições funcionais, não permitindo que convicções de ordem político-partidária, religiosa ou ideológica afetem sua isenção;

IV. repudiar atitudes discriminatórias ou preconceituosas de qualquer natureza relativamente à etnia, sexo, religião, estado civil, orientação sexual, faixa etária ou condição física especial, ou quaisquer outras formas de discriminação;

V. declarar-se impedido ou suspeito em situações que sua independência ou imparcialidade possam estar prejudicadas para o desempenho de suas funções, observando-se as hipóteses legais;

VI. contribuir com o clima institucional, fortalecendo as relações de trabalho por meio da confiança mútua, assertividade e transparência, predispondo-se à solução pacífica de conflitos internos ou controvérsias na instituição nas quais esteja envolvido;

VII. valorizar e promover ambiente de trabalho harmonioso, primando por atitudes positivas de respeito pelas pessoas, a fim de evitar práticas que possam configurar qualquer tipo de assédio ou discriminação, comunicando a ocorrência de eventuais situações às autoridades competentes;

VIII. não aceitar ajuda financeira, presentes, privilégios, empréstimos, doações ou outra vantagem indevida para si e seus familiares, quando oriundos de possíveis interessados nos serviços institucionais prestados, não se considerando presentes os brindes sem valor comercial ou aqueles distribuídos por entidades de qualquer natureza, a título de cortesia, propaganda ou divulgação, por ocasião de eventos especiais ou datas comemorativas;

IX. zelar pelo uso correto e eficiente do patrimônio institucional, adotando práticas de economicidade e sustentabilidade;

X. desempenhar suas atividades com responsabilidade social, privilegiando a adoção de práticas que favoreçam a inclusão social e com responsabilidade ambiental, combatendo o desperdício de recursos materiais;

XI. utilizar dos recursos e ferramentas de Tecnologia da Informação e Comunicação, observando as normas internas, sendo vedada a utilização desses recursos para a prática de atos ilegais ou para propagação e divulgação de conteúdo que atentem contra a moralidade administrativa;

XII. zelar pela imagem institucional, agindo com cautela em suas manifestações públicas, ressalvado o exercício da livre manifestação do pensamento;

XIII. tratar todas as pessoas com urbanidade e respeito, considerando as características individuais de cada um, sobretudo as possíveis limitações pessoais;

XIV. zelar pela eficiência no serviço público, notadamente pelo cumprimento de prazos estabelecidos para prestação de informações ao setor ou à unidade demandante ou justificar a necessidade de sua prorrogação;

XV. empenhar-se em seu desenvolvimento profissional, buscando capacitações adequadas e regulares, bem como disseminar o conhecimento obtido em treinamentos profissionais;

XVI. assegurar aos interessados o acesso às suas próprias informações pessoais ou a agentes públicos legalmente autorizados;

XVII. manter o sigilo de informações de natureza confidencial obtidas em função do desempenho das atividades laborativas, inclusive no que digam respeito a questões afetas à saúde;

XVIII. realizar adequadamente as avaliações de desempenho dos servidores, os quais deverão ser ouvidos, inserindo informações relevantes para o histórico funcional do servidor;

XIX. cientificar, previamente, sobre as situações que envolvam a designação e a exoneração de cargos em comissão ou dispensa de funções de confiança;

XX. exercer suas atribuições administrativas, jurídicas e técnicas com rigor técnico e moral, obedecendo também as normas deontológicas e específicas das respectivas profissões.

CAPÍTULO V
DAS VEDAÇÕES

Art. 5º Aos servidores do MPU e da ESMPU é vedado:

I. ser conivente com erro ou infração a este Código ou ao Código de Ética de sua categoria profissional;

II. divulgar estudos, pareceres e pesquisas, ainda não tornados públicos, sem prévia autorização;

III. fazer uso, divulgar ou facilitar a divulgação de informações sigilosas ou estratégicas, de que tenha tomado conhecimento em razão das atividades exercidas no cargo ou função, mesmo após ter deixado o cargo;

IV. apresentar como de sua autoria ideias, projetos ou trabalhos de outrem;

V. adotar postura hostil, ofensiva, praticar qualquer tipo de assédio, desqualificar os demais profissionais ou ainda utilizar palavras ou gestos que atinjam a autoestima, a imagem ou o profissionalismo de alguém;

VI. atribuir aos servidores ou colaboradores a execução de atividades de natureza particular ou abusivas que possam gerar comprometimento de ordem física, mental ou emocional;

VII. utilizar bens do patrimônio institucional para atendimento de atividades de interesse particular;

VIII. apresentar-se no serviço embriagado ou sob efeito de substâncias psicoativas, bem como fazer uso ou portar qualquer tipo de substância entorpecente;

IX. manifestar-se em nome da Instituição quando não autorizado pela autoridade competente, nos termos da política interna de comunicação social.

CAPÍTULO VI
DAS COMISSÕES PERMANENTES DE ÉTICA

Art. 6º Cada ramo do MPU e a ESMPU deverão instituir e regulamentar os procedimentos inerentes ao funcionamento das respectivas Comissões Permanentes de Ética, as quais deverão implementar e gerir este Código.

§ 1º A Comissão Permanente de Ética será composta por, no mínimo três servidores titulares e respectivos suplentes que gozem de idoneidade e não tenham sofrido penalidade disciplinar, sendo um deles designado para a função de presidente.

§ 2º Os integrantes das Comissões Permanentes de Ética serão escolhidos entre servidores públicos estáveis dos quadros de pessoal do MPU e da ESMPU, designados pelo Procurador-Geral de cada ramo e pelo Diretor-Geral, conforme o caso.

§ 3º Os membros da Comissão de Ética cumprirão mandatos não coincidentes de três anos, permitida uma única recondução. (Redação dada pela Portaria PGR/MPF nº 96, de 4 de janeiro de 2019).

§ 4º As Comissões Permanentes de Ética deverão ser constituídas no prazo de até 60 (sessenta) dias, contados da data de entrada em vigor deste Código.

Art. 7º Os integrantes da Comissão Permanente de Ética desempenharão suas atividades sem prejuízo do exercício das atribuições funcionais inerentes a seus cargos efetivos, funções de confiança ou cargos em comissão.

Parágrafo único. Os trabalhos na Comissão Permanente de Ética serão considerados prestação de relevante serviço público e constarão dos assentamentos funcionais do servidor.

Art. 8º À Comissão Permanente de Ética compete:

I. orientar os servidores e colaboradores acerca das normas de ética e de conduta deste Código;

II. atuar como instância consultiva em matéria de ética pública no âmbito do MPU e da ESMPU;

III. fomentar, acompanhar e avaliar, no âmbito do respectivo ramo e da ESMPU, o desenvolvimento de ações objetivando a disseminação, capacitação e treinamento sobre as normas de ética e disciplina;

IV. articular ações com vistas a estabelecer procedimentos de incentivo ao desempenho institucional na gestão da ética pública;

V. receber sugestões para o aprimoramento e modernização deste Código;

VI. propor a elaboração de normas complementares e orientadoras ou a adequação de normativos internos aos preceitos instituídos neste Código;

VII. conhecer denúncias ou representações formuladas contra servidor ou colaborador pela prática de atos contrários às normas estabelecidas neste Código;

VIII. apresentar relatório de suas atividades aos órgãos da Administração Superior, cujos critérios deverão ser definidos por cada ramo do MPU e pela ESMPU.

Art. 9º A Comissão Permanente de Ética deverá apreciar os casos em que os princípios deste Código forem supostamente violados, ouvindo-se as partes envolvidas, expedindo orientações devidamente fundamentadas, motivadas e reduzidas a termo.

Art. 10. Uma vez verificados indícios de irregularidade administrativa na conduta do servidor, deverá a Comissão dar ciência à autoridade administrativa competente.

Art. 11. Ficará suspenso da comissão até a conclusão do processo, o membro que vier a ser indiciado penal ou administrativamente.

Art. 12. As Comissões dos ramos do MPU e da ESMPU se reunirão ordinariamente a cada seis meses, sob a coordenação da Secretaria Geral, assegurada a participação da entidade sindical de âmbito nacional.

CAPÍTULO VII
DISPOSIÇÕES FINAIS

Art. 13. Todo ato de posse em cargo efetivo ou cargo comissionado deverá ser acompanhado da prestação de compromisso de acatamento e observância das regras estabelecidas por este Código de Ética e de Conduta.

Art. 14. O disposto neste Código aplica-se a todos os contratos de estágio e de prestação de serviços celebrados no âmbito do MPU e da ESMPU, cabendo à área de gestão de pessoas e à área responsável pela contratação dar conhecimento do seu teor, respectivamente, aos seus estagiários e colaboradores, de forma a assegurar o alinhamento da conduta desses agentes durante a prestação contratual.

Art. 15. Compete à Comissão Permanente de Ética dirimir as dúvidas suscitadas na aplicação deste Código no âmbito de cada ramo do MPU e da ESMPU.

6. QUESTÕES

6.1. Questões comentadas

(Cespe – Analista do MPU – Direito/2018) No que se refere à ética no serviço público, julgue os itens seguintes, à luz do disposto no Decreto n.° 1.171/1994 (Código de Ética Profissional do Serviço Público).

1. Não descumpre o dever de respeito à hierarquia o servidor que denunciar pressões de superiores hierárquicos que visem obter vantagens indevidas.
Certo ( ) Errado ( )

COMENTÁRIOS

Certo. É dever fundamental do servidor público respeitar a hierarquia. Porém, o respeito à hierarquia não inibi-lo de representar contra qualquer comprometimento indevido da estrutura em que se funda o Poder Estatal. Da mesma forma, é dever fundamental do servidor público resistir a todas as pressões de superiores hierárquicos em decorrência de ações imorais, ilegais ou aéticas, sendo seu dever, ainda, denunciá-las. É o que expressamente estabelecem as alíneas 'h' e 'i', do artigo XIV, do Anexo, do Decreto 1.171/1994.

2. Uma das regras deontológicas que regem a conduta dos servidores públicos federais é o espírito de solidariedade, conforme o qual se espera que o servidor seja complacente em caso de erro ou infração, pois a superação de falhas representa uma oportunidade para o engrandecimento profissional dos servidores públicos.
Certo ( ) Errado ( )

COMENTÁRIOS

Errado. De acordo com a alínea 'c', do artigo XV, do Anexo, do Decreto nº 1.171/1994, é vedado ao servidor público ser, em função de seu espírito de solidariedade, conivente com erro ou infração às normas éticas. É oportuno recordar que, nos termos do Decreto em referência, os repetidos erros, o descaso e o acúmulo de desvios tornam-se, às vezes, difíceis de corrigir e caracterizam até mesmo imprudência no desempenho da função pública.

3. **(Cespe – Técnico do MPU – Administração/2018)** No que se refere a ética no serviço público, julgue o próximo item, com base no Decreto n.° 1.171/1994 – Código de Ética Profissional do Serviço Público.
Constitui dever fundamental do servidor público abster-se de exercer sua função com finalidade estranha ao interesse público, mesmo que observadas as formalidades legais.
Certo ( ) Errado ( )

COMENTÁRIOS

Certo. Conforme alínea 'u', do artigo XV do Anexo do Decreto nº 1.171/1994, é dever fundamental do servidor público abster-se, de forma absoluta, de exercer sua função, poder ou autoridade com finalidade estranha ao interesse público, mesmo que observando as formalidades legais e não cometendo qualquer violação expressa à lei.

(Cespe – Técnico – MPU/2013) Julgue os itens a seguir, de acordo com o disposto no Código de Ética Profissional do Servidor Público.

4. A aplicação de pena de censura ao servidor público, de competência da comissão de ética do órgão ao qual o servidor pertença, depende de parecer devidamente fundamentado, assinado por todos os integrantes da comissão.

COMENTÁRIOS

Certo. A única pena passível de aplicação pela Comissão de Ética é a de censura e para que seja aplicada, nos termos do inciso XXII do Código de Ética Profissional do Servidor Público Civil do Poder Executivo Federal, deve haver parecer assinado por todos os integrantes da comissão, contendo a fundamentação, e deve ser dada ciência ao faltoso.

5. Considere que determinado servidor público, buscando exercer suas atribuições com maior acurácia e rapidez, tenha retirado de dentro de sua repartição, sem autorização legal, livro pertencente ao patrimônio público. Nesse caso, o servidor agiu de forma ética, pois não mediu esforços para cumprir o seu dever fundamental de exercer suas atribuições com rapidez, perfeição e rendimento.

COMENTÁRIOS

Errado. Nos termos do inciso XV do Código de Ética, é vedado ao servidor público "retirar da repartição pública, sem estar legalmente autorizado, qualquer documento, livro ou bem pertencente ao patrimônio público.

(Cespe – Técnico do MPU – Administração/2018)

PARECER AUDIN - MPU n.° XXX

Referência: Procedimento de Gestão Administrativa - XXXX

Assunto: Administrativo. Dano em veículo. Regime Disciplinar

O chefe da Seção de Transporte comunica que o veículo caminhonete X, placa YYY, foi abastecido com combustível distinto de sua configuração de fábrica (diesel), quando utilizado em diligência por servidores técnicos do MPU. Relata que o abastecimento equivocado gerou danos ao veículo, cujo conserto, no valor total de cinco mil reais, foi pago com verbas do erário. Acrescenta também que, dada a indisponibilidade de diesel no momento do abastecimento, o servidor condutor do veículo autorizou o frentista do posto de combustível a pôr gasolina no tanque da referida caminhonete. Por fim, menciona que o servidor condutor do veículo não se dispôs a ressarcir voluntariamente aos cofres públicos os valores gastos a título de despesas extraordinárias com o reparo do veículo.

Acerca dos fatos relatados no trecho do parecer hipotético apresentado, julgue os itens a seguir, com base na Lei n.º 8.112/1990.

6. A conduta do servidor que conduzia o veículo configura inobservância do dever funcional de zelar pela economia do material e pela conservação do patrimônio público.
Certo ( ) Errado ( )

COMENTÁRIOS

Certo. Constitui infração aos deveres funcionais dos servidores públicos, punível com inclusive com demissão, a lesão aos cofres públicos e dilapidação do patrimônio nacional, penalidade aplicável sem prejuízo do dever de indenizar os danos causados ao erário público.

7. A referida lei prevê pena de suspensão para o servidor que conduzia o veículo, em razão da natureza e gravidade da sua falta bem como dos danos desta provenientes.
Certo ( ) Errado ( )

COMENTÁRIOS

Errado. A lesão aos cofres públicos e a dilapidação do patrimônio nacional é penalizada com pena de demissão, sem prejuízo do dever de indenizar os danos causados ao erário público (art. 132, X da Lei nº 8.112/90).

(Cespe – Técnico do MPU – Administração/2018) Julgue os itens seguintes, a respeito da Portaria PGR/MPU n.º 98/2017 — Código de Ética e de Conduta do Ministério Público da União (MPU) e da Escola Superior do Ministério Público da União (ESMPU).

8. O referido código de ética aplica-se exclusivamente aos servidores do MPU e da ESMPU; aos demais colaboradores desses órgãos são aplicados outros normativos de conduta ética.
Certo ( ) Errado ( )

COMENTÁRIOS

Errado. De acordo com seu artigo 1º, o Código de Ética dos servidores do MPU e da ESMPU, aplica-se não só aos seus servidores, bem como aos colaboradores que neles prestarem serviço, por força de lei, contrato ou de qualquer ato jurídico, de forma temporária ou permanente, ainda que sem retribuição financeira, sem prejuízo da observância dos demais deveres e vedações legais e regulamentares.

9. Os princípios que regem esse código de ética coincidem com os princípios constitucionais que governam a atuação da administração pública: legalidade, impessoalidade, moralidade, publicidade e eficiência.

Certo ( ) Errado ( )

COMENTÁRIOS

Errado. O Código de Ética dos servidores do MPU e da ESMPU é regido pelos princípios da legalidade, impessoalidade, moralidade, lisura, transparência e urbanidade, de modo que não coincidem, no todo, com os princípios constitucionais que governam a atuação da administração pública.

(Cespe – Analista do MPU – Direito/2018) Julgue os próximos itens, com base na Lei n.° 8.112/1990 e na Portaria PGR/MPU n.° 98/2017 — Código de Ética e de Conduta do Ministério Público da União (MPU) e da Escola Superior do Ministério Público da União (ESMPU).

10. É cabível penalidade de suspensão ao servidor que reincidir em faltas punidas com advertência.
Certo ( ) Errado ( )

COMENTÁRIOS

Certo. De acordo com o artigo 130 da Lei 8.112/1990, a penalidade de suspensão será aplicada em caso de reincidência das faltas punidas com advertência.

11. Além de ser uma violação ética, a inassiduidade habitual é uma conduta passível de suspensão por até noventa dias, conforme a Lei n.° 8.112/1990.
Certo ( ) Errado ( )

COMENTÁRIOS

Errado. De acordo com o artigo 132, inciso III, da Lei nº 8.112/1990, será aplicada a penalidade de demissão à inassiduidade habitual, entendendo-se por inassiduidade habitual, na forma do artigo 139 da lei em referência, a falta ao serviço, sem causa justificada, por sessenta dias, interpoladamente, durante o período de doze meses.

12. O Código de Ética e de Conduta do MPU e da ESMPU proíbe que os servidores desses órgãos adotem postura hostil e ofensiva no ambiente de trabalho e pratiquem qualquer tipo de assédio contra os demais profissionais.
Certo ( ) Errado ( )

COMENTÁRIOS

Certo. De acordo com o artigo 4º, inciso VII, do Código de Ética e de Conduta do MPU e da ESMPU, constitui compromisso de conduta de seus servidores valorizar e promover ambiente de trabalho harmonioso, primando por atitudes positivas de respeito pelas pessoas, a fim de evitar práticas que possam configurar qualquer tipo de assédio ou discriminação. Assim, é vedada postura hostil e ofensiva do servidor do MPU e da ESMPU no ambiente de trabalho. Ademais, cabe ressaltar que, ao presenciar qualquer tipo de assédio ou discriminação, é dever do servidor do MPU e da ESMPU comunicar a ocorrência às autoridades competentes.

13. **(Cespe - TRF 1 - Técnico Judiciário - 2017)** Atualmente, os servidores que tomam posse em cargos da justiça federal de primeiro e de segundo graus devem firmar termo de compromisso declarando ciência e adesão ao Código de Conduta da Justiça Federal.

COMENTÁRIOS

Errado. Esse item foi anulado pela banca, em razão de ter se baseado na redação anterior do art. 2º da Resolução nº 147/2011. De acordo com esse dispositivo, na redação dada pela Resolução nº 308/2014, o "Código de Conduta aplica-se a todos os servidores e gestores do Conselho e da Justiça Federal de primeiro e segundo graus", não havendo exigência do termo de compromisso de ciência e adesão ao Código, o que constava da redação anterior do art. 2º.

14. **(Cespe – TRE MT – Analista Judiciário – 2015)** Constitui regra deontológica do Código de Ética Profissional do Servidor Público Civil do Poder Executivo Federal

a) o dever do servidor de prestar toda a sua atenção às ordens legais de seus superiores, velando atentamente por seu cumprimento, e, assim, evitando a conduta negligente.
b) a vedação ao servidor público de usar do cargo ou função, facilidades, amizades, tempo, posição e influências para obter qualquer favorecimento para si ou para outrem.
c) a vedação ao servidor público de prejudicar deliberadamente a reputação de outros servidores ou de cidadãos que deles dependam.
d) o dever do servidor de tratar cuidadosamente os usuários dos serviços aperfeiçoando o processo de comunicação e contato com o público.
e) o dever do servidor de jamais retardar qualquer prestação de contas, condição essencial da gestão dos bens, direitos e serviços da coletividade a seu cargo.

COMENTÁRIOS

Alternativa correta: letra "a". O servidor deve se dedicar ao seu trabalho e deve cumprir as ordens de seus superiores, salvo quando manifestamente ilegais. Nesse sentido, prevê o inciso XI do anexo ao Decreto 1.171/94 que o "servidor deve prestar toda a sua atenção às ordens legais de seus superiores, velando atentamente por seu cumprimento, e, assim, evitando a conduta negligente. Os repetidos erros, o descaso e o acúmulo de desvios tornam-se, às vezes, difíceis de corrigir e caracterizam até mesmo imprudência no desempenho da função pública".

15. **(Cespe – MPU – Analista do MPU – 2015)** Não atentará contra os deveres fundamentais do servidor público, previstos no Decreto n.º 1.171/1994, o servidor público federal que, mesmo exercendo a sua função com finalidade estranha ao interesse público, atue em conformidade com as formalidades legais e não viole expressamente disposições de lei.

COMENTÁRIOS

Errado. Na atuação administrativa é dever inafastável do agente administrativo a permanente busca pela satisfação do interesse público, por força do princípio da impessoalidade, expressamente consagrado no art. 37, *caput*, da Constituição Federal. Nesse sentido, o Decreto nº 1.171/94 reforça esse comando normativo ao prever, no inciso XIV, alínea "u", que é **dever** do servidor público "abster-se, de forma absoluta, de exercer sua função, poder ou autoridade com finalidade estranha ao interesse público, mesmo que observando as formalidades legais e não cometendo qualquer violação expressa à lei".

16. **(Cespe – CNJ – Analista Judiciário – 2013)** No intuito de solucionar o problema de um cidadão, o servidor público pode criar mecanismos para evitar a morosidade da burocracia organizacional, inclusive desconsiderando, caso seja necessário, as regras hierárquicas que possam impedir a fluidez do trabalho.
Certo ( ) Errado ( )

COMENTÁRIOS

Errado. De fato, por força do princípio da eficiência, o servidor deve exercer suas atividades da forma a buscar os melhores resultados possíveis e, sem dúvida, para isso não pode haver morosidade. Nesse sentido, conforme as alíneas "a" e "b" do inciso XIV do Código de Ética, são deveres, respectivamente, "desempenhar, a tempo, as atribuições do cargo, função ou emprego público de que seja titular" e "exercer suas atribuições com rapidez, perfeição e rendimento, pondo fim ou procurando prioritariamente resolver situações procrastinatórias, principalmente diante de filas ou de qualquer outra espécie de atraso na prestação dos serviços pelo setor em que exerça suas atribuições, com o fim de evitar dano moral ao usuário". Entretanto, por outro lado, o servidor tem o dever de obediência hierárquica, o que só pode ser afastado se houver ordem manifestamente ilegal e não, simplesmente, para agilizar as suas atividades. Nesse sentido, são deveres do servidor "ter respeito à hierarquia, porém sem nenhum temor de representar contra qualquer comprometimento indevido da estrutura em que se funda o Poder Estatal" (alínea "h") e "cumprir, de acordo com as normas do serviço e as instruções superiores, as tarefas de seu cargo ou função, tanto quanto possível, com critério, segurança e rapidez, mantendo tudo sempre em boa ordem" (alínea "r").

(Cespe – CNJ – Técnico Judiciário – Área Administrativa – 2013) Acerca de ética no serviço público, julgue os itens a seguir.

17. Um servidor público que tenha seu nome vinculado a qualquer atividade empresarial suspeita pode incorrer em falta ética.

Certo ( ) Errado ( )

COMENTÁRIOS

Certo. O comprometimento ético do servidor deve existir também fora do serviço público e, dependendo da situação, pode haver falta ética mesmo não sendo no exercício da sua função. É o caso enunciado na questão, pois é vedado ao servidor, consoante alínea "p" do inciso XV, "exercer atividade profissional aética ou ligar o seu nome a empreendimentos de cunho duvidoso".

18. Estimular a observância do Código de Ética do Serviço Público é um dever de todo e qualquer servidor público.

Certo ( ) Errado ( )

COMENTÁRIOS

Certo. De forma a conferir robustez e incentivar o comportamento ético o Código de Ética arrola como dever do servidor "exercer atividade profissional aética ou ligar o seu nome a empreendimentos de cunho duvidoso" (inciso XIV, alínea "p").

19. Para apuração de qualquer falta ética no setor público, deve-se considerar como servidor público o indivíduo que presta serviço na condição de servidor efetivo e concursado.

Certo ( ) Errado ( )

COMENTÁRIOS

Errado. O conceito de servidor público para fins de apuração do comprometimento ético não se refere, apenas, ao servidor estatutário e ocupante de cargo efetivo. Ao contrário, adota-se acepção mais ampla e, assim, considera-se servidor, para os fins do Código de Ética, "todo aquele que, por força de lei, contrato ou de qualquer ato jurídico, preste serviços de natureza permanente, temporária ou excepcional, ainda que sem retribuição financeira, desde que ligado direta ou indiretamente a qualquer órgão do poder estatal, como as autarquias, as fundações públicas, as entidades paraestatais, as empresas públicas e as sociedades de economia mista, ou em qualquer setor onde prevaleça o interesse do Estado" (inciso XXIV).

20. (Cespe – MPU – Técnico Administrativo – 2013) Considere a seguinte situação hipotética.

O chefe de determinada repartição pediu a um subordinado, que estava de saída para comprar um lanche em estabelecimento localizado no próprio órgão, que fosse até o supermercado mais próximo comprar fraldas. Para agradar o chefe, o subordinado prontamente atendeu a solicitação.

Nessa situação, o chefe não cometeu falta ética, pois o subordinado já estava de saída para satisfazer um interesse pessoal.
Certo ( ) Errado ( )

COMENTÁRIOS

Errado. Não pode ser considera adequada a conduta do chefe porque, primeiro, o subordinado não iria sair do órgão, já que a lanchonete localiza-se no próprio prédio e, segundo, porque o subordinado sente-se constrangido a atender a solicitação de seu chefe, ficando com receio de sua recusa não ser bem interpretada pelo superior. No caso do chefe, houve inobservância do estabelecido nas alíneas "a" e "j" do inciso XV, pois, respectivamente, são vedados ao servidor o "uso do cargo ou função, facilidades, amizades, tempo, posição e influências, para obter qualquer favorecimento, para si ou para outrem" e "desviar servidor público para atendimento a interesse particular".

(Cespe – TRE RJ – Técnico Judiciário – Programação de Sistemas – 2012) Com relação à ética no serviço público, julgue os itens a seguir.

21. O servidor público deve usar de artifícios para procrastinar o exercício regular de direito de qualquer pessoa.
Certo ( ) Errado ( )

COMENTÁRIOS

Errado. De forma totalmente oposta ao que consta na assertiva, é vedado ao servidor, conforme alínea "d" do inciso XV, "usar de artifícios para procrastinar ou dificultar o exercício regular de direito por qualquer pessoa, causando-lhe dano moral ou material".

22. O comitê de ética deve fornecer os registros feitos sobre a conduta dos servidores aos organismos encarregados da execução do quadro de carreira destes.
Certo ( ) Errado ( )

COMENTÁRIOS

Certo. É incumbência da Comissão de Ética "fornecer, aos organismos encarregados da execução do quadro de carreira dos servidores, os registros sobre sua conduta ética, para o efeito de instruir e fundamentar promoções e para todos os demais procedimentos próprios da carreira do servidor público" (inciso XVIII).

(Cespe – TRE RJ – Analista Judiciário – 2012) Com base no Código de Ética Profissional do Servidor Público Civil do Poder Executivo Federal, julgue os itens a seguir.

23. No âmbito da administração pública, a moralidade no comportamento do servidor limita-se ao discernimento do certo e do errado, do bem e do mal.

Certo ( ) Errado ( )

COMENTÁRIOS

Errado. De acordo com o inciso III do Decreto 1.171/94, a "moralidade da Administração Pública não se limita à distinção entre o bem e o mal, devendo ser acrescida da ideia de que o fim é sempre o bem comum. O equilíbrio entre a legalidade e a finalidade, na conduta do servidor público, é que poderá consolidar a moralidade do ato administrativo". Ou seja: não basta o discernimento entre o certo e o errado, entre o bem e o mal; deve-se adicionar a **finalidade** do ato administrativo que é sempre o **bem comum.**

24. Os deveres atribuídos aos servidores públicos incluem o de participar de estudos relativos à melhoria do exercício de suas atividades profissionais.

Certo ( ) Errado ( )

COMENTÁRIOS

Certo. O servidor deve sempre buscar o aprimoramento para o melhor exercício de suas atribuições, como forma de dar efetividade ao princípio da eficiência. De maneira específica, o Código de Ética, no inciso XIV, alínea "o", consta como dever do servidor público "participar dos movimentos e estudos que se relacionem com a melhoria do exercício de suas funções, tendo por escopo a realização do bem comum".

25. É vedado ao servidor público facilitar a fiscalização de todos os seus atos.

Certo ( ) Errado ( )

COMENTÁRIOS

Errado. A atividade administrativa não pode ser sigilosa, por força do princípio da publicidade, o que possibilita, especialmente, aos órgãos de controle a aferição de obediência ao regime jurídico administrativo. Nesse sentido, contrariamente à afirmação existente na questão, o Código de Ética expressamente estabelece como dever do servidor "facilitar a fiscalização de todos atos ou serviços por quem de direito" (inciso XIV, alínea "s").

26. Há previsão legal para a criação de comitês de ética em todos os órgãos e entidades integrantes da administração pública.

Certo ( ) Errado ( )

COMENTÁRIOS

Certo. Essa é a previsão constante do inciso XVI do Código de Ética: "Em todos os órgãos e entidades da Administração Pública Federal direta, indireta autárquica e fundacional, ou em qualquer órgão ou entidade que exerça atribuições delegadas pelo poder público, deverá ser criada uma Comissão de Ética, encarregada de orientar e aconselhar sobre a ética profissional do servidor, no tratamento com as pessoas e com o patrimônio público, competindo-lhe conhecer concretamente de imputação ou de procedimento susceptível de censura".

27. **(FCC – TRE TO – Analista Judiciário – Área Administrativa – 2012)** Em face do Código de Ética do Servidor Público Federal, considere as seguintes afirmações:

I. A função pública deve ser tida como exercício profissional e, portanto, se integra na vida de cada servidor público. Entretanto, os fatos e atos verificados na conduta do dia a dia em sua vida privada não poderão acrescer ou diminuir o seu bom conceito na vida funcional.
II. A ausência injustificada do servidor de seu local de trabalho, não é fator de desmoralização do serviço público.
III. Ter respeito à hierarquia, porém sem nenhum temor de representar contra qualquer comprometimento indevido da estrutura em que se funda o Poder Estatal, é dever fundamental do servidor público.
IV. O servidor público não poderá jamais desprezar o elemento ético de sua conduta. Assim, não terá que decidir somente entre o legal e o ilegal, o justo e o injusto, o conveniente e o inconveniente, o oportuno e o inoportuno, mas principalmente entre o honesto e o desonesto.
V. Salvo os casos de segurança nacional, investigações policiais ou interesse superior do Estado e da Administração Pública, a serem preservados em processo previamente declarado sigiloso, nos termos da lei, a publicidade de qualquer ato administrativo constitui requisito de eficácia e moralidade, ensejando sua omissão comprometimento ético contra o bem comum, imputável a quem a negar.

Está correto o que se afirma APENAS em

a) I, II e IV.
b) I e III.
c) II, III e V.
d) II e IV.
e) III, IV e V

COMENTÁRIOS

Alternativa correta: letra "e". As assertivas IV e V da questão ora comentada são corretas, pois reproduzem, integralmente, a dicção, respectivamente, dos incisos II e VII do Anexo do Decreto 1.171/94, no que concerne à Seção I, que disciplina as Regras Deontológicas. Embora não diga respeito às regras deontológicas, a assertiva III também é correta vez que repete, também em sua integralidade, o texto da letra 'h', do inciso

XIV, do Anexo do Decreto 1.171/94, concernente à Seção II que trata dos Principais Deveres do Servidor Público. Já, as afirmações I e II estão incorretas. Ora, é correto que a função pública deve ser tida como exercício profissional e, assim, se integra na vida de cada servidor público. Contudo, os fatos e atos verificados na conduta do dia a dia em sua vida privada, **podem** acrescer ou diminuir o seu bom conceito na vida funcional, tal como expressamente consignado no inciso VI, do Anexo do Decreto 1.171/94. Por sua vez, de considerar que a ausência injustificada do servidor de seu local de trabalho, constitui, **sim,** fator de desmoralização do serviço público, a teor do inciso XII do Código de Ética.

28. **(FCC – TRE TO – Analista Judiciário – Área Judiciária – 2012)** De acordo com o Código de Ética do Servidor Público Federal, a pena aplicável ao servidor público pela Comissão de Ética é a de:

a) suspensão.
b) multa.
c) demissão.
d) afastamento.
e) censura

COMENTÁRIOS

Alternativa correta: letra "e". A única pena passível de aplicação pela Comissão de Ética é a de censura, conforme inciso XXII do Código de Ética, que exige parecer fundamentado, assinado por todos os seus integrantes, com ciência do servidor que cometeu a falta ética.

29. **(TRF 5 – 2012 – Técnico Judiciário – FCC)** Júlia, servidora pública do Tribunal Regional Federal da 5ª Região, em horário de trabalho, utilizou-se de seu computador para acessar determinado sítio eletrônico e participar de discussão virtual acerca de tema não relacionado aos interesses do Conselho e da Justiça Federal de primeiro e segundo graus. A conduta de Júlia

a) é válida, pois embora não prevista no Código de Conduta do Conselho e da Justiça Federal de primeiro e segundo graus, a participação em discussões virtuais traz benefícios à formação intelectual.
b) não constitui prática vedada pelo Código de Conduta do Conselho e da Justiça Federal de primeiro e segundo graus, embora seja atitude antiética.
c) é vedada pelo Código de Conduta do Conselho e da Justiça Federal de primeiro e segundo graus.
d) é válida desde que a discussão virtual não seja concernente a tema ilícito ou imoral.
e) é expressamente permitida pelo Código de Conduta do Conselho e da Justiça Federal de primeiro e segundo graus.

COMENTÁRIOS

Alternativa correta: letra "c". Conforme previsto no art. 11, parágrafo único, da Resolução CJF nº 147/2011, é "vedada, ainda, a utilização de sistemas e ferramentas de comunicação para a prática de atos ilegais ou impróprios, para a obtenção de vantagem pessoal, para acesso ou divulgação de conteúdo ofensivo ou imoral, para intervenção em sistemas de terceiros e para participação em discussões virtuais acerca de assuntos não relacionados aos interesses do Conselho e da Justiça Federal de primeiro e segundos graus".

30. **(Cespe – STM – Técnico Judiciário – Área Administrativa – 2011)** É legalmente permitido que um servidor público atrase o seu trabalho quando estiver participando de movimentos e estudos que se relacionem com a melhoria do exercício de suas funções, com o objetivo de realizar o bem comum.
Certo ( ) Errado ( )

COMENTÁRIOS

Errado. É dever do servidor "participar dos movimentos e estudos que se relacionem com a melhoria do exercício de suas funções, tendo por escopo a realização do bem comum" (inciso XIV, alínea "o"). Entretanto, isso não pode servir de justificativa para o servidor atrasar seu trabalho. Aliás, é vedado ao servidor "usar de artifícios para procrastinar ou dificultar o exercício regular de direito por qualquer pessoa, causando-lhe dano moral ou material" (inciso XV, alínea XV).

31. **(Cespe – MPU – Técnico de apoio especializado – segurança – 2010)** Algumas condutas antiéticas extrapolam os limites das relações entre indivíduos e se tornam objeto de relação política, o que fomenta a elaboração de códigos de ética de grupos profissionais, como os dos servidores públicos.
Certo ( ) Errado ( )

COMENTÁRIOS

Certo. As condutas dos servidores públicos, materializadas nos atos e procedimentos administrativos, não podem expressar a vontade individual do agente que os exterioriza, mas, sim, a vontade geral, o bem comum e o interesse público, que está acima de quaisquer outros tipos de interesse, razão porque suas condutas, inclusive antiéticas, extrapolam os limites de suas relações interindividuais ganhando contornos políticos. Sob tal prisma, pertinente e recomendável a elaboração de Códigos de Ética que visam adequar a conduta dos agentes públicos dentro do que eticamente se espera da Administração Pública, com o fim de condicioná-los a absterem-se de práticas que não sejam moralmente aceitáveis.

32. **(Cespe – MPU – Técnico de apoio especializado – segurança – 2010)** Em determinado órgão público, uma servidora concursada foi nomeada para cargo de confiança, com considerável ganho pecuniário. Depois de algum tempo, seu

chefe imediato passou a ameaçá-la com a retirada do cargo caso ela não se encontrasse com ele fora do local de trabalho. Por não ceder às investidas do superior, a servidora passou a sofrer perseguição no trabalho e, por fim, optou por deixar o cargo.

Considerando essa situação hipotética, julgue o item a seguir, relativo à ética no serviço público.

A servidora, ao se demitir do cargo, agiu de acordo com os princípios éticos, que pressupõem obediência a regras morais ou normas de comportamento.

Certo ( ) Errado ( )

COMENTÁRIOS

Errado. O desligamento do cargo não era o comportamento que se esperava da servidora. Ciente das indevidas investidas de seu superior, para agir em conformidade com as disposições do Código de Ética, ela deveria tê-lo denunciado, especialmente em face dos deveres estampados nas alíneas "h" (ter respeito à hierarquia, porém sem nenhum temor de representar contra qualquer comprometimento indevido da estrutura em que se funda o Poder Estatal) e "i" (resistir a todas as pressões de superiores hierárquicos, de contratantes, interessados e outros que visem obter quaisquer favores, benesses ou vantagens indevidas em decorrência de ações imorais, ilegais ou aéticas e denunciá-las) do inciso XIV do Decreto nº 1.171/94.

(Cespe – TST – Técnico Judiciário – Segurança Judiciária – 2008) Com relação à ética no serviço público, julgue os itens a seguir.

33. O servidor público deve abster-se de exercer sua função, poder ou autoridade com finalidade estranha ao interesse público, mesmo não cometendo qualquer violação expressa à lei.

Certo ( ) Errado ( )

COMENTÁRIOS

Certo. O propósito da existência da Administração Pública é a satisfação do interesse público e não se admite nenhuma atividade administrativa que seja praticada com finalidade distinta da pública. Nesse sentido, o Código de Ética estabelece como dever do servidor, no inciso XIV, alínea "u", "abster-se, de forma absoluta, de exercer sua função, poder ou autoridade com finalidade estranha ao interesse público, mesmo que observando as formalidades legais e não cometendo qualquer violação expressa à lei".

34. O servidor público pode retirar da repartição documento pertencente ao patrimônio público, sem prévia autorização da autoridade competente, se exercer cargo de confiança ou função à qual esse documento esteja relacionado.

Certo ( ) Errado ( )

COMENTÁRIOS

Errado. É inerente ao exercício das funções próprias de determinado cargo público que o servidor tenha a sua disposição bens e que tenha contato com diversos documentos, mas isso não significa que ele passa a deles dispor como bem entender. Assim, é vedado ao servidor "retirar da repartição pública, sem estar legalmente autorizado, qualquer documento, livro ou bem pertencente ao patrimônio público" (inciso XV, alínea "l").

(Cespe – STJ – Técnico Judiciário Área Administrativa – 2008) No serviço público, o funcionário deve-se guiar pela conduta ética, que abrange aspectos da atuação e da relação com os públicos externo e interno. Julgue os itens a seguir, acerca do comportamento ético do servidor público e suas implicações.

35. O funcionário que, no exercício de suas funções, deixa o usuário de seu serviço à espera enquanto atende ligação telefônica particular por 20 minutos causa danos morais a esse usuário.

Certo ( ) Errado ( )

COMENTÁRIOS

Certo. A afirmação é, de fato, correta, principalmente quando se tem em mira o disposto no inciso X do Decreto 1.171/94 que prescreve que "Deixar o servidor público qualquer pessoa à espera de solução que compete ao setor em que exerça suas funções, permitindo a formação de longas filas, ou qualquer outra espécie de atraso na prestação do serviço, não caracteriza apenas atitude contra a ética ou ato de desumanidade, mas principalmente grave dano moral aos usuários dos serviços públicos".

36. Caso o chefe de um órgão público determine a seu subordinado a execução de ato vetado pelo código de ética no serviço público, o servidor deverá obedecer prontamente à determinação, pois é seu dever respeitar a hierarquia em todas as situações.

Certo ( ) Errado ( )

COMENTÁRIOS

Errado. O servidor público não poderá, **jamais,** desprezar o elemento ético de sua conduta (inciso II do Decreto 1.171/94), muito embora deva prestar toda a sua atenção às ordens legais de seus superiores (inciso XI do Decreto). Ora, como já dito, a moralidade do ato administrativo (elemento que é de sua validade e eficácia) não se limita a decidir entre o legal e ilegal, o justo e injusto, o conveniente e o inconveniente, o oportuno e o inoportuno, mas, principalmente, entre o honesto e o desonesto (inciso II), e aqui não parece honesta a prática de ato que o Código de Ética expressamente dispõe ser contrária à ética no serviço público.

6.2 Questões de concursos

01. (Cespe – MPU – Analista do MPU – 2015) É vedado ao servidor público, conforme o Decreto n.º 1.171/1994, retirar da repartição pública qualquer documento pertencente ao patrimônio público, salvo se estiver legalmente autorizado a fazê-lo.
Certo ( ) Errado ( )

02. (Cespe – MPU – Técnico do MPU – 2015) Nos órgãos públicos federais, entre os servidores sujeitos à apuração de desvio ético, previsto no Decreto n.º 1.171/1994, não estão incluídos colaboradores terceirizados, como brigadistas e vigilantes.
Certo ( ) Errado ( )

03. (Cespe – CNJ – Analista Judiciário – 2013) Com relação à ética no serviço público, julgue o item a seguir.
O servidor público que, ao constatar falta ética de seu colega de trabalho, deixe de representar contra a referida pessoa não deverá ser apenado, pois a delação no serviço público tem caráter discricionário.
Certo ( ) Errado ( )

(Cespe – MPU – Técnico Administrativo – 2013) No que se refere à ética no serviço público, julgue os itens que se seguem.

04. Ao colher, em seu local de trabalho, assinaturas em um abaixo-assinado para pleitear a substituição do coordenador de sua repartição, o servidor público não agirá de maneira antiética, já que o direito de livre expressão lhe é garantido por lei.
Certo ( ) Errado ( )

05. O servidor que, já tendo sido advertido por diversas vezes por condutas antiéticas no trabalho, incorra em insubordinação grave em serviço poderá ser suspenso ou demitido.
Certo ( ) Errado ( )

06. (Cespe – CNJ – Técnico Judiciário – Área Administrativa – 2013) Acerca de ética no serviço público, julgue os itens a seguir.
As condutas éticas dos servidores públicos são observadas e encaminhadas para os órgãos competentes pela comissão de ética para instruir e fundamentar promoções nas carreiras do Estado.
Certo ( ) Errado ( )

(Cespe – TRE RJ – Técnico Judiciário – Apoio Especializado – Operação de Computador – 2012) Considerando o Código de Ética Profissional do Servidor Público Civil do Poder Executivo Federal, julgue os itens que se seguem.

07. O servidor público pode subverter e(ou) desconsiderar a hierarquia entre cargos em situações em que sejam comprometidos o seu bem-estar e o efetivo exercício de suas atividades.
Certo ( ) Errado ( )

08. Uma das penas que podem ser aplicadas ao servidor público pela comissão de ética é a pena de censura.
Certo ( ) Errado ( )

(Cespe – TRE RJ – Técnico Judicário – Programação de Sistemas – 2012) Com relação à ética no serviço público, julgue os itens a seguir.

09. É vedado ao servidor público abster-se de exercer sua função, mesmo que a finalidade da atividade seja estranha ao interesse público.
Certo ( ) Errado ( )

10. No exercício pleno de suas atividades, o servidor tem autonomia para decidir e agir, em especial, quando se tratar de situações contrárias ao interesse público.
Certo ( ) Errado ( )

(Cespe – STM – Técnico Judiciário – Área Administrativa – 2011) Julgue os itens a seguir, relativos à ética no serviço público.

11. O servidor que trabalha em harmonia com a estrutura organizacional, respeitando seus colegas e cada concidadão, colabora para o bem-estar de todos e de todos recebe colaboração.
( ) Certo ( ) Errado

12. O servidor público deve apresentar comportamentos e atitudes direcionados para a preservação da honra e da tradição dos serviços públicos, tanto no exercício de seu cargo ou função quanto fora dele.
( ) Certo ( ) Errado

13. O trabalho desenvolvido pelo servidor público perante a comunidade deve ser entendido como acréscimo ao bem-estar do próximo e ao seu próprio bem-estar.
( ) Certo ( ) Errado

14. A função pública caracteriza-se como um exercício profissional que deve ser incorporado à vida particular do servidor público.
( ) Certo ( ) Errado

15. Quando um servidor falta ao trabalho, em qualquer circunstância, contribui para a desmoralização do serviço público e para a desordem nas relações humanas.
( ) Certo ( ) Errado

16. Para desempenhar suas atribuições com rapidez, perfeição e rendimento, o servidor público deve, de imediato, comunicar a seus superiores todo e qualquer ato ou fato de interesse público.
Certo ( ) Errado ( )

17. Um servidor público que atrase prestação de serviço por não possuir informações e capacitação adequadas para isso poderá ser responsabilizado por atitude antiética ou por causar danos morais aos usuários dos serviços públicos.
Certo ( ) Errado ( )

(Cespe – STJ – Técnico Judiciário Área Administrativa – 2008) No serviço público, o funcionário deve-se guiar pela conduta ética, que abrange aspectos da atuação e da relação com os públicos externo e interno. Julgue os itens a seguir, acerca do comportamento ético do servidor público e suas implicações.

18. O funcionário, ao atender o usuário de seu serviço, deve ser cortês e interessado, mesmo que este usuário apresente comportamento irritado e indelicado ou seja de classe socioeconômica inferior à sua ou, ainda, ostente símbolos religiosos diferentes de sua religião.
Certo ( ) Errado ( )

19. O funcionário que, no exercício de suas funções, deixa o usuário de seu serviço à espera enquanto atende ligação telefônica particular por 20 minutos causa danos morais a esse usuário.
Certo ( ) Errado ( )

20. Caso o chefe de um órgão público determine a seu subordinado a execução de ato vetado pelo código de ética no serviço público, o servidor deverá obedecer prontamente à determinação, pois é seu dever respeitar a hierarquia em todas as situações.
Certo ( ) Errado ( )

21. Caso ocorra uma tentativa de suborno por parte do usuário, compete ao funcionário recusar a proposta e registrar a ocorrência, omitindo a identificação do usuário porque, mesmo nessas condições, o funcionário tem o compromisso ético de preservar a idoneidade moral do usuário.
Certo ( ) Errado ( )

22. Em situações únicas, se o servidor necessitar de mão-de-obra, equipamento ou material do órgão público para atender necessidades de superiores ou imprevistos pessoais, estará impedido pelo Código de Ética, mas poderá pedir auxílio a colega prestador de serviço temporário e não- remunerado, pois, nessa categoria, o trabalhador não é considerado servidor público e não está submetido às mesmas restrições éticas.
Certo ( ) Errado ( )

(Cespe – TST – Técnico Judiciário – Segurança Judiciária – 2008) Com relação à ética no serviço público, julgue os itens a seguir.

23. O respeito à hierarquia e à disciplina não impede que o servidor público represente contra ato que caracterize omissão ou abuso de poder, ainda que esse ato tenha emanado de superior hierárquico.
Certo ( ) Errado ( )

24. É dever do servidor público guardar sigilo sobre assuntos da repartição que envolvam questões relativas à segurança da sociedade.
Certo ( ) Errado ( )

25. Todos os servidores públicos, independentemente da função assumida e do órgão ao qual estão vinculados, devem cumprir a lei incondicionalmente.

Certo ( ) Errado ( )

(Cespe – TST – Técnico Judiciário – Segurança Judiciária – 2008) O servidor público deve ter consciência de que seu trabalho é regido por princípios éticos que se materializam na adequada prestação dos serviços públicos. Em cada item a seguir é apresentada uma situação hipotética, seguida de uma assertiva que deve ser julgada considerando os princípios éticos do serviço público.

26. Cláudio é servidor público e, para aumentar a sua renda, comercializa, em seu ambiente de trabalho, mas fora do horário normal de expediente, cópias de CDs e DVDs. Nessa situação, a conduta de Cláudio não pode ser considerada imprópria ao serviço público, pois envolve uma atividade que não guarda relação direta com as atribuições de seu cargo.

Certo ( ) Errado ( )

27. Marcos é servidor público e, todos os dias, sai para bares com amigos e ingere grande quantidade de bebida alcoólica. Por conta disso, Marcos é conhecido por embriagar-se habitualmente, e, ainda que isso não interfira na sua assiduidade ao serviço, tem afetado reiteradamente a sua pontualidade, situação que Marcos busca compensar trabalhando além do horário de expediente. Nesse caso, o comportamento de Marcos não pode ser considerado incompatível com o serviço público.

Certo ( ) Errado ( )

28. Há algum tempo, Bruno, servidor público responsável pelo controle do material de expediente do setor em que trabalha, observa que Joana, servidora pública lotada nesse mesmo setor, utiliza recursos materiais da repartição em atividades particulares. Em razão de seu espírito de solidariedade e da amizade que nutre por Joana, Bruno se abstém de levar ao conhecimento do chefe do setor os atos praticados por sua colega de trabalho. Nessa situação, Bruno age de forma correta, pois compete ao chefe detectar, por si mesmo, quaisquer irregularidades no setor, caracterizando ofensa à ética o servidor público denunciar colega de trabalho.

Certo ( ) Errado ( )

29. Ricardo, servidor público, enquanto participava da preparação de um edital de licitação para contratação de fornecimento de refeições para o órgão em que trabalha, antecipou algumas das regras que iriam fazer parte do edital para Carlos, dono de uma empresa de fornecimento de marmitas, famosa pela boa qualidade e ótimos preços dos seus produtos, a fim de que esse pudesse adequar alguns procedimentos de sua empresa ao edital. A iniciativa de Ricardo deveu-se somente ao fato de ele conhecer bem os produtos da empresa de Carlos, não lhe trazendo qualquer vantagem pecuniária. Nessa situação, é correto afirmar que Ricardo agiu em prol do interesse coletivo e que a sua atitude não fere a ética no serviço público.

Certo ( ) Errado ( )

30. **(Cespe - TRF 1 - Analista Judiciário – 2017)** No Tribunal Regional Federal da 1.ª Região, compete aos gestores garantir que analistas e técnicos judiciários, estagiários e prestadores de serviço sigam os preceitos estabelecidos no referido Código de Conduta.

31. **(Cespe – TRE MT – Técnico Judiciário – 2015)** Constitui regra deontológica do Código de Ética Profissional do Servidor Público Civil do Poder Executivo Federal

a) a vedação, ao servidor público, de exercer atividade profissional aética ou ligar o seu nome a empreendimentos de cunho duvidoso.

b) o dever do servidor de ter consciência de que seu trabalho é regido por princípios éticos que se materializam na adequada prestação dos serviços públicos.

c) o dever do servidor de ser probo, reto, leal e justo, demonstrando toda a integridade do seu caráter, escolhendo sempre, quando estiver diante de duas opções, a melhor e a mais vantajosa para o bem comum.

d) o dever do servidor público de jamais desprezar o elemento ético de sua conduta. E a vedação, ao servidor público, de usar de artifícios para procrastinar ou dificultar o exercício regular de direito por qualquer pessoa, causando-lhe dano moral ou material.

32. **(TRF 5 – 2012 – Analista Judiciário – Área Judiciária – FCC)** Em fevereiro do ano corrente, Plínio, perito judicial, pretendendo atuar em uma determinada vara cível da Justiça Federal de Alagoas, na qual jamais havia sido nomeado, entrega, juntamente com seu portfólio e com o intuito de divulgar seu trabalho e possibilitar sua indicação pelo chefe do respectivo cartório aos juízes que atuam na vara, uma caixa de vinho francês e um aparelho de DVD portátil a Reinaldo, servidor público federal e chefe do cartório da mencionada vara cível. Cumpre salientar que Reinaldo aceita o presente, agradecendo a gentileza de Plínio. A conduta de Reinaldo

a) constitui prática vedada pelo Código de Conduta do Conselho e da Justiça Federal de primeiro e segundo graus.

b) é expressamente permitida pelo Código de Conduta do Conselho e da Justiça Federal de primeiro e segundo graus, para os cargos específicos de perito judicial.

c) não constitui prática vedada pelo Código de Conduta do Conselho e da Justiça Federal de primeiro e segundo graus, embora seja uma atitude antiética.

d) é válida, pois os presentes estão acompanhados do portfólio do perito, ou seja, a finalidade da gentileza é divulgar o trabalho do *expert*.

e) é válida, desde que Plínio não passe a atuar em perícias na mencionada vara.

▶ GABARITO

Questão	Resposta	Fundamentação
01	C	Decreto nº 1.171/94, Anexo, inciso XV, "l".
02	E	Decreto nº 1.171/94, Anexo, inciso XXIV.
03	E	Decreto nº 1.171/94, Anexo, inciso XIV, "m".
04	E	Decreto nº 1.171/94, Anexo, inciso XV, "f".
05	E	Decreto nº 1.171/94, Anexo, inciso XXII.
06	C	Decreto nº 1.171/94, Anexo, inciso XVIII.
07	E	Decreto nº 1.171/94, Anexo, inciso XIV, "h" e "r".
08	C	Decreto nº 1.171/94, Anexo, inciso XXII. A resposta deveria ser E (errado) porque a censura é a única pena que pode ser aplicada pela Comissão de Ética.
09	E	Decreto nº 1.171/94, Anexo, inciso XIV, "u".
10	E	Decreto nº 1.171/94, Anexo, inciso XIV, "t" e "u".
11	C	Decreto nº 1.171/94, Anexo, inciso XIII.
12	C	Decreto nº 1.171/94, Anexo, inciso I.
13	C	Decreto nº 1.171/94, Anexo, inciso V.
14	C	Decreto nº 1.171/94, Anexo, inciso VI.
15	E	Decreto nº 1.171/94, Anexo, inciso XII.
16	E	Decreto nº 1.171/94, Anexo, inciso XIV, "m".
17	C	Decreto nº 1.171/94, Anexo, inciso XIV, "a" e "b" e inciso XV, "d".
18	C	Decreto nº 1.171/94, Anexo, inciso XIV, "g".
19	C	Decreto nº 1.171/94, Anexo, inciso XIV, "b".
20	E	Decreto nº 1.171/94, Anexo, inciso XIV, "h".
21	E	Decreto nº 1.171/94, Anexo, inciso XIV, "i".
22	E	Decreto nº 1.171/94, Anexo, inciso XXIV.
23	C	Decreto nº 1.171/94, Anexo, inciso XIV, "h".
24	C	Decreto nº 1.171/94, Anexo, inciso VII.
25	C	Decreto nº 1.171/94, Anexo, inciso XIV, "u".
26	E	Decreto nº 1.171/94, Anexo, inciso XV, "a".
27	E	Decreto nº 1.171/94, Anexo, inciso XV, "n".
28	E	Decreto nº 1.171/94, Anexo, inciso XIV, "m" e inciso XV, "c".
29	E	Decreto nº 1.171/94, Anexo, inciso XIV, "m".
30	C	Art. 2º da Resolução nº 147/2011.
31	D	Decreto 1.171/94. Anexo, inciso II.
32	A	Resolução 147/2011, art. 9º, *caput*.

CAPÍTULO III

LEI Nº 8.112/90: REGIME DISCIPLINAR (DEVERES E PROIBIÇÕES, ACUMULAÇÃO, RESPONSABILIDADES, PENALIDADES)

1. INTRODUÇÃO

Antes da Constituição de 1988, admitia-se a coexistência de regimes diferentes na Administração Pública e, para pôr fim a essa situação, foi instituída a obrigatoriedade de regime jurídico único.

Nesse sentido, o **art. 39, *caput*, em sua redação original**:

> Art. 39. A União, os Estados, o Distrito Federal e os Municípios **instituirão**, no âmbito de sua competência, **regime jurídico único** e planos de carreira para os servidores da administração pública direta, das autarquias e das fundações públicas.

Pois bem, qual regime devia ser eleito como único?

O constituinte foi omisso a respeito, suscitando **divergência doutrinária**, uns entendendo que deveria ser o **regime estatutário (Hely Lopes Meirelles)**, outros sustentando que **o ente político poderia optar entre o regime estatutário e o celetista para ser aplicado na administração direta, nas autarquias e nas fundações** (Maria Sylvia Zanella **Di Pietro**, Celso Antônio **Bandeira de Mello** e José dos Santos **Carvalho Filho**) e, ainda, existindo a defesa de que **cada ente poderia escolher um regime para sua administração direta e outro para suas autarquias e fundações**[1].

Desse modo, muitos Estados escolheram o regime estatutário e, para tanto, elaboraram suas próprias leis, e grande parte dos Municípios optou pelo regime celetista[2].

---

1. Conforme síntese elaborada por José dos Santos Carvalho Filho (*Manual de direito administrativo*. 19. ed. Rio de Janeiro: Lumen Juris, 2008. p. 548).
2. MORGADO, Almir. *Manual de direito administrativo*. Niterói: Impetus, 2008. p. 117

Na **esfera federal**, na administração direta, autarquias e fundações públicas, havia estatutários, regidos pelo estatuto então vigente (Lei nº 1.711/52), bem como celetistas. Para cumprir a exigência do regime jurídico único, **houve a opção, na União, pelo regime estatutário e, assim, entrou em vigor, em 1990, a Lei nº 8.112/90**, estabelecendo esse regime como sendo o **regime jurídico único da administração direta federal, de suas autarquias e fundações públicas.** Inclusive, no art. 243, § 1º, do estatuto, **houve a transformação dos empregos públicos em cargos públicos, isto é, os celetistas tornaram-se estatutários.**

Todavia, a obrigatoriedade de só um regime não durou muito, pois a **Emenda Constitucional nº 19/98** alterou a redação daquele dispositivo:

> **Art. 39.** A União, os Estados, o Distrito Federal e os Municípios instituirão conselho de política de administração e remuneração de pessoal, integrado por servidores designados pelos respectivos Poderes (redação dada pela EC 19/98).

Com isso, **foi extinta a exigência do regime jurídico único.**

Com fundamento na nova redação do *caput* do art. 39, na esfera federal, a **Lei nº 9.962/00** trouxe de volta a possibilidade de existir **emprego público na administração direta federal** e em suas **autarquias e fundações públicas, juntamente com o regime estatutário.**

Entretanto, em 2007, o Supremo Tribunal Federal, na ADI 2135, concedeu medida liminar para **suspender a eficácia do art. 39, *caput*,** da Constituição, por vício formal na aprovação da Emenda nº 19/98, com efeitos *ex nunc*, "subsistindo a legislação editada nos termos da emenda declarada suspensa". Com isso, volta a valer a redação original daquele dispositivo constitucional.

A exigência do regime jurídico único está de volta. Com ele, ressuscita-se, na doutrina, a discussão sobre qual deve ser o regime jurídico único. Mas, não obstante a celeuma doutrinária, é possível notar na decisão da suprema corte uma inclinação para a escolha do regime estatutário, pois, após haver menção à falta de *quorum* qualificado para a aprovação da alteração pretendida no art. 39, *caput*, destaca-se que se manteve, **"assim, o então vigente *caput* do art. 39, que tratava do regime jurídico único, incompatível com a figura do emprego público".**

Deve ser ressaltado que, naquela decisão, manteve-se a legislação editada após a EC 19/98 e anterior ao julgamento da ADI. Assim, na esfera federal, a **Lei nº 9.962/00 continua em vigor** e as contratações realizadas com fundamento nela permanecem intactas. Todavia, após a decisão do STF, **não podem ocorrer novas contratações** valendo-se daquela lei.

Em síntese:

a) em **05/10/1988**, o art. 39, *caput*, da Constituição Federal **criou o regime jurídico único** para a administração direta, autarquias e fundações públicas e, com base nisso, na esfera federal, em 12/12/1990, foi editada a Lei nº 8.112/90 estabelecendo o regime estatutário como o único admitido na administração direta federal e em suas autarquias e fundações públicas;

b) em **04/06/1998**, a EC 19/98 **extinguiu o regime jurídico único** e, com isso, na área federal, em 23/02/2000, entrou em vigor a Lei nº 9.962/00, permitindo o emprego público na administração direta federal e em suas autarquias e fundações públicas;

c) em **02/08/2007**, o STF suspendeu a eficácia do art. 39, *caput*, com a redação dada pela EC 19/98, mantendo sua redação original e, desse modo, **voltou a existir o regime jurídico único** e, com ele, na esfera federal, não são permitidas novas contratações usando a Lei nº 9.962/00.

Outrossim, a questão do regime jurídico único restringe-se à administração direta, às autarquias e às fundações públicas, não se aplicando às **empresas públicas e às sociedades de economia mista**, pois para estas é **obrigatório o regime celetista** (art. 173, § 1º, II, CF).

Assim, para sedimentar o tema enfatiza-se que, na esfera federal, entre os anos de 2000 e 2007, foi possível a contratação de empregados públicos para as pessoas jurídicas de direito público. No entanto, após a decisão do STF, tal prática está vedada e, assim, atualmente, tem-se que se for pessoa jurídica de **direito privado integrante da administração indireta federal** (empresa pública, sociedade de economia mista e fundação pública com personalidade de direito privado), a contratação será sob o **regime celetista** (empregados públicos) e, por outro lado, se for pessoa jurídica de **direito público** (União, autarquia federal, fundação pública federal com personalidade de direito público), o regime jurídico deverá ser o **estatutário**, isto é, será o estabelecido pela **Lei nº 8.112/90, salvo se for contratação temporária,** quando será aplicada a Lei nº 8.745/93.

2. REGIME DISCIPLINAR[3]

Nesse tópico serão vistos os deveres, as proibições, a acumulação, as penalidades e as responsabilidades atinentes aos servidores públicos civis federais, nos moldes da disciplina estabelecida nos artigos 116 a 142 da Lei nº 8.112/90.

2.1. Deveres e proibições

O estudo dos deveres e proibições é relevante porque é indispensável conhecê-los para se saber qual a penalidade a ser aplicada ao servidor infrator[4]. Por isso, devem ser memorizados.

3. Dentro do programa de Ética no Serviço Público, tecnicamente, não é todo o conteúdo da Lei nº 8.112/90 que tem pertinência temática, mas, apenas, o regime disciplinar. Para a abordagem dos demais conteúdos do Estatuto dos Servidores Públicos Civis Federais, com foco nos concursos de Técnico e Analista dos tribunais e MPU, recomenda-se a obra BORTOLETO, Leandro. *Servidor público federal: Lei nº 8.112/90 e Lei nº 11.416/06 para os concursos de técnico e analista. 5 ed.* Salvador: Juspodivm, 2018.
4. Ver item 2.4.

2.1.1 Dos deveres

O art. 116 estabelece os **deveres do servidor.**

De forma geral, o servidor deve exercer todas as atribuições próprias do cargo que ocupa e deve fazê-lo da forma a obter o melhor resultado possível.

Deve **"ser assíduo e pontual ao serviço"** (inciso X) e deve exercer **"com zelo e dedicação as atribuições do cargo"** (inciso I). Não basta que o servidor compareça ao seu local de trabalho todos os dias e nos horários designados, pois sua atuação deve se dar em obediência ao regime jurídico administrativo.

Desse modo, não deve se afastar do interesse público e, por exemplo, deve **"zelar pela economia do material e a conservação do patrimônio público"** (inciso VII) e **"ser leal às instituições a que servir"** (inciso II). Não pode, a título de ilustração, ser descuidado e negligente com os equipamentos que usa ou, também, não pode querer desperdiçar material, já que não é seu.

Para que a atividade administrativa seja desempenhada de forma concatenada é indispensável a existência de organização interna, com o escalonamento das funções e órgãos. Para tanto, é necessária a existência de atos normativos regulando a Administração Pública de forma específica e, por consequência, o servidor deve a elas obedecer. Assim, é dever **"observar as normas legais e regulamentares"** (inciso III).

Em decorrência da organização mencionada, cria-se relação de subordinação entre os diversos órgãos. É a hierarquia. É manifestação do poder hierárquico. Com isso, o superior hierárquico tem a prerrogativa de dar ordens, avocar, coordenar, corrigir, entre outras atividades e, por outro lado, o subordinado tem o dever de cumprir as determinações que lhe são dadas. Nesse sentido, o art. 116, IV, estabelece que o servidor tem o dever de **"cumprir as ordens superiores, exceto quando manifestamente ilegais"**.

A ressalva constante no final do inciso IV é plenamente aceitável, pois o servidor não pode compactuar com práticas ilegais, mesmo que tenham sido ordenadas pelo seu superior, hipótese em que poderá recusar o seu cumprimento. Caso contrário, inclusive, responderá juntamente com o superior pelo ato praticado. Ao lado do dever de recusa à prática de ato ilegal, o servidor não pode permanecer calado quando tem ciência de alguma prática ofensiva ao ordenamento jurídico. Por isso, deve **"levar as irregularidades de que tiver ciência em razão do cargo ao conhecimento da autoridade superior ou, quando houver suspeita de envolvimento desta, ao conhecimento de outra autoridade competente para apuração"** (inciso VI) e, também, **"representar contra ilegalidade, omissão ou abuso de poder"** (inciso XII).

Servidor deve levar as irregularidades de que tiver ciência em razão do cargo ao conhecimento	**da autoridade superior**, ou
	de outra autoridade competente para apuração (no caso de suspeita de envolvimento do superior)

Ao mesmo tempo em que tem a obrigatoriedade de comunicar as irregularidades que tiver ciência em razão de seu cargo, não pode divulgar fatos relacionados com sua função. Tem o dever de **"guardar sigilo sobre assunto da repartição"** (inciso VIII). Caso descumpra esse dever, além de praticar infração administrativa pode praticar o crime de violação de sigilo funcional, previsto no art. 325 do Código Penal.

Normalmente, o servidor tem contato com o público no exercício de sua atividade e nesse relacionamento deve agir com civilidade e educação. Obviamente, isso, também, se faz necessário na interação com colegas de trabalho. Por isso, um de seus deveres, nos termos do inciso XI do art. 116, é o de **"tratar com urbanidade as pessoas"**.

Além da necessidade de ser polido no trato com as pessoas, sua atuação deve se dar com presteza, celeridade, bom rendimento, de forma a dar concretude ao princípio da eficiência e, nesse sentido, a Lei nº 8.112/90, no art. 116, V, determina que é dever do servidor **atender com presteza ao público** em geral (prestando as informações requeridas, exceto as protegidas por sigilo), bem como **à expedição de certidões** requeridas para defesa de direito ou esclarecimento de situações de interesse pessoal e, também, **às requisições para a defesa da Fazenda Pública.**

Atender com presteza	**ao público** em geral (prestando as informações requeridas, exceto as protegidas por sigilo)
	à expedição de certidões requeridas para defesa de direito ou esclarecimento de situações de interesse pessoal
	às requisições para a defesa da Fazenda Pública

O bom exercício da função pública pelo servidor exige dele, também, retidão, probidade, honradez, honestidade e, assim, é seu dever **"manter conduta compatível com a moralidade administrativa"** (inciso IX).

Em regra, como se verá adiante, a pena aplicável no caso de violação aos deveres é a advertência, salvo no caso de reincidência, quando caberá suspensão.

2.1.2 *Das proibições*

As proibições impostas ao servidor público federal estão arroladas no art. 117 da Lei nº 8.112/90.

Como é dever do servidor ser assíduo e pontual, não lhe é permitido faltar ao trabalho, sem justificativa, e se ficar configurado o abandono de cargo ou a inassiduidade habitual, a pena prevista é a demissão e, mesmo que o servidor compareça ao trabalho, deve cumprir toda a carga horária que lhe é própria e, assim, **não pode se ausentar do serviço durante o expediente, sem prévia autorização do chefe imediato** (inciso I).

Não basta, todavia, o servidor comparecer ao trabalho e cumprir a jornada de trabalho, pois tem que exercer todas as atribuições de seu cargo, estabelecidas nas regras de competência. Não é permitido ao servidor renunciar sua competência, ou mesmo transferir suas atribuições a outra pessoa, com exceção da delegação parcial, nos termos da lei. Nesse sentido, a Lei nº 8.112/90, no art. 117, veda ao servidor **"cometer a pessoa estranha à repartição, fora dos casos previstos em lei, o desempenho de atribuição que seja de sua responsabilidade ou de seu subordinado"** (inciso VI) e **"cometer a outro servidor atribuições estranhas ao cargo que ocupa, exceto em situações de emergência e transitórias"** (inciso XVII).

Servidor não pode cometer (atribuir)	a pessoa estranha à repartição	o desempenho de atribuição que seja de sua responsabilidade ou de seu subordinado
	a outro servidor	atribuições estranhas ao cargo que ocupa, exceto em situações de emergência e transitórias

Exige-se comprometimento do servidor no exercício de suas atribuições, sendo-lhe vedado, nos termos do inciso XV do art. 117, **"proceder de forma desidiosa"**.

O servidor, ao exercer sua atividade, **não pode recusar fé aos documentos públicos**, conforme estabelece o art. 117, III, que, na verdade, estende ao servidor federal, vedação constante do art. 19, II, da Constituição Federal e dirigida à União, aos Estados, ao Distrito Federal e aos Municípios.

O interesse público é o que deve prevalecer na atividade administrativa e não o de determinado agente público. A atuação administrativa deve ser, sempre, em busca do interesse público e dele nunca pode se dissociar. Desse modo, o servidor não pode **"promover manifestação de apreço ou desapreço no recinto da repartição"** (inciso V), pois o espaço público deve se manter distante de preferências políticas, religiosas e ideológicas e, em complemento a essa vedação, o inciso VII proíbe **"coagir ou aliciar subordinados para que se filiem a associação profissional ou sindical, ou a partido político"**.

Ainda em relação à impessoalidade, não pode o servidor **"opor resistência injustificada ao andamento de documento e processo ou execução de serviço"** (inciso IV). Não pode, por exemplo, fazê-lo por motivos pessoais como vingança, ódio, ou outros quaisquer, desde que a resistência seja injustificada.

O servidor deve se valer das prerrogativas próprias de seu cargo em prol do interesse público, e nada mais. Não pode, de forma alguma, **"valer-se do cargo para lograr proveito pessoal ou de outrem, em detrimento da dignidade da função pública"** (inciso IX). Isso, também, se aplica aos recursos materiais que estão a sua disposição e, por isso, não pode **"retirar, sem prévia anuência da autoridade competente, qualquer documento ou objeto da repartição"** (inciso II), mesmo que o servidor queira, de fato, aumentar sua produtividade; só poderá fazê-lo com autorização do servidor competente.

Da mesma maneira, e com maior razão, não pode o servidor **"utilizar pessoal ou recursos materiais da repartição em serviços ou atividades particulares"** (inciso

XVI). Não pode, por exemplo, usar veículos oficiais para fins privados. Essa conduta afronta, diretamente, o princípio da moralidade e, ainda, configura ato de improbidade administrativa, nos termos do art. 9º da Lei nº 8.429/92.

Também em relação a esse princípio, a lei veda ao servidor **"receber propina, comissão, presente ou vantagem de qualquer espécie, em razão de suas atribuições"** (inciso XII), o que, também, poderá configurar crime de corrupção passiva (art. 317 do Código Penal) e ato de improbidade administrativa.

Prática corriqueira no serviço público e que fere, principalmente, o princípio da moralidade é o nepotismo. Por isso, o inciso VIII do art. 117, veda que o servidor **mantenha "sob sua chefia imediata, em cargo ou função de confiança, cônjuge, companheiro ou parente até o segundo grau civil"**. Deve haver atenção, pois a proibição é, apenas, em relação a cargo ou função de confiança, não se aplicando, pois, a cargo efetivo.

Aliás, no que se refere ao nepotismo, é importante registrar que o Supremo Tribunal Federal aprovou a **Súmula Vinculante nº 13**, que estabelece que a "nomeação de cônjuge, companheiro ou parente em linha reta, colateral ou por afinidade, até o terceiro grau, inclusive, da autoridade nomeante ou de servidor da mesma pessoa jurídica investido em cargo de direção, chefia ou assessoramento, para o exercício de cargo em comissão ou de confiança ou, ainda, de função gratificada na administração pública direta e indireta em qualquer dos poderes da União, dos Estados, do Distrito Federal e dos Municípios, compreendido o ajuste mediante designações recíprocas, viola a Constituição Federal".

O estatuto dos servidores federais veda, também, no inciso XI do art. 117, ao servidor **"atuar, como procurador ou intermediário, junto a repartições públicas, salvo quando se tratar de benefícios previdenciários ou assistenciais de parentes até o segundo grau, e de cônjuge ou companheiro"**.

Em regra, o servidor público pode exercer outra atividade fora de seu horário de trabalho. Se o outro cargo também for público, devem ser observadas as disposições constitucionais sobre o tema[5].

De forma geral, o Estatuto veda que o servidor **exerça "quaisquer atividades que sejam incompatíveis com o exercício do cargo ou função e com o horário de trabalho"** (inciso XVII). Pode-se citar, por exemplo, o art. 28, IV, da Lei nº 8.906/94, que considera incompatível com o exercício da advocacia o exercício das atividades dos "ocupantes de cargos ou funções vinculados direta ou indiretamente a qualquer órgão do Poder Judiciário e os que exercem serviços notariais e de registro". Assim, mesmo que fora do horário de trabalho, não poderá, a título de ilustração, o Analista Judiciário exercer a advocacia.

Quanto à possibilidade do servidor público participar de sociedades empresariais, nos termos do art. 117, X e parágrafo único, I e II, é vedado **"participar de gerência**

5. Ver item 2.2.

ou administração de sociedade privada, personificada ou não personificada, exercer o comércio, **exceto na qualidade de acionista, cotista ou comanditário", exceto** se o servidor estiver em gozo de **licença para tratar de interesses particulares** (observada a legislação sobre conflito de interesses) ou se o servidor **participar nos conselhos** de administração e fiscal de empresas ou entidades em que a **União detenha**, direta ou indiretamente, **participação** no capital social ou em **sociedade cooperativa** constituída para prestar serviços a seus membros.

<table>
<tr><th>▸ SERVIDOR NÃO PODE</th><th>▸ NÃO HÁ A VEDAÇÃO QUANDO O SERVIDOR</th></tr>
<tr><td>– participar de gerência ou administração de sociedade privada (personificada ou não personificada)</td><td rowspan="2">– estiver em gozo de licença para tratar de interesses particulares (observada a legislação sobre conflito de interesses)
– participar nos conselhos de administração e fiscal
• de empresas ou entidades em que a União detenha, direta ou indiretamente, participação no capital social ou
• em sociedade cooperativa constituída para prestar serviços a seus membros.</td></tr>
<tr><td>– exercer o comércio (exceto na qualidade de acionista, cotista ou comanditário)</td></tr>
</table>

O estatuto federal veda, ainda, que o servidor exerça a **usura**, sob qualquer de suas formas (inciso XIV). Não pode o servidor praticar agiotagem, sob pena de cometer infração funcional e, ainda, praticar crime de usura, previsto na Lei nº 1.521/51.

Proíbe-se ao servidor, também, **"aceitar comissão, emprego ou pensão de Estado estrangeiro"** (inciso XIII) e **"recusar-se a atualizar seus dados cadastrais quando solicitado"** (inciso XIX).

Deve haver atenção para o fato de que as penalidades serão diferentes a depender da vedação inobservada pelo servidor. As sanções serão estudadas adiante, mas para facilitar a correlação entre as vedações e as penas, segue quadro.

<table>
<tr><th>▸ VEDAÇÕES</th><th>▸ PENAS</th></tr>
<tr><td>I – ausentar-se do serviço durante o expediente, sem prévia autorização do chefe imediato;
II – retirar, sem prévia anuência da autoridade competente, qualquer documento ou objeto da repartição;
III – recusar fé a documentos públicos;
IV – opor resistência injustificada ao andamento de documento e processo ou execução de serviço;
V – promover manifestação de apreço ou desapreço no recinto da repartição;
VI – cometer a pessoa estranha à repartição, fora dos casos previstos em lei, o desempenho de atribuição que seja de sua responsabilidade ou de seu subordinado;
VII – coagir ou aliciar subordinados no sentido de filiarem-se a associação profissional ou sindical, ou a partido político;
VIII – manter sob sua chefia imediata, em cargo ou função de confiança, cônjuge, companheiro ou parente até o segundo grau civil;
XIX – recusar-se a atualizar seus dados cadastrais quando solicitado.</td><td>Advertência</td></tr>
</table>

▸ VEDAÇÕES	▸ PENAS
XVII – cometer a outro servidor atribuições estranhas ao cargo que ocupa, exceto em situações de emergência e transitórias; XVIII – exercer quaisquer atividades que sejam incompatíveis com o exercício do cargo ou função e com o horário de trabalho;	**Suspensão**
IX – valer-se do cargo para lograr proveito pessoal ou de outrem, em detrimento da dignidade da função pública; X – participar de gerência ou administração de sociedade privada, personificada ou não personificada, exercer o comércio, exceto na qualidade de acionista, cotista ou comanditário; XI – atuar, como procurador ou intermediário, junto a repartições públicas, salvo quando se tratar de benefícios previdenciários ou assistenciais de parentes até o segundo grau, e de cônjuge ou companheiro; XII – receber propina, comissão, presente ou vantagem de qualquer espécie, em razão de suas atribuições; XIII – aceitar comissão, emprego ou pensão de estado estrangeiro; XIV – praticar usura sob qualquer de suas formas; XV – proceder de forma desidiosa; XVI – utilizar pessoal ou recursos materiais da repartição em serviços ou atividades particulares;	**Demissão**

Em razão da frequente cobrança literal dos deveres e das proibições e por haver diferença entre as sanções aplicáveis, segue quadro para auxiliar na memorização de ambos.

Deveres – Art. 116	**Proibições – Art. 117**
- exercer com zelo e dedicação as atribuições do cargo; - ser leal às instituições a que servir; - observar as normas legais e regulamentares; - cumprir as ordens superiores, exceto quando manifestamente ilegais; - atender com presteza: a) ao público em geral, prestando as informações requeridas, ressalvadas as protegidas por sigilo; b) à expedição de certidões requeridas para defesa de direito ou esclarecimento de situações de interesse pessoal; c) às requisições para a defesa da Fazenda Pública.	- ausentar-se do serviço durante o expediente, sem prévia autorização do chefe imediato; - retirar, sem prévia anuência da autoridade competente, qualquer documento ou objeto da repartição; - recusar fé a documentos públicos; - opor resistência injustificada ao andamento de documento e processo ou execução de serviço; - promover manifestação de apreço ou desapreço no recinto da repartição; - cometer a pessoa estranha à repartição, fora dos casos previstos em lei, o desempenho de atribuição que seja de sua responsabilidade ou de seu subordinado; - coagir ou aliciar subordinados no sentido de filiarem-se a associação profissional ou sindical, ou a partido político;

Deveres – Art. 116	Proibições – Art. 117
– levar as irregularidades de que tiver ciência em razão do cargo ao conhecimento da autoridade superior ou, quando houver suspeita de envolvimento desta, ao conhecimento de outra autoridade competente para apuração; – zelar pela economia do material e a conservação do patrimônio público; – guardar sigilo sobre assunto da repartição; – manter conduta compatível com a moralidade administrativa; – ser assíduo e pontual ao serviço; – tratar com urbanidade as pessoas; – representar contra ilegalidade, omissão ou abuso de poder	– manter sob sua chefia imediata, em cargo ou função de confiança, cônjuge, companheiro ou parente até o segundo grau civil; – valer-se do cargo para lograr proveito pessoal ou de outrem, em detrimento da dignidade da função pública; – participar de gerência ou administração de sociedade privada, personificada ou não personificada, exercer o comércio, exceto na qualidade de acionista, cotista ou comanditário. A vedação não se aplica: a) participação nos conselhos de administração e fiscal de empresas ou entidades em que a União detenha, direta ou indiretamente, participação no capital social ou em sociedade cooperativa constituída para prestar serviços a seus membros; e b) gozo de licença para o trato de interesses particulares, na forma do art. 91 desta Lei, observada a legislação sobre conflito de interesses. – atuar, como procurador ou intermediário, junto a repartições públicas, salvo quando se tratar de benefícios previdenciários ou assistenciais de parentes até o segundo grau, e de cônjuge ou companheiro; – receber propina, comissão, presente ou vantagem de qualquer espécie, em razão de suas atribuições; – aceitar comissão, emprego ou pensão de estado estrangeiro; – praticar usura sob qualquer de suas formas; – proceder de forma desidiosa; – utilizar pessoal ou recursos materiais da repartição em serviços ou atividades particulares; – cometer a outro servidor atribuições estranhas ao cargo que ocupa, exceto em situações de emergência e transitórias; – exercer quaisquer atividades que sejam incompatíveis com o exercício do cargo ou função e com o horário de trabalho; – recusar-se a atualizar seus dados cadastrais quando solicitado

2.2. Acumulação

2.2.1 *Disposições constitucionais*

Para que não haja confusão, é necessário separar as hipóteses de acumulação admitidas na Constituição Federal, pois há a possibilidade de:

a) acumulação de cargos, empregos e funções na atividade;

b) acumulação de cargos, empregos e funções com proventos;

c) acumulação de proventos.

2.2.1.1. *Cargo, função ou emprego público x Cargo, função ou emprego público*

Essa hipótese cuida da **possibilidade de o agente público, em atividade, ocupar dois cargos, empregos ou funções públicas.**

A **regra** é a **proibição da acumulação remunerada** de cargos, empregos e funções públicas, consoante o art. 37, XVI. A permissão é **exceção** e, somente, pode ocorrer se houver **compatibilidade de horários** e quando se tratar de:

a) dois cargos de professor;

b) um cargo de professor com outro técnico ou científico;

c) dois cargos ou empregos privativos de profissionais de saúde, com profissões regulamentadas.

Quanto à **compatibilidade de horários**, o Supremo Tribunal Federal considera **ilegal a "acumulação de cargos quando ambos estão submetidos ao regime de 40 horas semanais e um deles exige dedicação exclusiva"** (MS 26.085, Rel. Min. Carmem Lúcia). Por sua vez, o STJ vem entendendo que "ausência de fixação da carga horária máxima para a cumulação de cargo não significa que o acúmulo de cargo esteja desvinculado de qualquer carga horária, não legitimando, portanto, o acúmulo de jornadas de trabalhos ilimitadas, ainda que haja compatibilidade de horários, uma vez que não se deve perder de vista os limites constitucionais relativos à dignidade humana e aos valores sociais do trabalho, previstos no art. 1º, III e IV, da CF [...] O legislador infraconstitucional fixou para o Servidor Público a jornada de trabalho de, no máximo, 40 horas semanais, com a possibilidade de 2 horas de trabalho extras por jornada. Tomando-se como base esse preceito legal, impõe-se reconhecer que o Acórdão TCU 2.133/2005 e o Parecer GQ 145/98, ao fixarem o limite de 60 horas semanais para que o Servidor se submeta a dois ou mais regimes de trabalho deve ser prestigiado, uma vez que atende ao princípio da razoabilidade e proporcionalidade" (MS 19.525). Esse julgado teve como objeto a acumulação de cargos da área de saúde, mas deve ser destacado que a fundamentação se estende às demais hipóteses de acúmulo permitidas, como adverte o Min. Herman Benjamin, no EDcl no REsp 1565429: Apesar de o voto condutor ter se utilizado de precedentes que impedem a acumulação de cargos de profissionais de saúde quando a jornada ultrapassar 60 horas semanais, o acórdão deve ser mantido, pois o mesmo entendimento se aplica nos demais casos previstos no art. 37, XVI, da Constituição Federal de 1988, porquanto se exige a compatibilidade de horários: "é vedada a acumulação remunerada de cargos públicos, exceto, quando houver compatibilidade de horários, observado em qualquer caso o disposto no inciso XI: a) a de dois cargos de professor; b) a de um cargo de professor com outro técnico ou científico; c) a de dois cargos ou empregos privativos de profissionais de saúde, com profissões regulamentadas".

Mas a interpretação do tema começou a tomar diferentes rumos e, em 2018, tanto o STJ (REsp 1.746.784 PE), quanto o STF (RE 1.094.802 AgR e RMS 34257) julgaram no sentido de que os a acumulação de cargos públicos de profissionais da área da saúde não se sujeita ao limite de 60 horas semanais, pois inexiste tal requisito na Constituição Federal. Assim, basta que haja a compatibilidade de horários para que seja possível a acumulação de cargos públicos de profissionais da área da saúde.

E, em março de 2020, o STF estendeu esse entendimento às demais hipóteses de acumulação e colocou fim à discussão ao fixar a seguinte tese no ARE nº 1246685 RG/RJ (Tema nº 1081): "As hipóteses excepcionais autorizadoras de acumulação de cargos públicos previstas na Constituição Federal sujeitam-se, unicamente, a existência de compatibilidade de horários, verificada no caso concreto, ainda que haja norma infraconstitucional que limite a jornada semanal." Destaca-se, inclusive, que na situação fática objeto desse recurso a acumulação de dois cargos/empregos na área de saúde somava 70 horas semanais, sendo um de 40h e outro de 30h.

A **acumulação dos cargos de professor pode se dar em qualquer nível de ensino**. Portanto, pode ser acumulado o cargo de professor de ensino fundamental de escola municipal com o de professor de ensino médio de escola estadual, ou de professor de escola técnica federal com o de professor em universidade federal[6].

No caso do **cargo técnico, não basta a existência da palavra "técnico" no nome do cargo. É necessário que seja um cargo que necessite de conhecimentos específicos para seu desempenho.** No RMS 7.570/PB, no STJ, o Min. Gilson Dipp definiu que cargo técnico "requer familiaridade com a metodologia empregada no exercício do mister, a fim de demonstrar conhecimento específico em uma área artística ou do saber" e como científico aquele que "denota aprofundamento dos conhecimentos científicos de forma sistematizada, a fim de enriquecer o conhecimento humano" e, nesse sentido, entendeu indevida a acumulação de cargo por escrevente de comarca, afirmando que só era exigido o nível médio e que as tarefas desempenhadas eram burocráticas e repetitivas. No mesmo sentido, o STJ decidiu, no RMS 14.456/AM, que era indevida a acumulação de cargo de professor com o de Técnico Judiciário.

Por outro lado, não quer dizer que somente por ser de nível médio que determinado cargo não possa ser considerado técnico. Dessa forma, será técnico ou científico se exigir habilitação específica de grau universitário ou profissionalizante de 2º grau ou conhecimento especializado na área, conforme assentado no RMS 23.131/BA, no qual, inclusive, foi considerada indevida a acumulação do cargo de agente policial com o de professor. Assim, por exemplo, é possível a acumulação do cargo de Analista Judiciário na Justiça Federal com o de Professor em universidade federal.

6. Deve-se apontar recente decisão adotada na ADI nº 6257, em que se deferiu medida liminar para suspender a aplicação do subteto aos professores e pesquisadores de universidades públicas estaduais, aplicando-se a estes o teto federal, que corresponde ao subsídio dos Ministros do STF.

Em relação à área da saúde, antes a possibilidade de acumulação era restrita aos médicos, mas, após a Emenda Constitucional nº 34/01, estendeu-se a todos **profissionais de saúde com profissões regulamentadas** como, por exemplo, dentistas, médicos, fisioterapeutas, fonoaudiólogos, terapeutas ocupacionais, enfermeiros e assistentes sociais (RE 553.670-AgR). Nada impede, também, que um médico, por exemplo, em vez de valer-se desse permissivo constitucional, opte por acumular seu cargo público com outro cargo público de professor em universidade estadual, já que seu cargo é considerado cargo científico.

Ainda, é necessário anotar que **a proibição existe em relação a cargos públicos, empregos públicos e funções públicas, nos três poderes, na administração direta e indireta de todas as esferas.** Assim, em regra, é proibido acumular dois cargos públicos federais, ou, um cargo público federal e um emprego público federal, ou, um emprego público estadual e um cargo público municipal e assim por diante. De toda forma, é necessário ressaltar que a possibilidade de acumulação é restrita a dois cargos ou empregos públicos, isto é, **não é possível a acumulação de três cargos públicos, mesmo que exercidos em pequenas cargas horárias.**

Além das disposições constantes do art. 37, a Constituição, também, cuidou da acumulação de cargos em relação aos magistrados, membros do Ministério Público e militares.

Quanto aos **magistrados** (art. 95, I) e **membros do Ministério Público** (art. 128, § 5º, II, "d") **somente é permitido exercer** outra atividade, privada ou pública, desde que seja **o magistério.**

No que se refere aos **militares**, nos termos do art. 142, § 3º, II e III, **a acumulação não é possível**, pois, ao **aceitar cargo público civil permanente**, irá para a **reserva** e, se **aceitar cargo, emprego, ou função temporária**, na administração direta ou indireta, será **agregado. Entretanto, não há a proibição de acumulação na hipótese do art. 37, XVI, "c", ou seja, no caso de** dois cargos ou empregos privativos de profissionais de saúde, com profissões regulamentadas.

Ademais, deve-se apontar a EC nº 101/2019, que passou a prever a possibilidade de cumulação de cargos dos militares do Estado e DF:

> **Art. 42, §3º da Constituição Federal/1988:** Aplica-se aos militares dos Estados, do Distrito Federal e dos Territórios o disposto no art. 37, inciso XVI, com prevalência da atividade militar.

Assim, pode o militar acumular a função com:

a) um cargo de professor;
b) um cargo da saúde com profissão regulamentada;
c) com outro cargo técnico e científico.

2.2.1.1.1 *Cargo, função ou emprego público x Mandato eletivo*

A situação do **servidor ocupante de cargo ou emprego ou função pública que é eleito para exercer mandato eletivo** foi disciplinada no art. 38 da Constituição Federal e depende do mandato a ser exercido.

Se eleito para mandato de **Vereador, poderá acumular a** remuneração ou subsídio de seu cargo, emprego ou função com o subsídio de vereador, desde que haja **compatibilidade de horários. Se os horários forem conflitantes,** será afastado de seu cargo público, mas **poderá optar pela remuneração.**

Já, caso eleito para mandato de **Prefeito ou de Vice-Prefeito**[7], será **afastado de seu cargo, mas poderá optar pela remuneração.**

Por outro lado, se for eleito para **mandato eletivo federal, estadual e distrital,** será **afastado de seu cargo e não poderá escolher** a remuneração, devendo receber o subsídio referente ao mandato eletivo.

Em todos os casos, o servidor não perde seu cargo, mas é apenas afastado e, no período de afastamento para o exercício de mandato eletivo, seu tempo de serviço será contado para todos os efeitos legais, exceto para promoção por merecimento.

Por fim, deve-se destacar que, caso seja segurado de regime próprio de previdência, permanecerá filiado a esse regime, no ente federativo de origem (art. 38, V da CF/88 – com redação dada pela EC nº 103/2019).

2.2.1.2 Proventos x Cargo, função ou emprego público

Aqui, por sua vez, trata-se da **possibilidade de o agente público acumular os proventos de aposentadoria com a remuneração de um cargo público**. Isto é, está em atividade em um deles e em inatividade no outro.

O agente público, **em regra, não pode receber, ao mesmo tempo, a remuneração ou o subsídio de um cargo público e os proventos** decorrentes da aposentadoria pelo regime próprio dos servidores (art. 40) ou pelo regime próprio dos militares (art. 142), **salvo se os cargos forem acumuláveis na atividade, se for cargo em comissão ou se for cargo eletivo, conforme o art. 37, § 10.**

Percebe-se, pois, que a proibição não existe quando a aposentadoria for decorrente do regime geral de previdência. Portanto, quem trabalhou no setor privado e já se aposentou pode exercer um cargo público e acumular a remuneração deste com seu benefício previdenciário.

Todavia, vale registrar que existe uma situação que pode gerar confusão, qual seja, a do empregado público.

O empregado público é regido pelo regime celetista e, conforme se verá mais adiante, submete-se ao regime geral de previdência e não ao regime próprio, quer dizer, aposenta-se pelo INSS e, assim, após aposentado, não encontra óbice em acumular sua aposentadoria com a remuneração decorrente do exercício de um cargo público ou de um emprego público. Dessa maneira, quando **em atividade, o empregado público não pode exercer outro cargo ou emprego público, exceto nas hipóteses previstas na Constituição** (art. 37, XVI). Mas, por outro lado, **quando já aposentado, está livre para exercer um novo cargo ou emprego público**. Nesse sentido, para exemplificar, um empregado público que trabalhava na Caixa Econômica

7. STF, RE 140.269/RJ.

Federal, após se aposentar, poderá prestar concurso e trabalhar como Analista Judiciário no Tribunal Regional do Trabalho.

Entretanto, caso tenha se aposentado pelo regime próprio dos servidores públicos ou pelo regime próprio dos militares, não poderá acumular seus proventos com a remuneração ou o subsídio de um novo cargo, exceto se for acumulável, for cargo em comissão ou for cargo eletivo. Portanto, é possível a acumulação de provento decorrente de aposentadoria de Oficial de Justiça Avaliador Federal com a remuneração de cargo de Professor da Universidade Federal do Rio de Janeiro (cargos acumuláveis), ou a acumulação de provento decorrente da aposentadoria de Delegado de Polícia Federal com o subsídio de cargo de Secretário de Estado de Segurança Pública do Estado de São Paulo (cargo em comissão), ou, ainda, a acumulação de provento decorrente de aposentadoria de Técnico Judiciário com o subsídio de Deputado Federal (cargo eletivo).

Como essa vedação foi instituída em 1998, por meio da Emenda Constitucional nº 20, estabeleceu-se uma **regra de transição** e, por ela, é admitida a **acumulação dos proventos de aposentadoria com a remuneração ou o subsídio de outro cargo,** desde que o agente público tenha ingressado novamente no serviço público até a data da publicação da emenda (publicada em 16/12/1998). Todavia, **não será permitida a acumulação dos proventos de aposentadoria decorrentes do regime próprio** (art. 11, EC 20/98). Assim, um Promotor de Justiça aposentado que prestou novo concurso e tomou posse no cargo de Juiz Federal, antes da promulgação da emenda constitucional, poderá acumular os proventos com o subsídio, mas não poderá acumular os proventos dos dois cargos.

2.2.1.3. *Proventos x Proventos*

Nessa hipótese, a Constituição Federal, no art. 40, § 6º, disciplinou a situação do **agente público que já se aposentou em um cargo público e se aposenta novamente, em outro cargo público**.

O dispositivo constitucional **veda a acumulação de mais de uma aposentadoria pelo regime próprio de previdência, ressalvadas as decorrentes de cargos acumuláveis**. Desse modo, é possível, por exemplo, a acumulação de provento decorrente de aposentadoria de médico do Município de Santos com provento decorrente de aposentadoria de médico do Estado de São Paulo.

A soma dos proventos não pode ultrapassar o teto constitucional. Importa destacar que o STF, no julgamento do RE nº 612.975, fixou a seguinte tese com repercussão geral: "Nos casos autorizados constitucionalmente de acumulação de cargos, empregos e funções, a incidência do art. 37, inciso XI, da Constituição Federal pressupõe consideração de cada um dos vínculos formalizados, afastada a observância do teto remuneratório quanto ao somatório dos ganhos do agente público[8]". E essa é a interpretação que deve ser dada também em relação à acumulação dos proventos de cargos acumuláveis na atividade.

8. A mesma tese foi fixada para o Tema 384.

<table>
<tr><th></th><th colspan="2">▶ ACUMULAÇÃO DE CARGOS, EMPREGOS E FUNÇÕES PÚBLICAS</th></tr>
<tr><th></th><th>Regra</th><th>Exceções</th></tr>
<tr><td>Cargo, função ou emprego público
x
Cargo, função ou emprego público</td><td>Proibição
de acumulação
remunerada</td><td>Compatibilidade de horários
+
Dois cargos de professor
ou
Um cargo de professor com outro técnico ou científico
ou
Dois cargos ou empregos privativos de profissionais de saúde, com profissões regulamentadas

Obs: deve-se ressaltar que, com a EC nº 101/2019 estabeleceu-se que o militar do Estado e DF também poderá acumular seu cargo com:
a) um cargo de professor;
b) cargo da saúde com profissão regulamentada;
c) com outro cargo técnico ou científico.

Atenção! Para os militares das Forças Armadas, só é possível a cumulação com outro cargo da área da saúde (art. 142, §3º, VIII da CF/88).</td></tr>
<tr><td rowspan="4">Cargo, função ou emprego público
x
Mandato eletivo</td><td rowspan="2">– Vereador</td><td>Horários compatíveis: Acumulação</td></tr>
<tr><td>Horários não compatíveis: Afastamento e escolha da remuneração</td></tr>
<tr><td>– Prefeito e Vice-Prefeito</td><td>Afastamento e escolha da remuneração</td></tr>
<tr><td>– Presidente da República e Vice
– Governador e Vice
– Deputados federais, estaduais e distritais e Senadores</td><td>Afastamento, sem escolha da remuneração</td></tr>
<tr><td>Proventos
x
Cargo, função ou emprego público</td><td>– Proibição</td><td>– Cargo em comissão
– Cargo eletivo
– Cargos acumuláveis</td></tr>
<tr><td>Proventos
x
Proventos</td><td>– Proibição</td><td>– Proventos decorrentes de cargos acumuláveis</td></tr>
</table>

2.2.2 *Da acumulação na Lei nº 8.112/90*

Em relação à acumulação remunerada de cargos públicos, a Lei nº 8.112/90 cuida do assunto nos artigos 118 a 120. Entretanto, a matéria segue a disciplina constitucional existente no art. 37, XVI, abordada no item anterior.

A Lei nº 8.112/90, todavia, estabelece regras para a **acumulação dos cargos em comissão**. O art. 119 determina que, **em regra, não é possível ao servidor exercer mais de um cargo em comissão, salvo se for na condição de interino** (art. 9º) e, também, não pode ser remunerado pela participação em órgão de deliberação coletiva (exceto se for em conselhos de administração e fiscal das empresas públicas e sociedades de economia mista, suas subsidiárias e controladas, bem como quaisquer empresas ou entidades em que a União, direta ou indiretamente, detenha participação no capital social).

Já, o art. 120 estabelece que o servidor que **acumula licitamente dois cargos** públicos efetivos, quando for **investido em cargo em comissão,** deverá ser **afastado de ambos os cargos**, exceto se houver **compatibilidade** de local e horário com um deles e isso for declarado pelas autoridades máximas dos órgãos envolvidos.

2.3. Responsabilidades

O servidor deve exercer suas atribuições de maneira regular, em conformidade com o ordenamento jurídico e será responsabilizado quando atuar de maneira irregular, infringindo algum dispositivo normativo.

Há diferentes esferas de responsabilização, e o servidor, com um ato só, pode ser responsabilizado em todas. Por isso, **responde civil, penal e administrativamente pelo exercício irregular de suas atribuições** (art. 121).

Imagine um Oficial de Justiça Avaliador Federal que, em cumprimento de mandado de busca e apreensão de determinados bens em uma empresa, aproprie-se indevidamente de um bem cuja apreensão não fora determinada. Nessa hipótese, com sua atitude indevida, causará dano patrimonial ao proprietário do bem, cometerá infração administrativa e, ainda, estará cometendo crime de peculato e, desse modo, responderá, respectivamente, nas esferas cível, administrativa e penal.

Nos termos do art. 37, § 6º da Constituição Federal **a regra é que o Estado responda pelos atos de seus agentes, agindo nessa qualidade, de maneira objetiva**, ou seja, independentemente se o servidor atuou com dolo ou culpa ou sem nenhum dos dois, se ficar demonstrado que houve o dano e que foi o agente público que causou, o Estado deverá indenizar a vítima. Todavia, **o Estado poderá se voltar contra o agente público se este agiu com dolo ou culpa (ação regressiva), pois a responsabilidade do servidor é subjetiva.**

Assim, no exemplo dado, o proprietário do bem que fora apropriado pelo servidor poderá ajuizar ação de reparação de danos em face da União e esta o indenizará, desde que fique comprovado o fato. Posteriormente, a União ajuizará ação regressiva em face do servidor e este deverá reparar o prejuízo causado (art. 122, § 2º), pois na situação exemplificada o servidor atuou com dolo e, por isso, inclusive, a preferência será pela constrição judicial de seus bens e, somente na inexistência destes, é que o débito poderá ser pago na forma prevista no art. 46 (desconto da remuneração, inclusive parcelado), conforme o art. 122, § 1º. Se, por acaso, o servidor que causou o prejuízo falecer, **a obrigação de reparação se estende aos seus sucessores, até o limite da herança por eles recebida** (se não houver herança, não responderão pelo dano), consoante art. 122, § 3º. É a **responsabilidade civil**. Além da reparação do dano, pode ser proposta ação de improbidade contra o servidor e este pode ser condenado à perda da função pública, à suspensão dos direitos políticos, entre outras penalidades previstas no art. 12 da Lei nº 8.429/92.

Na **esfera penal**, deverá ser instaurado inquérito policial e, caso o representante do Ministério Público fique convencido da prática da infração penal, será oferecida denúncia contra o servidor e poderá ser condenado à pena de reclusão de 2 a 12 anos, nos termos do art. 312 do Código Penal. É a **responsabilidade penal**.

Além disso, ainda resta a **esfera administrativa**, na qual será instaurado processo administrativo disciplinar e, caso haja a comprovação da conduta, a pena a ser aplicada ao servidor é a demissão, consoante o art. 132, I, da Lei nº 8.112/90. É a **responsabilidade administrativa**.

A regra, de acordo com o art. 125, é que **as sanções penais, administrativas e civis podem cumular-se, pois são independentes entre si**. No entanto, **a exceção** se dá quando na esfera penal o **servidor for absolvido em razão da inexistência do fato ou da negativa de autoria** (art. 126). Qualquer outro motivo que tenha sido absolvido não interferirá na esfera administrativa. Dessa forma, no exemplo dado anteriormente, se o Juiz absolver o servidor por entender que não há prova de que ele concorreu para a prática do crime ou de que a infração realmente ocorreu (art. 386, II e V, do Código de Processo Penal), mesmo assim poderá o servidor ser demitido na esfera administrativa.

A Lei nº 12.527/11 (Lei de Acesso à Informação) fez duas alterações na Lei nº 8.112/90. É dever do servidor levar ao conhecimento de seu superior qualquer irregularidade que tiver ciência em razão do cargo e, também, com a alteração legislativa feita no inciso VI do art. 116, passou a ser dever, caso o seu superior esteja envolvido, noticiar o fato à autoridade competente para apuração. Em consequência, para evitar represália, incluiu-se o art. 126-A, pelo qual "nenhum servidor poderá ser responsabilizado civil, penal ou administrativamente por dar ciência à autoridade superior ou, quando houver suspeita de envolvimento desta, a outra autoridade competente para apuração de informação concernente à prática de crimes ou improbidade de que tenha conhecimento, ainda que em decorrência do exercício de cargo, emprego ou função pública".

2.4. Penalidades

As **penas** que podem ser aplicadas ao servidor são (art. 127):

a) advertência;

b) suspensão;

c) multa;

d) demissão;

e) cassação de aposentadoria e disponibilidade;

f) destituição de cargo em comissão;

g) destituição de função de confiança.

Independente de qual seja a pena, sua **aplicação somente poderá ocorrer após a instauração de sindicância ou de processo administrativo** (dependendo da pena), assegurando-se a **ampla defesa e o contraditório** ao servidor.

De acordo com ao art. 128, a autoridade administrativa deve levar em conta **a natureza e a gravidade da infração cometida e os danos por ela causados,** bem como as circunstâncias agravantes ou atenuantes e os antecedentes funcionais. É obrigatório que o ato de imposição da penalidade mencione o **dispositivo legal e a causa da sanção disciplinar.**

A pena de **advertência** é uma **repreensão feita por escrito e anotada no prontuário do servidor.** Tem cabimento, conforme o art. 129, quando se tratar de violação dos deveres funcionais constantes do art. 117, I a VIII e XIX, ou quando houver a inobservância de dever funcional previsto em lei, regulamento ou norma interna, e não haja justificativa para a aplicação de pena mais grave.

▸ ADVERTÊNCIA
• inobservar dever funcional previsto em lei, regulamento ou norma interna e não haver justificativa para a aplicação de pena mais grave • ausentar-se do serviço durante o expediente, sem prévia autorização do chefe imediato • retirar, sem prévia anuência da autoridade competente, qualquer documento ou objeto da repartição • recusar fé a documentos públicos • opor resistência injustificada ao andamento de documento e processo ou execução de serviço • promover manifestação de apreço ou desapreço no recinto da repartição • cometer a pessoa estranha à repartição, fora dos casos previstos em lei, o desempenho de atribuição que seja de sua responsabilidade ou de seu subordinado • coagir ou aliciar subordinados no sentido de filiarem-se a associação profissional ou sindical, ou a partido político • manter sob sua chefia imediata, em cargo ou função de confiança, cônjuge, companheiro ou parente até o segundo grau civil • recusar-se a atualizar seus dados cadastrais quando solicitado.

A **suspensão** é a penalidade pela qual o **servidor é proibido de trabalhar e, em consequência, não percebe remuneração no período e este não é aproveitado para nenhum fim.** Dependendo da situação, **a critério da Administração** (**e não do servidor**), **a suspensão pode ser substituída por multa no valor equivalente a 50% por dia da remuneração do servidor e este continua a trabalhar** (art. 130, § 2º). Por exemplo, o servidor recebeu uma pena de suspensão de quinze dias e não há, naquele momento, outro servidor para substituí-lo; nesse caso, pode a autoridade administrativa fazer com que ele permaneça em serviço, trabalhando normalmente, mas somente receberá metade da remuneração a que faria jus durante os quinze dias.

A **suspensão é cabível** (art. 130, *caput* e § 1º):

a) quando houver reincidência de falta punida com advertência;

b) nos casos de violação das proibições que não sejam punidas com demissão, isto é, nas situações previstas no art. 117, XVII e XVIII;

c) quando o servidor se recusar, injustificadamente, a se submeter a inspeção médica determinada pela autoridade competente (a partir do momento que se submeter a inspeção, cessam os efeitos da pena).

A lei não estabeleceu a quantidade exata de dias de suspensão para cada tipo de infração cometida e determina que a pena de suspensão terá duração de até noventa dias, salvo a recusa à inspeção médica, quando o prazo máximo será de quinze dias.

▸ SUSPENSÃO (ATÉ 90 DIAS)
• reincidência de falta punida com advertência • recusa injustificada a se submeter a inspeção médica (até 15 dias) • cometer a outro servidor atribuições estranhas ao cargo que ocupa, exceto em situações de emergência e transitórias • exercer quaisquer atividades que sejam incompatíveis com o exercício do cargo ou função e com o horário de trabalho

Tanto a pena de **advertência** quanto a de **suspensão** terão seus **registros cancelados** do assentamento do servidor, desde que (art. 131):

a) tenha transcorrido o prazo de **três** anos, para a advertência, e de **cinco** anos, para a suspensão, de efetivo exercício;

b) o servidor não tenha cometido nova infração disciplinar.

Esse cancelamento, entretanto, não retroage, quer dizer, só não vai mais constar que o servidor foi advertido ou suspenso e, assim, não pode, por exemplo, querer receber a remuneração que não teve enquanto cumpria a suspensão.

Pela pena de **demissão** o **servidor titular de cargo efetivo é desligado compulsoriamente da Administração Pública.** São várias as **hipóteses de cabimento**:

a) art. 117, IX a XVI;

b) art. 132, I a XII.

Para o ocupante exclusivamente de cargo em comissão (não tem cargo efetivo), não se fala em demissão, pois se aplica a pena de **destituição de cargo em comissão, cabível nos casos de demissão e, ainda, nos casos puníveis com suspensão** (art. 135). Desse modo, o ocupante exclusivamente de cargo em comissão não pode ser suspenso e, quando se tratar de infração que tem como pena prevista a suspensão (aplicável para o ocupante de cargo efetivo), deverá ser destituído do cargo em comissão.

Aqui, poderia se pensar qual a diferença em se aplicar penalidade a um ocupante de cargo em comissão, se a autoridade pode, simplesmente, exonerá-lo a qualquer tempo. Ocorre que, dependendo do motivo pelo qual o servidor foi demitido ou destituído do cargo em comissão, ele pode ter que aguardar um prazo para retornar ao serviço público federal ou pode nunca mais retornar.

De fato, o art. 137 da Lei nº 8.112/90 estabelece que, se a demissão ou a destituição se deu em razão da prática:

a) das infrações previstas no art. 117, IX e XI, o servidor **não poderá retornar** no prazo de **cinco anos** ao serviço público federal;

b) das infrações previstas no art. 132, I, IV, VIII, X e XI, **não poderá mais retornar** ao serviço público federal[9];

c) das demais infrações com previsão de pena de demissão, **não há restrição** ao retorno do servidor à esfera federal.

Dentre as infrações cuja pena prevista é a demissão, nos termos do art. 136, há algumas que ensejam a indisponibilidade dos bens do servidor e o ressarcimento ao erário, quais sejam as descritas no art. 132, IV, VIII, X e XI.

▸ DEMISSÃO		
Somente após 5 anos pode retornar ao serviço público federal	- valer-se do cargo para lograr proveito pessoal ou de outrem, em detrimento da dignidade da função pública - atuar, como procurador ou intermediário, junto a repartições públicas, salvo quando se tratar de benefícios previdenciários ou assistenciais de parentes até o segundo grau, e de cônjuge ou companheiro	
Não pode mais retornar ao serviço público federal	- crime contra a Administração Pública	
	- improbidade administrativa - aplicação irregular de dinheiros públicos - lesão aos cofres públicos e dilapidação do patrimônio nacional - corrupção	• Indisponibilidade dos bens • Ressarcimento ao erário

9. Esse dispositivo está eivado de inconstitucionalidade porque **não é possível a existência de pena perpétua** afrontando o art. 5º, XLVII, "b". Nesse sentido, inclusive, o Procurador-Geral da República ajuizou a **ADI 2.975** requerendo a declaração de sua inconstitucionalidade. Até o momento, não houve o julgamento, mas é recomendado que seu andamento seja acompanhado.

▸ DEMISSÃO	
Demais casos: sem restrição de retorno ao serviço público federal	- abandono de cargo - inassiduidade habitual - incontinência pública e conduta escandalosa, na repartição - insubordinação grave em serviço - ofensa física, em serviço, a servidor ou a particular, salvo em legítima defesa própria ou de outrem - revelação de segredo do qual se apropriou em razão do cargo - acumulação ilegal de cargos, empregos ou funções públicas - participar de gerência ou administração de sociedade privada, personificada ou não personificada, exercer o comércio, exceto na qualidade de acionista, cotista ou comanditário - recebimento de propina, comissão, presente ou vantagem de qualquer espécie, em razão de suas atribuições - aceitação de comissão, emprego ou pensão de Estado estrangeiro - prática de usura sob qualquer de suas formas - procedimento desidioso - utilização pessoal ou recursos materiais da repartição em serviços ou atividades particulares

Ainda, há a pena de **cassação de aposentadoria e disponibilidade** que é aquela **aplicada ao servidor inativo, pela qual há o rompimento do vínculo com a Administração** e o servidor não mais receberá seus proventos. Está prevista no art. 134 da Lei nº 8.112/90 e é **aplicada quando o servidor, em atividade, praticou alguma infração cuja pena prevista é a demissão.** Assim, essa pena não é aplicada em razão de infração praticada após o servidor estar aposentado ou em disponibilidade, mas, ao contrário, o servidor a comete enquanto está em atividade e, no entanto, sua descoberta e sua apuração ocorrem após ter obtido a aposentadoria ou ter sido colocado em disponibilidade. Nesse sentido, ressalta-se a ADPF nº 418, na qual o STF decidiu que a aplicação de cassação de aposentadoria é compatível com o caráter contributivo e solidário da Previdência. Ademais, destacou-se que a impossibilidade de aplicação dessa penalidade resultaria em tratamento diverso a ativos e inativos, para o sancionamento dos mesmos ilícitos, de modo a favorecer a impunidade.

É preciso salientar que há prazo para a Administração aplicar as penalidades ao servidor, ou seja, há a previsão da prescrição. Nesse sentido, o art. 142 estabelece que **ação disciplinar prescreve**:

a) se a infração administrativa também **for crime**, no prazo previsto na **lei penal**;

b) se a infração administrativa **não for crime**:

- em **5 anos**, para as infrações puníveis com demissão, cassação de aposentadoria ou disponibilidade e destituição de cargo em comissão;

- em **2 anos**, para os casos de suspensão;
- em **180 dias** para a advertência.

Assim, no exemplo anteriormente mencionado, a infração disciplinar praticada pelo servidor está prevista no art. 132, I (crime contra a Administração Pública) e, também, constitui crime (peculato; art. 312, CP). Nesse caso, o prazo para a prescrição da infração disciplinar será o mesmo previsto na lei penal para o crime de peculato, isto é, dezesseis anos (art. 109, II, CP). Os prazos previstos na Lei nº 8.112/90 somente são aplicados se a infração não constituir crime.

ATENÇÃO!

O entendimento jurisprudencial sobre o tema foi alterado. Assim, segundo o STJ: "O prazo prescricional previsto na lei penal se aplica às infrações disciplinares também capituladas como crime independentemente da apuração criminal da conduta do servidor. Para se aplicar a regra do § 2º do art. 142 da Lei nº 8.112/90 não se exige que o fato esteja sendo apurado na esfera penal (não se exige que tenha havido oferecimento de denúncia ou instauração de inquérito policial). Se a infração disciplinar praticada for, em tese, também crime, deve ser aplicado o prazo prescricional previsto na legislação penal independentemente de qualquer outra exigência". (1ª Seção. MS 20.857-DF, Rel. Min. Napoleão Nunes Maia Filho, Rel. Acd. Min. Og Fernandes, julgado em 22/05/2019 - Info 651).

De acordo com o art. 142, o **prazo de prescrição começa a correr a partir da data em que o fato se tornou conhecido** e é **interrompido** caso haja a **abertura de sindicância ou a instauração de processo administrativo**, assim permanecendo até a decisão final da autoridade competente. A partir do dia que cessar a interrupção, o prazo volta a correr na sua integralidade (zera e reinicia a contagem).

ATENÇÃO!

A posição adotada no Supremo Tribunal Federal (RMS 23.436/DF, MS 30.478/DF, entre outros) é de que **a interrupção cessa após o decurso do prazo de 140 dias**, isto é, após esse período o prazo prescricional é retomado. Isso ocorre porque, tanto no STF quanto no STJ, o prazo previsto na lei para a conclusão do processo administrativo de 60 dias, prorrogável por igual período, não inclui o prazo para julgamento, que é de 20 dias (60 + 60 + 20 = 140)[10]. Nesse sentido, foi editada a Súmula nº 635 do STJ, que dispõe: "Os prazos prescricionais previstos no art. 142 da Lei n. 8.112/1990 iniciam-se na data em que a autoridade competente para a abertura do procedimento administrativo toma conhecimento do fato, interrompem-se com o primeiro ato de instauração válido - sindicância de caráter punitivo ou processo disciplinar - e voltam a fluir por inteiro, após decorridos 140 dias desde a interrupção". Da mesma forma, **deve ser seguido o texto da lei, exceto se a questão tiver como objeto a posição jurisprudencial.**

10. STJ - Súmula 592. O excesso de prazo para a conclusão do processo administrativo disciplinar só causa nulidade se houver demonstração de prejuízo à defesa.

▸ AÇÃO DISCIPLINAR – PRESCRIÇÃO			
Infração disciplinar	É crime	prazo previsto na **lei penal**	
	Não é crime	**5** anos	– demissão – cassação de aposentadoria ou disponibilidade – destituição de cargo em comissão
		2 anos	suspensão
		180 dias	advertência

Por fim, o art. 141 da Lei nº 8.112/90 elenca as autoridades competentes para a aplicação das penalidades.

▸ APLICAÇÃO DE PENALIDADE: AUTORIDADE COMPETENTE	
Demissão **Cassação de aposentadoria ou disponibilidade**	• Presidente da República • Presidente da Câmara dos Deputados • Presidente do Senado Federal • Presidente do Tribunal (STF, STJ, TRF, TRT, etc.) • Procurador-Geral da República
Suspensão > 30 dias	• Autoridades hierárquicas imediatamente inferiores às acima indicadas
Advertência **Suspensão ≤ 30 dias**	• Chefe da repartição e outras autoridades na forma dos respectivos regimentos ou regulamentos
Destituição de cargo em comissão	• Autoridade que fez a nomeação

3. LEGISLAÇÃO RELACIONADA AO CAPÍTULO

» Lei nº 8.112/90

[...]

Título IV

Do Regime Disciplinar

Capítulo I

Dos Deveres

Art. 116. São deveres do servidor:

I – exercer com zelo e dedicação as atribuições do cargo;

II – ser leal às instituições a que servir;

III – observar as normas legais e regulamentares;

IV – cumprir as ordens superiores, exceto quando manifestamente ilegais;

V – atender com presteza:

a) ao público em geral, prestando as informações requeridas, ressalvadas as protegidas por sigilo;

b) à expedição de certidões requeridas para defesa de direito ou esclarecimento de situações de interesse pessoal;

c) às requisições para a defesa da Fazenda Pública.

VI - levar as irregularidades de que tiver ciência em razão do cargo ao conhecimento da autoridade superior ou, quando houver suspeita de envolvimento desta, ao conhecimento de outra autoridade competente para apuração; (Redação dada pela Lei nº 12.527, de 2011)

VII - zelar pela economia do material e a conservação do patrimônio público;

VIII - guardar sigilo sobre assunto da repartição;

IX - manter conduta compatível com a moralidade administrativa;

X - ser assíduo e pontual ao serviço;

XI - tratar com urbanidade as pessoas;

XII - representar contra ilegalidade, omissão ou abuso de poder.

Parágrafo único. A representação de que trata o inciso XII será encaminhada pela via hierárquica e apreciada pela autoridade superior àquela contra a qual é formulada, assegurando-se ao representando ampla defesa.

Capítulo II
Das Proibições

Art. 117. Ao servidor é proibido: (Vide Medida Provisória nº 2.225-45, de 4.9.2001)

I - ausentar-se do serviço durante o expediente, sem prévia autorização do chefe imediato;

II - retirar, sem prévia anuência da autoridade competente, qualquer documento ou objeto da repartição;

III - recusar fé a documentos públicos;

IV - opor resistência injustificada ao andamento de documento e processo ou execução de serviço;

V - promover manifestação de apreço ou desapreço no recinto da repartição;

VI - cometer a pessoa estranha à repartição, fora dos casos previstos em lei, o desempenho de atribuição que seja de sua responsabilidade ou de seu subordinado;

VII - coagir ou aliciar subordinados no sentido de filiarem-se a associação profissional ou sindical, ou a partido político;

VIII - manter sob sua chefia imediata, em cargo ou função de confiança, cônjuge, companheiro ou parente até o segundo grau civil;

IX - valer-se do cargo para lograr proveito pessoal ou de outrem, em detrimento da dignidade da função pública;

X - participar de gerência ou administração de sociedade privada, personificada ou não personificada, exercer o comércio, exceto na qualidade de acionista, cotista ou comanditário; (Redação dada pela Lei nº 11.784, de 2008)

XI - atuar, como procurador ou intermediário, junto a repartições públicas, salvo quando se tratar de benefícios previdenciários ou assistenciais de parentes até o segundo grau, e de cônjuge ou companheiro;

XII - receber propina, comissão, presente ou vantagem de qualquer espécie, em razão de suas atribuições;

XIII - aceitar comissão, emprego ou pensão de estado estrangeiro;

XIV - praticar usura sob qualquer de suas formas;

XV - proceder de forma desidiosa;

XVI - utilizar pessoal ou recursos materiais da repartição em serviços ou atividades particulares;

XVII - cometer a outro servidor atribuições estranhas ao cargo que ocupa, exceto em situações de emergência e transitórias;

XVIII - exercer quaisquer atividades que sejam incompatíveis com o exercício do cargo ou função e com o horário de trabalho;

XIX - recusar-se a atualizar seus dados cadastrais quando solicitado. (Incluído pela Lei nº 9.527, de 10.12.97)

Parágrafo único. A vedação de que trata o inciso X do *caput* deste artigo não se aplica nos seguintes casos: (Incluído pela Lei nº 11.784, de 2008

I - participação nos conselhos de administração e fiscal de empresas ou entidades em que a União detenha, direta ou indiretamente, participação no capital social ou em sociedade cooperativa constituída para prestar serviços a seus membros; e (Incluído pela Lei nº 11.784, de 2008)

II – gozo de licença para o trato de interesses particulares, na forma do art. 91 desta Lei, observada a legislação sobre conflito de interesses. (Incluído pela Lei nº 11.784, de 2008)

Capítulo III
Da Acumulação

Art. 118. Ressalvados os casos previstos na Constituição, é vedada a acumulação remunerada de cargos públicos.

§ 1º A proibição de acumular estende-se a cargos, empregos e funções em autarquias, fundações públicas, empresas públicas, sociedades de economia mista da União, do Distrito Federal, dos Estados, dos Territórios e dos Municípios.

§ 2º A acumulação de cargos, ainda que lícita, fica condicionada à comprovação da compatibilidade de horários.

§ 3º Considera-se acumulação proibida a percepção de vencimento de cargo ou emprego público efetivo com proventos da inatividade, salvo quando os cargos de que decorram essas remunerações forem acumuláveis na atividade. (Incluído pela Lei nº 9.527, de 10.12.97)

Art. 119. O servidor não poderá exercer mais de um cargo em comissão, exceto no caso previsto no parágrafo único do art. 90, nem ser remunerado pela participação em órgão de deliberação coletiva. (Redação dada pela Lei nº 9.527, de 10.12.97)

Parágrafo único. O disposto neste artigo não se aplica à remuneração devida pela participação em conselhos de administração e fiscal das empresas públicas e sociedades de economia mista, suas subsidiárias e controladas, bem como quaisquer empresas ou entidades em que a União, direta ou indiretamente, detenha participação no capital social, observado o que, a respeito, dispuser legislação específica. (Redação dada pela Medida Provisória nº 2.225-45, de 4.9.2001)

Art. 120. O servidor vinculado ao regime desta Lei, que acumular licitamente dois cargos efetivos, quando investido em cargo de provimento em comissão, ficará afastado de ambos os cargos efetivos, salvo na hipótese em que houver compatibilidade de horário e local com o exercício de um deles, declarada pelas autoridades máximas dos órgãos ou entidades envolvidos. (Redação dada pela Lei nº 9.527, de 10.12.97)

Capítulo IV
Das Responsabilidades

Art. 121. O servidor responde civil, penal e administrativamente pelo exercício irregular de suas atribuições.

Art. 122. A responsabilidade civil decorre de ato omissivo ou comissivo, doloso ou culposo, que resulte em prejuízo ao erário ou a terceiros.

§ 1º A indenização de prejuízo dolosamente causado ao erário somente será liquidada na forma prevista no art. 46, na falta de outros bens que assegurem a execução do débito pela via judicial.

§ 2º Tratando-se de dano causado a terceiros, responderá o servidor perante a Fazenda Pública, em ação regressiva.

§ 3º A obrigação de reparar o dano estende-se aos sucessores e contra eles será executada, até o limite do valor da herança recebida.

Art. 123. A responsabilidade penal abrange os crimes e contravenções imputadas ao servidor, nessa qualidade.

Art. 124. A responsabilidade civil-administrativa resulta de ato omissivo ou comissivo praticado no desempenho do cargo ou função.

Art. 125. As sanções civis, penais e administrativas poderão cumular-se, sendo independentes entre si.

Art. 126. A responsabilidade administrativa do servidor será afastada no caso de absolvição criminal que negue a existência do fato ou sua autoria.

Art. 126-A. Nenhum servidor poderá ser responsabilizado civil, penal ou administrativamente por dar ciência à autoridade superior ou, quando houver suspeita de envolvimento desta, a outra autoridade competente para apuração de informação concernente à prática de crimes ou improbidade de que tenha conhecimento, ainda que em decorrência do exercício de cargo, emprego ou função pública. (Incluído pela Lei nº 12.527, de 2011)

Capítulo V
Das Penalidades

Art. 127. São penalidades disciplinares:

I - advertência;

II - suspensão;

III - demissão;

IV - cassação de aposentadoria ou disponibilidade;

V - destituição de cargo em comissão;

VI - destituição de função comissionada.

Art. 128. Na aplicação das penalidades serão consideradas a natureza e a gravidade da infração cometida, os danos que dela provierem para o serviço público, as circunstâncias agravantes ou atenuantes e os antecedentes funcionais.

Parágrafo único. O ato de imposição da penalidade mencionará sempre o fundamento legal e a causa da sanção disciplinar. (Incluído pela Lei nº 9.527, de 10.12.97)

Art. 129. A advertência será aplicada por escrito, nos casos de violação de proibição constante do art. 117, incisos I a VIII e XIX, e de inobservância de dever funcional previsto em lei, regulamentação ou norma interna, que não justifique imposição de penalidade mais grave. (Redação dada pela Lei nº 9.527, de 10.12.97)

Art. 130. A suspensão será aplicada em caso de reincidência das faltas punidas com advertência e de violação das demais proibições que não tipifiquem infração sujeita a penalidade de demissão, não podendo exceder de 90 (noventa) dias.

§ 1º Será punido com suspensão de até 15 (quinze) dias o servidor que, injustificadamente, recusar-se a ser submetido a inspeção médica determinada pela autoridade competente, cessando os efeitos da penalidade uma vez cumprida a determinação.

§ 2º Quando houver conveniência para o serviço, a penalidade de suspensão poderá ser convertida em multa, na base de 50% (cinquenta por cento) por dia de vencimento ou remuneração, ficando o servidor obrigado a permanecer em serviço.

Art. 131. As penalidades de advertência e de suspensão terão seus registros cancelados, após o decurso de 3 (três) e 5 (cinco) anos de efetivo exercício, respectivamente, se o servidor não houver, nesse período, praticado nova infração disciplinar.

Parágrafo único. O cancelamento da penalidade não surtirá efeitos retroativos.

Art. 132. A demissão será aplicada nos seguintes casos:

I - crime contra a administração pública;

II - abandono de cargo;

III - inassiduidade habitual;

IV - improbidade administrativa;

V - incontinência pública e conduta escandalosa, na repartição;

VI - insubordinação grave em serviço;

VII - ofensa física, em serviço, a servidor ou a particular, salvo em legítima defesa própria ou de outrem;

VIII - aplicação irregular de dinheiros públicos;

IX - revelação de segredo do qual se apropriou em razão do cargo;

X - lesão aos cofres públicos e dilapidação do patrimônio nacional;

XI - corrupção;

XII - acumulação ilegal de cargos, empregos ou funções públicas;

XIII - transgressão dos incisos IX a XVI do art. 117.

Art. 133. Detectada a qualquer tempo a acumulação ilegal de cargos, empregos ou funções públicas, a autoridade a que se refere o art. 143 notificará o servidor, por intermédio de sua chefia imediata, para apresentar opção no prazo improrrogável de dez dias, contados da data da ciência e, na hipótese de omissão, adotará procedimento sumário para a sua apuração e regularização imediata, cujo processo administrativo disciplinar se desenvolverá nas seguintes fases:(Redação dada pela Lei nº 9.527, de 10.12.97)

I – instauração, com a publicação do ato que constituir a comissão, a ser composta por dois servidores estáveis, e simultaneamente indicar a autoria e a materialidade da transgressão objeto da apuração; (Incluído pela Lei nº 9.527, de 10.12.97)

II – instrução sumária, que compreende indiciação, defesa e relatório; (Incluído pela Lei nº 9.527, de 10.12.97)

III – julgamento. (Incluído pela Lei nº 9.527, de 10.12.97)

§ 1º A indicação da autoria de que trata o inciso I dar-se-á pelo nome e matrícula do servidor, e a materialidade pela descrição dos cargos, empregos ou funções públicas em situação de acumulação ilegal, dos órgãos ou entidades de vinculação, das datas de ingresso, do horário de trabalho e do correspondente regime jurídico. (Redação dada pela Lei nº 9.527, de 10.12.97)

§ 2º A comissão lavrará, até três dias após a publicação do ato que a constituiu, termo de indiciação em que serão transcritas as informações de que trata o parágrafo anterior, bem como promoverá a citação pessoal do servidor indiciado, ou por intermédio de sua chefia imediata, para, no prazo de cinco dias, apresentar defesa escrita, assegurando-se-lhe vista do processo na repartição, observado o disposto nos arts. 163 e 164. (Redação dada pela Lei nº 9.527, de 10.12.97)

§ 3º Apresentada a defesa, a comissão elaborará relatório conclusivo quanto à inocência ou à responsabilidade do servidor, em que resumirá as peças principais dos autos, opinará sobre a licitude da acumulação em exame, indicará o respectivo dispositivo legal e remeterá o processo à autoridade instauradora, para julgamento. (Incluído pela Lei nº 9.527, de 10.12.97)

§ 4º No prazo de cinco dias, contados do recebimento do processo, a autoridade julgadora proferirá a sua decisão, aplicando-se, quando for o caso, o disposto no § 3º do art. 167. (Incluído pela Lei nº 9.527, de 10.12.97)

§ 5º A opção pelo servidor até o último dia de prazo para defesa configurará sua boa-fé, hipótese em que se converterá automaticamente em pedido de exoneração do outro cargo. (Incluído pela Lei nº 9.527, de 10.12.97)

§ 6º Caracterizada a acumulação ilegal e provada a má-fé, aplicar-se-á a pena de demissão, destituição ou cassação de aposentadoria ou disponibilidade em relação aos cargos, empregos ou funções públicas em regime de acumulação ilegal, hipótese em que os órgãos ou entidades de vinculação serão comunicados. (Incluído pela Lei nº 9.527, de 10.12.97)

§ 7º O prazo para a conclusão do processo administrativo disciplinar submetido ao rito sumário não excederá trinta dias, contados da data de publicação do ato que constituir a comissão, admitida a sua prorrogação por até quinze dias, quando as circunstâncias o exigirem. (Incluído pela Lei nº 9.527, de 10.12.97)

§ 8º O procedimento sumário rege-se pelas disposições deste artigo, observando-se, no que lhe for aplicável, subsidiariamente, as disposições dos Títulos IV e V desta Lei. (Incluído pela Lei nº 9.527, de 10.12.97)

Art. 134. Será cassada a aposentadoria ou a disponibilidade do inativo que houver praticado, na atividade, falta punível com a demissão.

Art. 135. A destituição de cargo em comissão exercido por não ocupante de cargo efetivo será aplicada nos casos de infração sujeita às penalidades de suspensão e de demissão.

Parágrafo único. Constatada a hipótese de que trata este artigo, a exoneração efetuada nos termos do art. 35 será convertida em destituição de cargo em comissão.

Art. 136. A demissão ou a destituição de cargo em comissão, nos casos dos incisos IV, VIII, X e XI do art. 132, implica a indisponibilidade dos bens e o ressarcimento ao erário, sem prejuízo da ação penal cabível.

Art. 137. A demissão ou a destituição de cargo em comissão, por infringência do art. 117, incisos IX e XI, incompatibiliza o ex-servidor para nova investidura em cargo público federal, pelo prazo de 5 (cinco) anos.

Parágrafo único. Não poderá retornar ao serviço público federal o servidor que for demitido ou destituído do cargo em comissão por infringência do art. 132, incisos I, IV, VIII, X e XI.

Art. 138. Configura abandono de cargo a ausência intencional do servidor ao serviço por mais de trinta dias consecutivos.

Art. 139. Entende-se por inassiduidade habitual a falta ao serviço, sem causa justificada, por sessenta dias, interpoladamente, durante o período de doze meses.

Art. 140. Na apuração de abandono de cargo ou inassiduidade habitual, também será adotado o procedimento sumário a que se refere o art. 133, observando-se especialmente que: (Redação dada pela Lei nº 9.527, de 10.12.97)

I - a indicação da materialidade dar-se-á: (Incluído pela Lei nº 9.527, de 10.12.97)

a) na hipótese de abandono de cargo, pela indicação precisa do período de ausência intencional do servidor ao serviço superior a trinta dias; (Incluído pela Lei nº 9.527, de 10.12.97)

b) no caso de inassiduidade habitual, pela indicação dos dias de falta ao serviço sem causa justificada, por período igual ou superior a sessenta dias interpoladamente, durante o período de doze meses; (Incluído pela Lei nº 9.527, de 10.12.97)

II - após a apresentação da defesa a comissão elaborará relatório conclusivo quanto à inocência ou à responsabilidade do servidor, em que resumirá as peças principais dos autos, indicará o respectivo dispositivo legal, opinará, na hipótese de abandono de cargo, sobre a intencionalidade da ausência ao serviço superior a trinta dias e remeterá o processo à autoridade instauradora para julgamento. (Incluído pela Lei nº 9.527, de 10.12.97)

Art. 141. As penalidades disciplinares serão aplicadas:

I - pelo Presidente da República, pelos Presidentes das Casas do Poder Legislativo e dos Tribunais Federais e pelo Procurador-Geral da República, quando se tratar de demissão e cassação de aposentadoria ou disponibilidade de servidor vinculado ao respectivo Poder, órgão, ou entidade;

II - pelas autoridades administrativas de hierarquia imediatamente inferior àquelas mencionadas no inciso anterior quando se tratar de suspensão superior a 30 (trinta) dias;

III - pelo chefe da repartição e outras autoridades na forma dos respectivos regimentos ou regulamentos, nos casos de advertência ou de suspensão de até 30 (trinta) dias;

IV - pela autoridade que houver feito a nomeação, quando se tratar de destituição de cargo em comissão.

Art. 142. A ação disciplinar prescreverá:

I - em 5 (cinco) anos, quanto às infrações puníveis com demissão, cassação de aposentadoria ou disponibilidade e destituição de cargo em comissão;

II - em 2 (dois) anos, quanto à suspensão;

III - em 180 (cento e oitenta) dias, quanto à advertência.

§ 1º O prazo de prescrição começa a correr da data em que o fato se tornou conhecido.

§ 2º Os prazos de prescrição previstos na lei penal aplicam-se às infrações disciplinares capituladas também como crime.

§ 3º A abertura de sindicância ou a instauração de processo disciplinar interrompe a prescrição, até a decisão final proferida por autoridade competente.

§ 4º Interrompido o curso da prescrição, o prazo começará a correr a partir do dia em que cessar a interrupção.

[...]

Brasília, 11 de dezembro de 1990; 169º da Independência e 102º da República.

FERNANDO COLLOR

Publicado no DOU DE 12.12.1990
E REPUBLICADO EM 18.3.1998

4. QUESTÕES

4.1. Questões comentadas

01. **(FCC – 2019 – TRF – 4ª REGIÃO – Analista Judiciário – Área Judiciária)** Paulo da Silva é servidor federal e foi designado para compor Comissão Processante destinada a apurar a responsabilidade de outro servidor público. Ao tomar ciência da designação, Paulo verifica que o servidor investigado é seu parente de quarto grau, por intermédio de uma irmã adotiva de sua mãe. Diante da situação relatada e à luz do que dispõem a Lei n° 8.112/90 e a Lei n° 9.784/99, Paulo

a) é obrigado a comunicar o impedimento à autoridade que o designou, abstendo-se de atuar, sob pena de responsabilidade funcional.
b) é obrigado a comunicar a suspeição à autoridade que o designou, abstendo-se de atuar, sob pena de responsabilidade funcional.
c) deve prosseguir na Comissão, pois as leis em questão determinam expressamente que parentescos baseados em adoção são incapazes de gerar incompatibilidade para atuação em processo administrativo.
d) não está obrigado a comunicar impedimento, mas pode declarar-se em situação de suspeição, solicitando o afastamento à autoridade que o designou.
e) não está obrigado a comunicar suspeição, mas pode declarar-se em situação de impedimento, solicitando o afastamento à autoridade que o designou.

COMENTÁRIO

Alternativa correta: letra "d". (responde às demais alternativas). Nos termos do art. 149 da Lei nº 8.112/90, o processo disciplinar será conduzido por comissão composta por 3 servidores estáveis, designados pela autoridade competente. O presidente da comissão deve ser ocupante de cargo efetivo superior ou de mesmo nível, ou ter nível de escolaridade igual ou superior ao do indiciado. Ademais, segundo o §2º do mesmo artigo, "não poderá participar de comissão de sindicância ou de inquérito, cônjuge, companheiro ou parente do acusado, consanguíneo ou afim, em linha reta ou colateral, até o **terceiro grau**". Ou seja, Paulo não é impedido, por ser parente de quarto grau do investigado.

Por não tratar a Lei nº 8.112/90 da hipótese de suspeição, teríamos que recorrer à Lei nº 9.784/99, que versa sobre o tema no art. 20, que estabelece que "pode ser arguida a suspeição de autoridade ou servidor que tenha amizade íntima ou inimizade notória com algum dos interessados ou com os respectivos cônjuges, companheiros, parentes e afins até o terceiro grau."

Assim, poderia o servidor se declarar suspeito no caso de ter amizade íntima ou notória com o investigado.

02. **(FCC – 2019 – TRF – 4ª REGIÃO – Analista Judiciário – Oficial de Justiça Avaliador Federal)** Acerca do regime jurídico aplicável aos cargos públicos, a Constituição Federal e a Lei n° 8.112/1990 dispõem que

a) apenas nos cargos públicos reservados aos brasileiros natos pode ser recusada a investidura aos estrangeiros.
b) somente os servidores titulares de cargo efetivo podem exercer funções de confiança.

c) a aptidão física e mental deve ser apurada antes da nomeação para o cargo.
d) a readaptação é a reinvestidura do servidor estável no cargo anteriormente ocupado, ou no cargo resultante de sua transformação, quando invalidada a sua demissão por decisão administrativa ou judicial.
e) a investidura de servidor em cargo de natureza eletiva sempre impõe o seu afastamento do cargo efetivo de que é titular.

COMENTÁRIO

Alternativa correta: letra "b". Nos termos do art. 37, V da CF/88: "as funções de confiança, exercidas exclusivamente por servidores ocupantes de cargo efetivo, e os cargos em comissão, a serem preenchidos por servidores de carreira nos casos, condições e percentuais mínimos previstos em lei, destinam-se apenas às atribuições de direção, chefia e assessoramento". Deve-se, assim, atentar para a **diferença entre cargo em comissão e função de confiança,** pois **somente no cargo em comissão pode haver a nomeação de pessoa que não é servidor de carreira,** desde que dentro do limite estabelecido em lei, pois, apenas **quem já é titular de cargo efetivo pode ser designado para exercer função de confiança.** Para ficar claro, o cargo em comissão de Diretor de Secretaria, em uma vara da Justiça Federal, poderá ser ocupado por quem é servidor de carreira e por quem não é, respeitado o limite de 50% do total de cargos e, de maneira diferente, para o exercício da função de confiança de Supervisor de Mandado de Segurança, apenas será designado quem já é titular de cargo efetivo.

Alternativa "a". Nos termos do art. 37, I da CF/88: "os cargos, empregos e funções públicas são acessíveis aos brasileiros que preencham os requisitos estabelecidos em lei, assim como aos estrangeiros, na forma da lei". Trata-se, portanto, de norma de eficácia limitada, de forma que as restrições ao acesso a cargos públicos serão dadas por lei.

Alternativa "c". Segundo o art. 14, parágrafo único da Lei nº 8.112/90, apenas poderá ser **empossado,** o que for julgado apto física e mentalmente.

Alternativa "d". "Readaptação é a investidura do servidor em cargo de atribuições e responsabilidades compatíveis com a limitação que tenha sofrido em sua capacidade física ou mental verificada em inspeção médica" (art. 24 da Lei nº 8.112/90). O conceito trazido na alternativa, por sua vez, trata da reintegração, prevista no art. 28 da Lei nº 8.112/90: "reintegração é a reinvestidura do servidor estável no cargo anteriormente ocupado, ou no cargo resultante de sua transformação, quando invalidada a sua demissão por decisão administrativa ou judicial, com ressarcimento de todas as vantagens".

Alternativa "e". O eleito poderá permanecer no cargo, emprego ou função quando investido no mandato de Vereador, em havendo compatibilidade de horários. Dessa forma, nem sempre a investidura de servidor em cargo de natureza eletiva impõe o seu afastamento do cargo efetivo de que é titular.

03. (FCC – 2019 – TRF – 4ª REGIÃO – Analista Judiciário – Infraestrutura em Tecnologia da Informação) As indenizações previstas na Lei nº 8.112/1990

a) são espécies de vantagens passíveis de serem pagas aos servidores de forma recorrente e reiterada, incorporando-se aos vencimentos devidos mensalmente.
b) não se incorporam aos vencimentos recebidos pelos servidores, porque constituem espécies de vantagens e, como tal, não podem ser pagas por prazo indeterminado.

c) são espécies de gratificações devidas aos servidores, podendo, em alguns casos, ser incorporadas à remuneração mensal.
d) são adicionais devidos aos servidores em situações episódicas, mediante comprovação de despesa prévia, não se incorporando à remuneração mensal.
e) e as gratificações são pagamentos devidos aos servidores em casos de comprovação de despesas extraordinárias, podendo ser incorporadas aos vencimentos, mas não aos proventos.

COMENTÁRIO

Alternativa correta: letra "b". As **vantagens** que o servidor pode receber são as **indenizações, as gratificações e os adicionais**, sendo muito importante salientar que as indenizações não se incorporam ao vencimento (art. 49, §1º da Lei nº 8.112/90) e, por outro lado, os outros dois poderão ser incorporados se houver lei a respeito (art. 49 da Lei nº 8.112/90). Apenas para auxiliar em sua memorização, cumpre destacar que são indenizações a **ajuda de custo, as diárias, a indenização de transporte e o auxílio-moradia.**

Alternativa "a". As indenizações não se incorporam ao vencimento, nos termos do art. 49, §1º da Lei nº 8.112/90. Ademais, não são pagas de forma recorrente e reiterada. Deve-se destacar, que as indenizações são previstas em lei e se destinam a indenizar o servidor por gastos em razão de sua função[11].

Alternativa "c". (responde a alternativa "e"). Gratificações e indenizações não se confundem. Desse modo, gratificações são vantagens pecuniárias atribuídas de forma precária aos servidores, quando sujeitos a condições anormais de segurança, salubridade ou onerosidade, ou concedidas como ajuda a servidores que reúnam condições pessoais que a lei especifica. São vantagens transitórias, que não se incorporam automaticamente ao vencimento, nem gera direito subjetivo à continuidade de sua percepção[12]. **As indenizações, por sua vez, destinam-se a indenizar o servidor por gastos em razão da função.**

Alternativa "d". Indenizações não se confundem com adicionais, sendo que estes são vantagens pecuniárias que a Administração concede aos servidores em razão do tempo de exercício ou da natureza peculiar da função, a princípio, incorporando ao vencimento de forma permanente. Além disso, o servidor não necessariamente deverá comprovar a despesa prévia para o recebimento da indenização, como ocorre com as diárias.

04. (FGV – 2019 – TJ-CE – Técnico Judiciário – Área Judiciária) Maria exerce a função de confiança de Diretora do Departamento de Engenharia e Arquitetura de determinado Tribunal de Justiça.

De acordo com as disposições constitucionais sobre a administração pública e os agentes públicos, é correto afirmar que Maria:

a) é necessariamente servidora pública ocupante de cargo efetivo;
b) é necessariamente pessoa não concursada ocupante de cargo de livre nomeação e exoneração;
c) é necessariamente servidora pública ocupante de cargo em comissão;

11. MEIRELLES, Hely Lopes. *Direito Administrativo brasileiro*. São Paulo: Malheiros, 2018.
12. MEIRELLES, Hely Lopes. *Direito Administrativo brasileiro*. São Paulo: Malheiros, 2018.

d) pode ser pessoa não concursada ocupante de cargo de livre nomeação ou servidora ocupante de cargo efetivo;
e) pode ser pessoa não concursada ocupante de cargo de livre nomeação ou servidora contratada temporariamente.

COMENTÁRIO

Alternativa correta: letra "a". (responde às demais alternativas). Nos termos do art. 37, V da CF/88: **"as funções de confiança, exercidas exclusivamente por servidores ocupantes de cargo efetivo,** e os cargos em comissão, a serem preenchidos por servidores de carreira nos casos, condições e percentuais mínimos previstos em lei, destinam-se apenas às atribuições de direção, chefia e assessoramento".

05. (FGV – 2019 – TJ-CE – Técnico Judiciário – Área Judiciária) João foi aprovado em concurso público para o cargo efetivo de Analista Financeiro da Secretaria Estadual de Fazenda, obtendo classificação dentro do número de vagas oferecidas no edital do certame. Ao final do prazo de validade do concurso, por não ter sido convocado, João ingressou com medida judicial pleiteando sua nomeação e posse.

De acordo com a atual jurisprudência do Supremo Tribunal Federal sobre a matéria, o pleito de João:

a) não merece prosperar, pois o candidato aprovado em concurso público, ainda que dentro do número de vagas ofertadas no edital, possui apenas expectativa de direito à nomeação, em razão do princípio da discricionariedade;
b) não merece prosperar, pois João deveria ter comprovado que foi preterido por outro candidato aprovado fora do número de vagas ou que a ordem de classificação do concurso foi burlada;
c) não merece prosperar, pois João deveria ter comprovado que foi preterido em razão da nomeação, a título precário, de pessoa contratada sem prévio concurso público para desempenhar as mesmas funções de Analista Financeiro;
d) merece prosperar, pois João possui direito subjetivo à nomeação, cuja necessidade é presumida a partir da previsão editalícia do número de vagas, em respeito aos princípios da boa-fé e segurança jurídica;
e) merece prosperar, pois João possui direito líquido e certo à nomeação, cuja necessidade é presumida em relação a todos os candidatos aprovados no concurso, inclusive além do número de vagas.

COMENTÁRIO

Alternativa correta: letra "d" (responde às demais alternativas). João possui direito subjetivo à nomeação, pois aprovado dentro do número de vagas. Em 09/12/15, o Tribunal fixou, por maioria, a tese de repercussão geral definida no RE 837.311, nos seguintes termos: "O surgimento de novas vagas ou a abertura de novo concurso para o mesmo cargo, durante o prazo de validade do certame anterior, não gera automaticamente o direito à nomeação dos candidatos aprovados fora das vagas previstas no edital, ressalvadas as hipóteses de preterição arbitrária e imotivada por parte da administração, caracterizada por comportamento tácito ou expresso do Poder Público capaz de revelar a inequívoca necessidade de nomeação do aprovado durante o período de validade do certame, a ser demonstrada de forma cabal pelo candidato. Assim, o **direito subjetivo à nomeação do candidato aprovado em concurso público exsurge nas seguintes hipóteses:**

1. **Quando a aprovação ocorrer dentro do número de vagas dentro do edital;**
2. Quando houver preterição na nomeação por não observância da ordem de classificação;
3. Quando surgirem novas vagas, ou for aberto novo concurso durante a validade do certame anterior, e ocorrer a preterição de candidatos de forma arbitrária e imotivada por parte da administração nos termos acima".

06. (AOCP – Técnico Judiciário – Área Administrativa – TRT 1/2018) De acordo com a Lei n° 8.112/1990, que dispõe sobre o regime jurídico dos servidores públicos federais, analise as assertivas e assinale a alternativa que apontas as corretas.

I. Considera-se inassiduidade habitual a falta ao serviço, sem causa justificada, por 60 (sessenta) dias, interpoladamente, durante o período de 12 (doze) meses.

II. O prazo para conclusão da sindicância não excederá 30 (trinta) dias, podendo ser prorrogado por igual período, a critério da autoridade superior.

III. No tocante à advertência, a respectiva ação disciplinar prescreve em 2 (dois) anos da data em que o fato se tornou conhecido.

IV. A responsabilidade administrativa do servidor será afastada no caso de absolvição criminal por falta de provas.

a) Apenas I e II.
b) Apenas II e IV.
c) Apenas I, II e III.
d) Apenas I, III e IV.
e) Apenas II, III e IV.

COMENTÁRIO

Alternativa correta: letra "a". Estão corretos os itens I e II.

Item I. Correto. Nos termos do art. 139, da Lei nº 8.112/90, "entende-se por **inassiduidade habitual a falta ao serviço, sem causa justificada, por sessenta dias, interpoladamente, durante o período de doze meses**".

Item II. Correto. A apuração de infração administrativa pode ser feita por meio da sindicância e do processo administrativo disciplinar. Os **prazos para a conclusão** dessas formas de apuração são diferentes, conforme os artigos 133, § 7º, 145, parágrafo único, e 152, caput: a) **sindicância**: **30** dias, prorrogáveis por mais **30** dias; b) **processo administrativo** disciplinar (rito **ordinário**): **60** dias, prorrogáveis por **60** dias; c) **processo administrativo** disciplinar (rito **sumário**): **30** dias, prorrogáveis por mais **15** dias.

Item III. Errado. Na forma do art. 142, III, a ação disciplinar prescreverá em **180 dias,** quanto à pena de advertência. Pelo § 1º infere-se, ainda, que o prazo de prescrição começa a correr da data em que o fato se tornou conhecido.

Item IV. Errado. No sistema brasileiro, vigora a regra da independência de instâncias e, desse modo, é possível a cumulação de penalidades nas esferas civil, administrativa e penal, sem que haja a configuração do bis in idem. Por exemplo, um servidor que, valendo-se do cargo, desvie dinheiro público que estava em sua posse poderá ser demitido administrativamente, condenado criminalmente pelo crime de peculato e, ainda, poderá ser condenado por improbidade administrativa. Nesse sentido, estabelece o art. 125 da Lei nº 8.112/90 que as sanções civis, penais e administrativas poderão cumular-se, sendo independentes entre si. Entretanto, o art. 126 do Estatuto determina que a responsabilidade administrativa do servidor seja afastada no caso de absolvição criminal que negue a existência do fato ou sua autoria e, na mesma esteira, há o art. 945 do Código Civil em relação à responsabilidade civil. Assim, não basta ser absolvido, pois a absolvição deve ter como fundamento a negativa de autoria e a inexistência do fato, **não sendo suficiente a absolvição por falta de provas.**

07. **(FGV – Analista Judiciário – Área Administrativa – TRT 12ª Região/2017)** Alfa, Analista Judiciário do Tribunal Regional do Trabalho de determinada região, utilizou, pelo período de seis meses, materiais de informática da Vara do Trabalho onde estava lotado, em serviços e atividades particulares, para ajudar sua irmã, que estava montando uma empresa de propaganda e marketing. De acordo com o regime disciplinar estabelecido na Lei nº 8.112/90, após regular processo administrativo disciplinar, Alfa está sujeito à pena de:

a) demissão, aplicada pelo Presidente do TRT;
b) suspensão até 180 dias, aplicada pelo Presidente do TRT;
c) suspensão até 90 dias, aplicada pelo Corregedor do TRT;
d) suspensão até 90 dias, aplicada pelo Presidente do TRT;
e) advertência, aplicada pelo Corregedor do TRT.

COMENTÁRIO

Nota do Autor: É essencial ao candidato que conheça bem as hipóteses descritas nos artigos 116 e 117 da Lei nº 8.112/90, pois consistem, respectivamente, nos deveres e proibições dos servidores públicos federais, assuntos que são muito exigidos nas provas, ou isoladamente ou no contexto das penalidades. Neste sentido, é proibido, ao servidor, utilizar pessoal ou recursos materiais da repartição em serviços ou atividades particulares, na forma do art. 117, XVI, da Lei nº 8.112/90.

Alternativa correta: letra "a" (responde as demais alternativas). As penalidades que podem ser aplicadas ao servidor público estão previstas no art. 127 da Lei nº 8.112/1990 e são: a) advertência; b) suspensão; c) multa; d) demissão; e) cassação de aposentadoria e disponibilidade; f) **destituição de cargo em comissão**; g) destituição de função de confiança. Com a pena de demissão, o servidor titular de cargo efetivo é desligado compulsoriamente da Administração Pública. As hipóteses de cabimento estão arroladas no art. 117, IX a XVI e no art. 132, I a XII, da Lei nº 8.112/90. Quanto à competência para aplicação de penalidade, deve ser observado o disposto no art. 141 e, nos termos desse dispositivo legal, quando se tratar de demissão e cassação de aposentadoria ou disponibilidade, caberá ao Presidente da República, aos Presidentes das Casas do Poder Legislativo e dos Tribunais Federais e ao Procurador-Geral da

República. Já, quando a pena for de suspensão superior a 30 dias, a competência será das autoridades administrativas de hierarquia imediatamente inferior às anteriormente mencionadas. Se a suspensão for inferior a 30 dias, a competência para aplicação da sanção é do chefe da repartição e outras autoridades, na forma dos respectivos regimentos ou regulamentos. Como a situação narrada no enunciado configura proibição prevista, justamente, no art. 117, XVI, da Lei, **será, no caso, aplicada pena de demissão, pelo Presidente do TRT.**

08. (FCC – Analista Judiciário – Área Judiciária – TRE – PR/2017) No que se refere à prescrição no âmbito da ação disciplinar, a Lei no 8.112/1990 estabelece que

a) o prazo prescricional começa a correr da data da ocorrência do fato.
b) a abertura de sindicância não interrompe a prescrição.
c) a instauração de processo disciplinar interrompe a prescrição, até a decisão final proferida por autoridade competente.
d) infrações puníveis com demissão são imprescritíveis.
e) prescreve em 2 anos a ação disciplinar quanto às infrações puníveis com suspensão e advertência.

COMENTÁRIO

Alternativa correta: letra "c" (responde a alternativa "b"). O art. 142, § 3º, da Lei nº 8.112/90, preceitua que "a abertura de sindicância ou a instauração de processo disciplinar **interrompe** a prescrição, até a decisão final proferida por autoridade competente".

Alternativa "a". Pelo § 1º, do mesmo art. 142, infere-se, ainda, que o prazo de prescrição começa a correr da data em que o fato se tornou conhecido.

Alternativa "d" (responde a alternativa "e"). Os prazos de **prescrição das ações disciplinares** estão previstos no art. 142 da Lei nº 8.112/90. Quanto à suspensão, tal prazo é de 2 anos; já quanto à advertência, o prazo é de 180 dias. Além disso, quanto às infrações puníveis com demissão, cassação de aposentadoria ou disponibilidade e destituição de cargo em comissão, o prazo é de 5 anos. Tais prazos são sempre contados da data em que o fato se tornou conhecido. Destaca-se, ainda, que se a infração disciplinar também for tipificada como crime, será aplicado o prazo de prescrição previsto na lei penal.

09. (Consulplan – Técnico Judiciário – Área Administrativa – TRE – RJ/2017) "Um servidor efetivo do Tribunal Regional Eleitoral retirou um processo da repartição sem autorização da chefia imediata." Nos termos da Lei n° 8.112/90, é correto afirmar que

a) a conduta impõe a suspensão dos direitos políticos do servidor.
b) se o servidor estiver em estágio probatório, será exonerado do cargo.
c) o servidor praticou infração punível com a penalidade de advertência.
d) em caso de reincidência, aplica-se, em regra, a penalidade de demissão.

COMENTÁRIO

Alternativa correta: letra "c". A pena de **advertência** é uma **repreensão feita por escrito e anotada no prontuário do servidor.** Tem cabimento, conforme artigo 129 da Lei nº 8.112/90, quando se tratar de violação dos deveres funcionais constantes do artigo 117, I a VIII e

XIX, ou quando houver inobservância de dever funcional previsto em lei, regulamento ou norma interna e não se justifique pena mais grave. Assim, o referido dispositivo (art. 117) dispõe que são puníveis com advertência as seguintes condutas: ausentar-se do serviço durante o expediente, sem prévia autorização do chefe imediato; **retirar, sem prévia anuência da autoridade competente, qualquer documento ou objeto da repartição**; recusar fé a documentos públicos; opor resistência injustificada ao andamento de documento e processo ou execução de serviço; promover manifestação de apreço ou desapreço no recinto da repartição; cometer a pessoa estranha à repartição, fora dos casos previstos em lei, o desempenho de atribuição que seja de sua responsabilidade ou de seu subordinado; coagir ou aliciar subordinados no sentido de filiarem-se a associação profissional ou sindical, ou a partido político; manter sob sua chefia imediata, em cargo ou função de confiança, cônjuge, companheiro ou parente até o segundo grau civil; valer-se do cargo para lograr proveito pessoal ou de outrem, em detrimento da dignidade da função pública; recusar-se a atualizar seus dados cadastrais quando solicitado.

Alternativa "a". A penalidade de **suspensão dos direitos políticos** não está prevista na Lei nº 8.112/90.

Alternativa "b". O art. 20 da mesma lei prevê que "ao entrar em exercício, o servidor nomeado para cargo de provimento efetivo ficará sujeito a **estágio probatório** por período de 24 (vinte e quatro) meses, durante o qual a sua aptidão e capacidade serão objeto de avaliação para o desempenho do cargo, observados os seguintes fatores: ***I – assiduidade; II – disciplina; III – capacidade de iniciativa; IV – produtividade; e V – responsabilidade". Assim, não necessariamente por ser penalizado com advertência durante estágio probatório, será o servidor exonerado, sendo necessária a análise de outros fatores para a imposição da penalidade. Vale ressaltar que a previsão de 24 meses prevista na Lei 8.112/90 para aquisição de estabilidade não mais encontra amparo constitucional. A EC 19/98 estabeleceu que são estáveis no serviço público os servidores efetivos nomeados para o cargo em virtude de concurso público após 3 anos de efetivo exercício.***

Alternativa "d". A **suspensão** será aplicada, de fato, em caso de **reincidência das faltas punidas com advertência**, não podendo exceder, contudo, **90 dias.** Também poderá ser aplicada tal penalidade no que diz respeito a **infrações não sujeitas à demissão** (art. 130).

10. **(FCC – Analista Judiciário – Área Administrativa – TRF 3ª Região/2016)** O descumprimento de deveres e obrigações pode dar ensejo à aplicação de penalidades, devendo ser respeitada a relação entre a natureza e especificidade da sanção e a competência para sua imposição, tal como prevista na Lei nº 8.112/1990, do que é exemplo a penalidade de

a) suspensão superior a 30 dias, cuja competência para aplicação é privativa da autoridade máxima do ente ao qual esteja vinculado o servidor, qual seja, por exemplo, o Presidente do Tribunal Federal em questão.

b) suspensão, seja qual for o prazo, em razão da gravidade, privativa da autoridade de hierarquia imediatamente inferior à autoridade máxima do ente ao qual esteja vinculado o servidor, ou seja, por exemplo, Ministro de Estado.

c) demissão, privativa da autoridade máxima do órgão do ente ao qual esteja vinculado o servidor, ou seja, por exemplo, Ministro de Estado ou Presidente de Tribunal Federal.

d) cassação de aposentadoria, a ser aplicada pela autoridade máxima do ente ao qual esteja vinculado o servidor, como, por exemplo, o Presidente da República.

e) cassação de aposentadoria ou suspensão por prazo superior a 30 dias, cuja aplicação é competência privativa da autoridade máxima do ente ao qual esteja vinculado o servidor, ou seja, por exemplo, Ministro de Estado ou Presidente de Tribunal Federal.

COMENTÁRIO

Alternativa correta: letra "d" (responde a alternativa "c"). Na forma do art. 141, I, da Lei, as penalidades serão aplicadas "pelo Presidente da República, pelos Presidentes das Casas do Poder Legislativo e dos Tribunais Federais e pelo Procurador-Geral da República, quando se tratar de demissão e cassação de aposentadoria ou disponibilidade de servidor vinculado ao respectivo Poder, órgão ou entidade". O Ministro de Estado, portanto, não tem competência para aplicar pena de demissão, mas de **suspensão por mais de 30 dias**, na forma do art. 141, II, da Lei.

Alternativa "a" (responde a alternativa "b"). Consoante art. 141, II, da Lei, as penalidades serão aplicadas "pelas autoridades administrativas de hierarquia imediatamente inferior àquelas mencionadas no inciso anterior quando se tratar de suspensão superior a 30 (trinta) dias". O Presidente do Tribunal Federal está mencionado, justamente, no inciso I, de tal modo que, pela previsão do mencionado inciso, cabe à autoridade hierarquicamente inferior a ele aplicar a penalidade de suspensão por mais de 30 (trinta) dias. Ademais, nos termos do art. 141, III, da Lei, as penalidades serão aplicadas "pelo chefe da repartição e outras autoridades na forma dos respectivos regimentos ou regulamentos, nos casos de advertência ou de suspensão de até 30 (trinta) dias". Assim, a imposição de suspensão **por mais de 30 (trinta) dias,** em razão da gravidade, é privativa da autoridade de hierarquia imediatamente inferior à autoridade máxima do ente ao qual esteja vinculado o servidor, ou seja, por exemplo, Ministro de Estado.

Alternativa "e". O **Ministro de Estado** não é autoridade máxima do ente ao qual esteja vinculado o servidor, mas autoridade administrativa de hierarquia imediatamente inferior àquela, não tendo competência, portanto, para a aplicação da pena de cassação de aposentadoria.

11. **(FCC – Técnico Judiciário – Área Administrativa - TRT 3/2015)** Márcia, servidora do Tribunal Regional do Trabalho da 3ª Região, foi chamada pelo setor competente do referido Tribunal para atualizar seus dados cadastrais, recusando- se a assim o fazer. Nos termos da Lei no 8.112/1990, a ação disciplinar para a penalidade a que está sujeita Márcia prescreverá em

a) 180 dias.
b) 2 anos.
c) 5 anos.
d) 3 anos.
e) 120 dias.

COMENTÁRIOS

Alternativa correta: letra "a" (responde as demais alternativas). O art. 117, XIX, prevê que é proibido ao servidor recusar-se a atualizar seus dados cadastrais quando solicitado. Caso servidor viole essa proibição, a pena cabível é a advertência, nos termos do art. 129. Dessa maneira, conforme o art. 142, III, a ação disciplinar prescreverá em 180 dias.

12. **(Cespe - Analista Judiciário – Área Judiciária– TRE-GO/2015)** Flávia, analista judiciária do TRE/GO, acumula licitamente o cargo de analista e um cargo de professora na rede pública de ensino em Goiânia. Por sua competência, foi convidada a ocupar cargo em comissão no governo estadual de Goiás. Nesse caso, para ocupar o cargo em comissão, Flávia deve afastar-se dos dois cargos efetivos.

COMENTÁRIOS

"Errado". Nos termos do art. 120, da Lei nº 8.112/90, o "servidor vinculado ao regime desta Lei, que acumular licitamente dois cargos efetivos, quando investido em cargo de provimento em comissão, ficará afastado de ambos os cargos efetivos, **salvo na hipótese em que houver compatibilidade de horário e local com o exercício de um deles, declarada pelas autoridades máximas dos órgãos ou entidades envolvidos".** Assim, no caso, Flávia deverá afastar-se, ao menos, de um dos cargos efetivos, podendo ser mantida no outro caso haja compatibilidade de horário e local com o exercício do cargo em comissão para que foi convidada.

13. **(FCC – Analista Judiciário – Administrativa – TRT 1/2013)** Ana, servidora pública ocupante de cargo efetivo e com função comissionada de chefia em órgão da Administração pública federal recusou-se, injustificadamente, a atualizar seus dados cadastrais na forma regularmente solicitada pelo órgão de pessoal. Diante de tal conduta, sujeita-se à penalidade disciplinar de

a) advertência, aplicada por escrito.
b) suspensão, com prazo máximo de 15 (quinze) dias.
c) destituição da função comissionada.
d) suspensão da função comissionada, pelo prazo máximo de 15 (quinze) dias.
e) suspensão ou, no caso de reincidência, demissão.

COMENTÁRIOS

Alternativa correta: letra "a" (responde as demais alternativas). A pena de **advertência** é uma **repreensão feita por escrito e anotada no prontuário do servidor**. Tem cabimento, conforme o art. 129, quando se tratar de violação dos deveres funcionais constantes do art. 117, I a VIII e XIX, ou quando houver a inobservância de dever funcional previsto em lei, regulamento ou norma interna, e não haja justificativa para a aplicação de pena mais grave. A recusa do servidor em atualizar seus dados cadastrais, quando solicitado, é conduta prevista no art. 117, XIX, punível, portanto, com pena de **advertência.**

14. **(Cespe – Técnico – Administração – MPU/2013)** Em relação ao regime jurídico dos servidores públicos federais, julgue o item subsequente.

Aplica-se a penalidade disciplinar de demissão a servidor público por abandono de cargo, caracterizado pela ausência intencional do servidor ao serviço por mais de trinta dias consecutivos ou por sessenta dias não consecutivos, em um período de um ano.

Certo ( ) Errado ( )

COMENTÁRIOS

Errado. A falta ao serviço, sem causa justificada, por mais de sessenta dias, interpoladamente, durante o período de doze meses, configura a chamada **inassiduidade habitual** (art. 139 da Lei nº 8.112/90). Por outro lado, há o **abandono de cargo**, quando o **servidor faltar** intencionalmente ao serviço **por mais de trinta dias consecutivos**, ou seja, ao menos trinta e um dias (art. 138).

15. **(FCC – Analista Judiciário – Área Judiciária – TRE-RO/2013)** Antônio, servidor público federal, cometeu falta sujeita à penalidade de advertência. A Administração pública, mesmo ciente da falta cometida, nada fez, já tendo ultrapassado o prazo de sete meses da data em que a Administração tomou conhecimento da infração disciplinar praticada por Antônio. Nos termos da Lei nº 8.112/1990, eventual ação disciplinar

a) pode ser promovida, pois o prazo prescricional sequer começou a correr.
b) ainda não prescreveu, pois, na hipótese, o prazo prescricional é de 2 anos.
c) está prescrita.
d) ainda não prescreveu, pois, na hipótese, o prazo prescricional é de 1 ano.
e) ainda não prescreveu, pois, na hipótese, o prazo prescricional é de 5 anos.

COMENTÁRIOS

Alternativa correta: letra "c" (responde as demais alternativas). Na forma do art. 142, III, a ação disciplinar prescreverá em **180 dias**, quanto à pena de advertência. Pelo § 1º infere-se, ainda, que o prazo de prescrição começa a correr da data em que o fato se tornou conhecido. Assim, portanto, no caso narrado na questão, eventual ação disciplinar não pode ser instaurada, uma vez que se encontra prescrita.

16. **(CESPE – Analista Judiciário – Área Judiciária – STF/2013)** A responsabilidade do servidor público pode se dar na esfera civil, penal e administrativa, sendo afastada esta última no caso de absolvição criminal que negue a existência do fato ou de sua autoria.

Certo ( ) Errado ( )

COMENTÁRIOS

Certo. A regra, de acordo com o art. 125, da Lei nº 8.112/90, é que as sanções penais, administrativas e civis podem cumular-se, pois são independentes entre si. No entanto, **a exceção se dá quando na esfera penal o servidor for absolvido em razão da inexistência do fato ou da negativa de autoria** (art. 126).

17. **(FCC – Analista Judiciário – Área Judiciária – TST/2012)** Em matéria de acumulação, nos termos da Lei nº 8.112/90, considere:

I. A proibição de acumular estende-se a cargos, empregos e funções em autarquias, fundações públicas, empresas públicas, sociedades de economia mista da União, do Distrito Federal, dos Estados, dos Territórios e dos Municípios.

II. A acumulação de cargos, ainda que lícita, fica condicionada à comprovação da compatibilidade de horários.

III. O servidor vinculado ao regime da Lei nº 8.112/90, que acumular licitamente dois cargos efetivos, quando investido em cargo de provimento em comissão, ficará afastado de ambos os cargos efetivos, salvo na hipótese em que houver compatibilidade de horário e local com o exercício de um deles, declarada pelas autoridades máximas dos órgãos ou entidades envolvidos.

Está correto o que se afirma em

a) II, apenas

b) I e II, apenas.

c) II e III, apenas.

d) I e III, apenas.

e) I, II e III.

COMENTÁRIOS

Alternativa correta: letra "e". Estão corretos os itens I, II e III.

Item I. Certo. A **regra** é a **proibição de acumulação remunerada** de cargos, empregos e funções públicas, consoante o art. 37, XVI, da Constituição Federal. É necessário anotar que a **proibição existe em relação a cargos públicos, empregos públicos e funções públicas, nos três poderes, na administração direta e indireta de todas as esferas.**

Item II. Certo. A permissão de acumulação é **exceção**, e, somente, pode ocorrer se houver **compatibilidade de horários** e quando se tratar de: a) dois cargos de professor; b) um cargo de professor com outro técnico ou científico; c) dois cargos ou empregos privativos de profissionais de saúde, com profissões regulamentadas.

Obs: deve-se ressaltar que, com a EC nº 101/2019 estabeleceu-se que o militar do Estado e DF também poderá acumular seu cargo com:

a) um cargo de professor;

b) cargo da saúde com profissão regulamentada;

c) com outro cargo técnico ou científico.

Atenção! Para os militares das Forças Armadas, só é possível a cumulação com outro cargo da área da saúde (art. 142, §3º, VIII da CF/88).

Item III. Certo. Na forma do art. 120, da Lei nº 8.112/90, "o servidor vinculado ao regime desta Lei, que acumular licitamente dois cargos efetivos, quando investido em cargo de provimento em comissão, ficará afastado de ambos os cargos efetivos, salvo na hipótese em que houver compatibilidade de horário e local com o exercício de um deles, declarada pelas autoridades máximas dos órgãos ou entidades envolvidos".

18. **(Cespe – Analista Judiciário – Área Administrativa– TRE-RJ/2012)** A destituição de cargo em comissão, especificamente contemplada na Lei n.° 8.112/1990, ocorre nos casos em que o servidor comete falta grave, mas não detém cargo efetivo.

Certo ( ) Errado ( )

COMENTÁRIOS

Certo. Para o **ocupante exclusivamente de cargo em comissão** (não tem cargo efetivo), não se fala em demissão, pois se aplica a pena de **destituição de cargo em comissão, cabível nos casos de demissão e, ainda, nos casos puníveis com suspensão** (art. 135).

19. **(FCC – Técnico Judiciário – Área Administrativa – TRF 2/ 2012)** Joaquim, servidor público federal, injustificadamente recusou-se a ser submetido à inspeção médica determinada pela autoridade competente. Nesse caso, será punido com

a) suspensão por prazo a ser fixado por seu superior mediato, desde que não seja superior a 45 (quarenta e cinco) dias, podendo ser substituída por multa.
b) censura, cessando os seus efeitos depois de realizada a referida inspeção.
c) suspensão de até 30 (trinta) dias, devendo ser convertida em multa correspondente à metade do prazo da penalidade.
d) advertência aplicada por seu superior imediato, devendo ser anotada no prontuário do servidor.
e) suspensão de 15 (quinze) dias, cessando os efeitos da penalidade uma vez cumprida a determinação.

COMENTÁRIOS

Alternativa correta: letra "e" (responde as demais alternativas). A suspensão é cabível nas hipóteses previstas no artigo 130, caput e § 1º, da Lei nº 8.112/90, quais sejam: reincidência das faltas punidas com advertência; violação das proibições que não sejam punidas com demissão e quando o **servidor, injustificadamente, recusar-se a ser submetido a inspeção médica determinada pela autoridade competente.** Neste último caso, a **suspensão será de até quinze dias, cessando os efeitos da penalidade uma vez cumprida a determinação.**

20. **(Cespe – Técnico Judiciário – Área Administrativa – TRE-RJ/2012** É permitida a participação de servidor público nos conselhos de administração e fiscal de empresas ou em entidades em que a União detenha, direta ou indiretamente, participação no capital social ou em sociedade cooperativa constituída para prestar serviços de natureza social a seus membros.

Certo ( ) Errado ( )

COMENTÁRIOS

Certo. Embora seja proibido ao servidor público participar de gerência ou administração de sociedade privada, personificada ou não personificada e exercer o comércio (exceto na qualidade de acionista, cotista ou comanditário), tal vedação não se aplica no caso de participação nos conselhos de administração e fiscal de empresas ou entidades em que a União detenha, direta ou indiretamente, participação no capital social ou em sociedade cooperativa constituída para prestar serviços a seus membros, conforme artigo 117, parágrafo único, I, da Lei nº 8.112/90.

21. (**FCC – Técnico Judiciário –Administrativa – TRT 11/2012**) Manoel, servidor público federal, foi punido com a penalidade de suspensão por sessenta dias. Nos termos da Lei nº 8.112/1990, após o decurso de determinado período de efetivo exercício, Manoel terá a sanção cancelada de seus registros, desde que, nesse período, não tenha praticado nova infração disciplinar. O lapso temporal a que se refere o enunciado é de

a) 2 anos.
b) 4 anos.
c) 3 anos.
d) 5 anos.
e) 1 ano.

COMENTÁRIOS

Alternativa correta: letra "d" (responde as demais alternativas). Nos termos do art. 131 da Lei nº 8.112/90, as "**penalidades** de advertência e **de suspensão terão seus registros cancelados, após o decurso de** 3 (três) e **5 (cinco) anos de efetivo exercício**, respectivamente, se o servidor não houver, nesse período, praticado nova infração disciplinar".

22. (**FCC – Técnico Judiciário – TRT 20/ 2011**) Detectada a qualquer tempo a acumulação ilegal de cargos, empregos ou funções públicas, a autoridade notificará o servidor para apresentar opção, e, na hipótese de omissão, adotará procedimento sumário para a sua apuração e regularização imediata, cujo processo administrativo disciplinar se desenvolverá de acordo com a Lei nº 8.112/1990 que dispõe sobre o Regime Jurídico dos Servidores Públicos Civis da União, das autarquias e das fundações públicas federais. Desta forma, podemos afirmar que

a) o prazo para a conclusão do processo administrativo disciplinar submetido ao rito sumário não excederá trinta dias, admitida sua prorrogação por igual período, quando as circunstâncias o exigirem.
b) a primeira fase do processo administrativo disciplinar corresponde à instauração, com a publicação do ato que constituir a comissão, a ser composta por cinco servidores estáveis.
c) o prazo para o servidor apresentar a opção é improrrogável.
d) o prazo para o servidor apresentar a opção é de quinze dias.
e) a opção pelo servidor até o último dia de prazo para defesa configurará sua boa-fé, hipótese em que se converterá automaticamente em demissão do outro cargo.

COMENTÁRIOS

Alternativa correta: "c". De acordo com o disposto no art. 133, *caput*, Lei nº 8.112/90, detectada a qualquer tempo a acumulação ilegal de cargos, empregos e funções públicas, a autoridade que tiver ciência da irregularidade notificará o servidor, por intermédio de sua chefia imediata, para apresentar opção no prazo improrrogável de dez dias, contados da data da ciência e, na hipótese de omissão, adotará procedimento sumário

para a sua apuração e regularização imediata, cujo processo administrativo disciplinar contará com as fases de instauração sumária, instrução e julgamento.
Alternativa "a". Na forma do artigo 133, §7º, da Lei 8112/90, "O prazo para a conclusão do processo administrativo disciplinar submetido ao rito sumário não excederá trinta dias, contados da data de sua publicação do ato que constituir a comissão, admitida a sua **prorrogação por até quinze dias**, quando as circunstâncias o exigirem."
Alternativa "b". Segundo o artigo 133, I, II e III, o procedimento sumário se desenvolverá nas seguintes fases: instauração, instrução e julgamento. A instauração se dará com a publicação do ato que constituir a comissão, a ser **composta por dois servidores estáveis.**
Alternativa "d" (responde a alternativa "e"). O artigo 133, §5º, estabelece para a hipótese de acumulação ilegal de cargos, empregos e funções públicas, que a "opção pelo servidor até o último dia de prazo para a defesa configurará sua boa-fé." O prazo para defesa no rito sumário é de **5 dias** (art. 133, §4º).

23. (FCC – Técnico Judiciário – TRT 4/ 2011) Dentre outras proibições previstas ao servidor público federal, consta a de

a) aceitar pensão, emprego ou comissão da União Federal, seja na Administração direta ou indireta.
b) utilizar recursos materiais da repartição ou pessoal no serviço público.
c) recusar-se a atualizar os seus dados cadastrais quando solicitado por terceiros, que não a Administração.
d) atuar, como procurador, junto a repartições públicas, salvo quando se tratar de benefícios assistenciais de parentes até segundo grau.
e) manter sob sua chefia imediata, em função de confiança, primos.

COMENTÁRIOS

Alternativa correta: "d". As proibições aplicáveis aos servidores públicos federais estão arroladas no art. 117 da, Lei nº 8.112/90. Das hipóteses contidas nas alternativas, apenas a descrita na **alternativa "d"** está prevista nesse artigo, conforme inciso XI.

Alternativa "a". A proibição é "aceitar comissão, emprego ou pensão de estado estrangeiro", nos termos do art. 177, XIII.

Alternativa "b". A vedação é o de pessoal ou de recursos materiais da repartição em serviços ou atividades particulares e não serviço público, que é seu uso ordinário (art. 117, XVI).

Alternativa "c". Conforme o inciso XIX do art. 117, é proibido recusar-se a atualizar os dados cadastrais quando solicitado. É óbvio que é a própria Administração que deve solicitar.

Alternativa "e". Não é vedado manter primos sob a chefia, pois são parentes de 4º grau. O que é proibido é "manter sob sua chefia imediata, em cargo ou função de confiança, cônjuge, companheiro ou parente até o segundo grau civil" (art. 117, VIII).

24. (Analista Judiciário – Área Judiciária TRE/AP 2011 – FCC) De acordo com a Lei nº 8.112/90, em regra, João, servidor público civil efetivo, que nunca praticou qualquer infração administrativa, terá a penalidade de advertência escrita aplicada se

a) praticar usura sob qualquer de suas formas.
b) utilizar pessoal ou recursos materiais da repartição em serviços ou atividades particulares.
c) manter sob sua chefia imediata, em cargo ou função de confiança, cônjuge, companheiro ou parente até o segundo grau civil.
d) receber propina, comissão, presente ou vantagem de qualquer espécie, em razão de suas atribuições.
e) proceder de forma desidiosa.

COMENTÁRIOS

Alternativa correta: letra "c" (responde as demais alternativas). A advertência tem cabimento, nos termos do art. 129 da Lei nº 8.112/90, quando se tratar de **violação dos deveres funcionais constantes do art. 117, I a VIII e XIX, ou, ainda, quando houver inobservância de dever funcional previsto em lei, regulamento ou norma interna, e não haja justificativa para aplicação de pena mais grave.** Ocorre que a conduta descrita no enunciado está taxativamente elencada no art. 117, VIII da Lei, motivo pelo qual correta a alternativa em questão.

4.2. Questões de concursos

01. **(FCC – Técnico Judiciário – Área Administrativa - TRT 4/2015)** Considere as seguintes condutas:
I. recusar fé a documentos públicos.
II. opor resistência injustificada ao andamento de documento e processo ou execução de serviço.
III. revelar segredo do qual se apropriou em razão do cargo.
Nos termos da Lei no 8.112/90, é passível de advertência o mencionado em
a) I, apenas.
b) I e II, apenas.
c) I, II e III.
d) III, apenas.
e) II, apenas.

02. **(Cespe - Analista Judiciário – Área Judiciária– TRE-GO/2015)** Luana, analista judiciária do TRE/GO, tem procedido de forma desidiosa no exercício de suas atribuições. Nessa situação, Luana comete transgressão disciplinar e está sujeita à pena de demissão do serviço público.

03. **(FCC – Analista Judiciário – Área Administrativa - TRT 3/2015)** Cibele, servidora pública federal, recebeu vantagem econômica para intermediar a liberação de verba pública e, em razão de sua conduta, sofreu a pena de demissão do serviço público. A demissão narrada
a) não inviabiliza a ex-servidora a retornar de imediato ao serviço público federal, desde que seja regularmente aprovada em novo concurso público, seguindo todos os trâmites legais.

b) incompatibiliza a ex-servidora para nova investidura em cargo público federal, pelo prazo de cinco anos.
c) proíbe, definitivamente, o retorno de Cibele ao serviço público federal.
d) incompatibiliza a ex-servidora para nova investidura em cargo público federal, pelo prazo de três anos.
e) incompatibiliza a ex-servidora para nova investidura em cargo público federal, pelo prazo de dez anos.

04. **(Cespe – Analista Judiciário – Área Judiciária – TRE-MS/2013)** No que se refere às vedações e penalidades previstas para o servidor público federal, assinale a opção correta.
a) O servidor público federal não pode manter sob sua chefia imediata, em cargo ou função de confiança, cônjuge, companheiro ou parente até o segundo grau civil, sob pena de sofrer pena de advertência.
b) O servidor penalizado com suspensão pode optar por converter a pena em multa, na base de 50% do salário por dia de vencimento ou remuneração e, assim, continuar trabalhando.
c) A pena máxima prevista para o servidor que proceder de forma desidiosa é a suspensão por cento e vinte dias.
d) É vedado ao servidor público federal exercer o comércio, inclusive na qualidade de acionista ou cotista.
e) A pena disciplinar para a acumulação ilegal de cargos públicos é a de suspensão.

05. **(FCC – Analista Judiciário – Área Administrativa – TRT 15/2013)** A Lei nº 8.112/90 estabelece uma série de deveres e proibições aos servidores públicos. Também estabelece o rol de penalidades aplicáveis, para cuja aplicação
a) são considerados apenas elementos objetivos, não sofrendo influência de circunstâncias atenuantes ou agravantes.
b) devem ser considerados todos os elementos subjetivos e objetivos, tais como tempo de serviço, histórico de apostilamento e avaliação de desempenho.
c) podem ser considerados outros elementos, além dos critérios de tipificação legais, tais como avaliação de desempenho, pontualidade e assiduidade.
d) são consideradas a natureza e gravidade da infração, mas também são sopesados os danos advindos para o serviço público.
e) são considerados os antecedentes funcionais, como avaliação de desempenho, análise crítica de desempenho e relatórios correicionais.

06. **(FCC – Analista Judiciário – Administrativa – TRT 1/2013)** Ana, servidora pública ocupante de cargo efetivo e com função comissionada de chefia em órgão da Administração pública federal recusou-se, injustificadamente, a atualizar seus dados cadastrais na forma regularmente solicitada pelo órgão de pessoal. Diante de tal conduta, sujeita-se à penalidade disciplinar de
a) advertência, aplicada por escrito.
b) suspensão, com prazo máximo de 15 (quinze) dias.
c) destituição da função comissionada.

d) suspensão da função comissionada, pelo prazo máximo de 15 (quinze) dias.
e) suspensão ou, no caso de reincidência, demissão.

07. **(FCC – Analista Judiciário – Área Judiciária – TRE-SP/2012)** André é titular de cargo em comissão de natureza gerencial no Tribunal Regional Eleitoral. Em razão de sua conduta inadequada foi responsabilizado por lesão aos cofres públicos. Assim, André foi punido com a destituição do cargo em comissão. Nesse caso, a penalidade aplicada implica a
a) indisponibilidade de bens e o ressarcimento ao erário, com prejuízo da ação penal.
b) indisponibilidade dos bens e o ressarcimento ao erário, sem prejuízo da ação penal cabível.
c) instauração de ação penal e multa pecuniária, com prejuízo das medidas de natureza cível.
d) incompatibilização do servidor para nova investidura no cargo público federal, pelo prazo de 10 (dez) anos.
e) incompatibilização do servidor para nova investidura em cargo público federal, pelo prazo de 5 (cinco) anos.

08. **(FCC – Analista Judiciário – Área Administrativa – TRT 6/2012)** De acordo com a Lei nº 8.112/1990, o servidor público sujeita-se à penalidade de
a) advertência, aplicada verbalmente, no caso de ausentar-se do serviço sem autorização do chefe imediato.
b) suspensão, no caso de reincidência de faltas punidas com advertência, não podendo exceder 90 dias.
c) suspensão, de até 60 dias, quando recusar-se, injustificadamente, a ser submetido a inspeção médica determinada pela autoridade competente.
d) demissão, no caso de opor resistência injustificada ao andamento de processo ou execução de serviço.
e) cassação de aposentadoria na hipótese de prática, na inatividade, de falta punível com pena de demissão.

09. **(Analista Judiciário – Área Judiciária TRE/RN 2011 – FCC)** Sobre a acumulação de cargos públicos, prevista na Lei nº 8.112/90, é correto afirmar:
a) considera-se acumulação proibida a percepção de vencimento de cargo público efetivo com proventos da inatividade, ainda que os cargos de que decorram essas remunerações sejam acumuláveis na atividade.
b) a proibição de acumular estende-se a cargos, empregos e funções em autarquias, fundações públicas, empresas públicas, sociedades de economia mista da União, do Distrito Federal, dos Estados, dos Territórios e dos Municípios.
c) o servidor, que acumular licitamente dois cargos efetivos, quando investido em cargo de provimento em comissão, ficará afastado de ambos os cargos efetivos, mesmo que houver compatibilidade de horário e local com o exercício de um deles.
d) o servidor ocupante de cargo em comissão ou de natureza especial poderá ser nomeado para ter exercício, interinamente, em outro cargo de confiança, com

prejuízo das atribuições do que atualmente ocupa, devendo optar pela remuneração de um deles durante o período da interinidade.

e) o servidor não poderá ser remunerado pela participação em conselhos de administração e fiscal de empresas públicas e sociedades de economia mista, suas subsidiárias e controladas, bem como de quaisquer empresas ou entidades em que a União, direta ou indiretamente, detenha participação no capital social.

10. **(Analista Judiciário – Execução de Mandados – TRF 1ª região/ 2011 – FCC)** José, servidor público federal, responde a processo administrativo por ter faltado ao serviço, sem causa justificada, por sessenta dias, interpoladamente, durante o período de doze meses. Conforme preceitua a Lei nº 8.112/1990, estará sujeito à pena de

a) demissão.
b) suspensão pelo prazo máximo de noventa dias.
c) advertência.
d) disponibilidade.
e) multa.

11. **(Fundação Getúlio Vargas – Analista Judiciário / TRE do Pará / 2011)** O servidor público federal é sujeito à disciplina legal diferenciada dos trabalhadores da iniciativa privada.

O regime disciplinar do servidor público federal determina que:

a) a advertência será aplicada por escrito no caso de o servidor aceitar comissão, emprego ou pensão de Estado estrangeiro.
b) a demissão será aplicada nos casos de falta injustificada por mais de trinta dias interpolados, acumulação ilegal de cargos, empregos ou funções públicas, corrupção e improbidade administrativa, entre outros.
c) a demissão ou a destituição de cargo em comissão em virtude de corrupção implica a indisponibilidade dos bens e o ressarcimento ao erário.
d) a punição para o servidor que injustificadamente se recusar a ser submetido à inspeção médica determinada por autoridade competente é a suspensão por trinta dias, que pode ser convertida em multa.
e) a responsabilidade administrativa do servidor não será afastada no caso de absolvição criminal.

12. **(FCC – TRT 4 – Analista Judiciário/2011)** Alcebíades, servidor do Tribunal Regional do Trabalho, 4ª Região, vem acumulando, ilegalmente, seu cargo de analista judiciário com emprego em sociedade de economia mista federal, enquanto Ana Maria, também analista judiciário, vem exercendo atividades incompatíveis com o exercício do cargo e com o respectivo horário de trabalho. Nesses casos, esses servidores públicos estarão sujeitos, respectivamente, às penas de

a) destituição do cargo e de disponibilidade.
b) demissão e de suspensão, podendo esta ser convertida em multa.
c) exoneração de ofício do cargo ou emprego e de demissão.
d) disponibilidade não remunerada e de advertência conversível em multa.
e) suspensão não conversível em multa e de destituição do cargo.

13. **(Fundação Carlos Chagas - Analista Judiciário / TRF da 1ª Região / 2011)** José, servidor público federal, responde a processo administrativo por ter faltado ao serviço, sem causa justificada, por sessenta dias, interpoladamente, durante o período de doze meses. Conforme preceitua a Lei no 8.112/1990, estará sujeito à pena de

a) demissão.

b) suspensão pelo prazo máximo de noventa dias.

c) advertência.

d) disponibilidade.

e) multa.

14. **(Fundação Carlos Chagas - Analista Judiciário / TRE do Rio Grande do Sul / 2010)** Sobre a suspensão prevista como penalidade na Lei no 8.112/90, é correta a afirmação:

a) A penalidade de suspensão terá seus registros cancelados, após o decurso de três anos de efetivo exercício se o servidor não houver, nesse período, praticado nova infração disciplinar.

b) Será punido com suspensão de até trinta dias o servidor que, injustificadamente, recusar-se a ser submetido a inspeção médica determinada pela autoridade competente, cessando os efeitos da penalidade uma vez cumprida a determinação.

c) Quando houver conveniência para o serviço, a penalidade de suspensão poderá ser convertida em multa, na base de vinte e cinco por cento por dia de vencimento ou remuneração, ficando o servidor obrigado a permanecer em serviço.

d) A suspensão será aplicada em caso de reincidência das faltas punidas com advertência e de violação das demais proibições que não tipifiquem infração sujeita a penalidade de demissão, não podendo exceder de noventa dias.

e) O cancelamento dos registros da penalidade, quando cabível, surtirá efeitos retroativos à data da sua aplicação, fazendo jus o servidor ao pagamento da remuneração respectiva, bem como à contagem do tempo de serviço para todos os efeitos.

15. **(FCC - Técnico Judiciário - TRT 22/ 2010)** Estabelece a Lei nº 8.112/90, que a ação disciplinar prescreverá, quanto às infrações punidas com advertência, cassação de aposentadoria, suspensão e destituição de cargo em comissão, respectivamente, em:

a) 180 dias; 02 anos; 05 anos e 02 anos.

b) 180 dias; 05 anos; 02 anos e 05 anos.

c) 02 anos; 180 dias; 05 anos e 02 anos.

d) 02 anos; 05 anos; 180 dias e 05 anos.

e) 05 anos; 02 anos; 02 anos e 180 dias.

16. **(Analista Judiciário - Área Judiciária TRE/AL 2010 - FCC)** Carlos, titular de cargo efetivo junto ao Tribunal Regional Eleitoral, está sendo responsabilizado por valer-se do exercício de suas funções para lograr proveito pessoal em detrimento da dignidade da função pública. Nesse caso, o servidor estará sujeito à pena de

a) demissão, incompatibilizando-o para nova investidura em cargo público federal, pelo prazo de cinco anos.
b) destituição do cargo público, ficando vedado seu retorno ao serviço público federal, mas podendo concorrer a cargo estadual ou municipal.
c) destituição de suas funções e declaração de sua inidoneidade para o serviço público.
d) suspensão de noventa dias, vedada a conversão da pena em multa pecuniária.
e) demissão, ficando vedada sua Investidura em cargo público pelo prazo de dois anos.

17. (**Analista Judiciário – Área Judiciária TRE/AM 2010 – FCC**) Quanto às penalidades aplicáveis aos servidores públicos civis nos termos da Lei nº 8.112/90, considere:
I. Entende-se por inassiduidade habitual a falta ao serviço, sem causa justificada, por sessenta dias, interpoladamente, durante o período de doze meses.
II. A demissão de cargo em comissão daquele que se vale do cargo para lograr proveito pessoal em detrimento da dignidade da função pública, incompatibiliza o ex-servidor para nova investidura em cargo público federal, pelo prazo de 5 (cinco) anos.
III. A ação disciplinar prescreverá em 3 (três) anos, quanto à suspensão e em 180 (cento e oitenta) dias, quanto à advertência.
IV. As penalidades disciplinares serão aplicadas pelo chefe da repartição e outras autoridades na forma dos respectivos regimentos ou regulamentos, nos casos de advertência ou de suspensão de até 30 (trinta) dias.
V. Será cassada a aposentadoria do inativo que houver praticado, na atividade ou inatividade, falta punível com a suspensão superior a 30 (trinta) dias.

Estão corretas APENAS
a) III e V.
b) II, III e V.
c) II, IV e V.
d) I, II e IV.
e) I e IV.

18. (**Analista Judiciário – Área Judiciária TRE/BA/ 2010 – CESPE**) É proibido ao servidor retirar, sem prévia anuência da autoridade competente, qualquer documento ou objeto da sua repartição.

Certo ( ) Errado ( )

19. (**Cespe – Técnico Judiciário – Área Administrativa – STJ/ 2008**) Considere a seguinte situação hipotética.

Um servidor público foi punido, em maio de 1999, com suspensão de quinze dias, em decorrência de processo administrativo disciplinar, e, desde então, esteve em efetivo exercício sem incorrer em nova infração disciplinar. Nessa situação, o registro da punição aplicada deverá ser cancelado pela administração.

Certo ( ) Errado ( )

20. **(Cespe – Técnico Judiciário – Área Administrativa – STJ/ 2008)** Qualquer servidor público concursado e estável, ainda que demonstre competência na execução de suas atribuições, estará sujeito à demissão por faltas reiteradas ao trabalho.
Certo ( ) Errado ( )

21. **(Cespe – Analista Judiciário – Área Judiciária – TRE – TO/2017)** Com a conclusão do processo administrativo disciplinar contra um servidor público federal detentor de cargo em comissão junto a determinado tribunal regional eleitoral, o servidor foi apenado com a destituição do seu cargo.
Nessa situação hipotética, a penalidade deverá ser aplicada pelo(a)
a) autoridade que houver feito a nomeação.
b) presidente do Tribunal Superior Eleitoral.
c) autoridade administrativa de hierarquia imediatamente inferior ao presidente do Tribunal Superior Eleitoral.
d) chefe da repartição.
e) presidente da República.

22. **(Cespe – Analista Judiciário – Área Administrativa – TRE – TO/2017)** João delegou a Maria, sua esposa e pessoa estranha à repartição pública onde ele exerce suas funções, o desempenho das atribuições de sua responsabilidade. Descoberto, João sofreu um processo administrativo disciplinar, que resultou em sua condenação à penalidade de advertência. Três meses após o trânsito em julgado do procedimento administrativo, João recusou fé a documento público.
Nessa situação hipotética, de acordo com a Lei n.° 8.112/1990, João está sujeito à pena de
a) suspensão de até noventa dias.
b) suspensão de até cento e vinte dias.
c) suspensão de até cento e oitenta dias.
d) repreensão verbal.
e) demissão.

23. **(FCC – Técnico Judiciário – Área Administrativa – TRT 24/2017)** Claudia e Joana são servidoras públicas federais, tendo praticado faltas disciplinares no exercício de suas atribuições. Claudia faltou ao serviço, sem causa justificada, por sessenta dias, interpoladamente, durante o período de doze meses. Joana, de histórico exemplar vez que nunca sofrera qualquer penalidade administrativa, opôs resistência injustificada à execução de determinado serviço. Cumpre salientar que ambas as servidoras ainda não foram processadas administrativamente embora a Administração já tenha conhecimento dos fatos praticados. Nos termos da Lei nº 8.112/1990, as ações disciplinares relativas às infrações praticadas pelas servidoras prescreverão em
a) 5 anos e 2 anos, respectivamente, contados tais prazos a partir da data em que os fatos se tornaram conhecidos pela Administração.
b) 2 anos e 180 dias, respectivamente, contados tais prazos a partir da data em que os fatos se tornaram conhecidos pela Administração.

c) 5 anos e 180 dias, respectivamente, contados tais prazos a partir da data em que os fatos se tornaram conhecidos pela Administração.
d) 2 anos, contado tal prazo da data em que praticadas as condutas.
e) 5 anos, contado tal prazo da data em que praticadas as condutas.

▶ **GABARITO**

Questão	Resposta	Fundamentação
01	B	I e II: Lei nº 8.112/90, arts. 117, III e IV, e 129. III: Lei nº 8.112/90, art. 132, IX.
02	C	Lei nº 8.112/90, art. 117, XV e art. 132, XIII.
03	C	Lei nº 8.112/90: art. 132, XI, e art. 137, parágrafo único.
04	A	Lei nº 8.112/90, art. 117, VIII.
05	D	Lei nº 8.112/90, art. 128.
06	A	Lei nº 8.112/90, art. 117, XIX.
07	B	Lei nº 8.112/90, artigos 136 e 132, X.
08	B	Lei nº 8.112/90, art. 130.
09	B	CF, art. 37, XVI.
10	A	Lei nº 8.112/90, art. 132.
11	C	Lei nº 8.112/90, art. 136.
12	B	Lei nº 8.112/90, artigos 132, XII, 129 e 130, § 2º.
13	A	Lei nº 8.112/90, art. 132, III.
14	D	Lei nº 8.112/90, art. 130, caput.
15	B	Lei nº 8.112/90, art. 142.
16	A	Lei nº 8.112/90, artigos 132, XIII, e 137.
17	D	I: Lei nº 8.112/90, art. 139. II: Lei nº 8.112/90, art. 137. III: Lei nº 8.112/90, art. 142. IV: Lei nº 8.112/90, art. 141. V: Lei nº 8.112/90, art. 134.
18	C	Lei nº 8.112/90, art. 117, II.
19	C	Lei nº 8.112/90, art. 131.
20	C	Lei nº 8.112/90, art. 132, II e III.
21	A	Art. 141 da Lei nº 8.112/90.
22	A	Art. 130 da Lei nº 8.112/90.
23	C	Art. 142 da Lei nº 8.112/90.

4.3. Questões dissertativas e estudos de caso

(FCC – Analista Judiciário – Área administrativa – TRT/2018) Afrodite é Analista do Tribunal Regional do Trabalho da 15ª Região há seis anos. No corrente ano, Afrodite ausentou-se intencionalmente, sem qualquer justificativa, do serviço público, ausência esta que já perdura por trinta e dois dias consecutivos. Já Vitória, também Analista do Tribunal Regional do Trabalho da 15ª Região, valeu-se de seu cargo para lograr proveito pessoal, em detrimento da dignidade da função pública, razão pela qual sofreu a penalidade de demissão, nos termos da Lei nº 8.112/1990. A propósito dos fatos narrados, responda fundamentadamente os quesitos abaixo.

a) Nos termos da Lei nº 8.112/1990, Afrodite está sujeita a alguma penalidade disciplinar? Justifique.

b) A demissão de Vitória incompatibiliza a ex-servidora para nova investidura em cargo público federal? Explique.

c) Se Afrodite não fosse servidora pública, mas empregada da iniciativa privada, aplicando-se a Consolidação das Leis do Trabalho, qual conduta sua empregadora deveria proceder em razão das faltas injustificadas? Justifique sua resposta indicando as verbas trabalhistas as quais Afrodite teria direito em razão de sua conduta.

RESPOSTA SUGERIDA PELO AUTOR

O servidor deve exercer todas as atribuições próprias do cargo que ocupa e deve fazê-lo de maneira a obter o melhor resultado possível. Todavia, no caso narrado, as servidoras não agiram de forma adequada, de modo que estarão sujeitas às penalidades previstas na Lei nº 8.112/90.

Nos termos do caso apresentado, dessa forma, Afrodite estará sujeita à pena de demissão por abandono de cargo (art. 132 da Lei nº 8.112/90), já que se ausentou intencionalmente do serviço público por mais de 30 dias consecutivos (art. 138 da Lei nº 8.112/90).

Por sua vez, Vitória foi demitida por "valer-se do cargo para lograr proveito pessoal ou de outrem, em detrimento da dignidade da função pública" (art. 117, IX da Lei nº 8.112/90), de forma que haverá incompatibilidade para que seja investida em cargo público federal, pelo prazo de 5 anos (art. 137 da Lei nº 8.112/90).

Por fim, caso Afrodite se tratasse de empregada da iniciativa privada, a empregadora poderia dispensá-la por justa causa, tendo em vista o cometimento de falta grave decorrente do abandono de emprego, nos termos do art. 482, "i" da CLT e da Súmula nº 32 do TST. Nesse caso, seriam devidas as verbas da dispensa por justa causa, quais sejam, apenas as já adquiridas pelo empregado: saldo de salário e férias vencidas com adicional de 1/3.

Importa destacar que, nos termos do art. 125 da Lei nº 8.112/90, as sanções civis, penais e administrativas poderão ser aplicadas de forma cumuladas, sendo independentes entre si. Ou seja, caso as condutas narradas impliquem prejuízo à Administração ou configurem crime, as servidoras também se sujeitarão às penalidades civis e penais correspondentes.

CAPÍTULO IV

LEI Nº 8.429/92: DISPOSIÇÕES GERAIS E ATOS DE IMPROBIDADE ADMINISTRATIVA

1. INTRODUÇÃO E CONCEITO

Os princípios da Administração Pública não são mais vistos, apenas, como repositório de valores e, em verdade, são normas e, assim, dizem o que deve ser.

De maneira específica à atuação administrativa, a força normativa dos princípios repercute caracterizando a moldura traçada pelo regime jurídico-administrativo como vinculante, isto é, a Administração Pública, direta e indireta, deve obedecer, irrestritamente, aos princípios nele contidos. A isso, pode-se aqui acrescentar, conforme adverte Juarez Freitas, que o dever inerente à Administração Pública de observar à cogência do conjunto de princípios que a regem é correspondente ao direito fundamental à boa Administração Pública[1].

Entretanto, como se percebe na atualidade, infelizmente, o Estado brasileiro ainda não atingiu o adequado grau de amadurecimento de suas instituições e não conhece fronteiras relevantes entre o público e o privado e, assim, não "se logrou consolidar a essencial distinção entre Governo e Administração, nem se conquistou a oportunidade de desvencilhar o Estado brasileiro dos interesses privados e corporativos que o controlam e dão suporte"[2].

Um dos reflexos dessa afirmação é o grande número de casos de corrupção de agentes públicos nos diversos segmentos da Administração Pública, especialmente, nas licitações públicas. Para ilustrar, na 24ª edição do Programa de Fiscalização de Sorteios da Controladoria Geral da União, houve a constatação de que dos 60

---

1. *Discricionariedade administrativa e o direito fundamental à boa administração pública*. 2. ed. São Paulo: Malheiros, 2009. p. 22. O autor, na mesma passagem, define o direito fundamental à boa administração pública como o "direito fundamental à administração pública eficiente e eficaz, proporcional cumpridora de seus deveres com transparência, motivação, imparcialidade e respeito à moralidade, à participação social e à plena responsabilidade por suas condutas omissivas e comissivas".
2. OSÓRIO, Fábio Medina. O "novo" sistema judicial brasileiro: significados e significantes. In: OSÓRIO, Fábio Medina; SOUTO, Marcos Juruena Villela. *Direito administrativo: estudos em homenagem a Diogo de Figueiredo Moreira Neto*. Rio de Janeiro: Lumen Juris, 2006. p. 63.

Municípios sorteados, 55 apresentaram indícios de irregularidades como, por exemplo, conluio e direcionamento nas licitações[3].

Esse tipo de desvio de comportamento afronta diretamente o princípio da moralidade administrativa, porque se trata de conduta imoral, agravada por ser ímproba. De fato, a **improbidade** administrativa é **espécie do gênero moralidade administrativa**[4] e se constitui em um verdadeiro **subprincípio** da moralidade e um dos mais fortes parâmetros de sua concretização[5].

Diante disso, o legislador constituinte se esmerou em proteger a moralidade administrava, no aspecto da **improbidade**, conforme os seguintes dispositivos:

a) **Art. 14, § 9º**: "Lei complementar estabelecerá outros casos de inelegibilidade e os prazos de sua cessação, a fim de proteger a probidade administrativa, a moralidade para exercício de mandato considerada vida pregressa do candidato, e a normalidade e legitimidade das eleições contra a influência do poder econômico ou o abuso do exercício de função, cargo ou emprego na administração direta ou indireta";

b) **Art. 15**: "É vedada a cassação de direitos políticos, cuja perda ou suspensão só se dará nos casos de: [...] V – improbidade administrativa, nos termos do art. 37, § 4º";

c) **Art. 37, § 4º**: "Os atos de improbidade administrativa importarão a suspensão dos direitos políticos, a perda da função pública, a indisponibilidade dos bens e o ressarcimento ao erário, na forma e gradação previstas em lei, sem prejuízo da ação penal cabível".

d) **Art. 85**: "São crimes de responsabilidade os atos do Presidente da República que atentem contra a Constituição Federal e, especialmente, contra: [...] V – a probidade na administração".

Em geral, na doutrina, costuma-se mencionar que a improbidade é um conceito jurídico indeterminado. Porém, Alexandre de Moraes define os **atos de improbidade** como:

> [...] aqueles que, possuindo natureza civil e devidamente tipificados em lei federal, ferem direta ou indiretamente os princípios constitucionais e legais da administração pública, independentemente de importarem enriquecimento ilícito ou de causarem prejuízo material ao erário público[6].

---

3. CONTROLADORIA GERAL DA UNIÃO. *Fraudes em licitações aparecem em 55 de 60 municípios fiscalizados pela CGU*. Disponível em: ‹ http://www.cgu.gov.br/Imprensa/Noticias/2008/noticia03508.asp›. Acesso em: 27 nov. 2010.
4. CALCINI, Fábio Pallaretti. Princípio da moralidade administrativa. In: MARRARA, Thiago (org.). *Princípios de direito administrativo: legalidade, segurança jurídica, impessoalidade, publicidade, motivação, eficiência, moralidade, razoabilidade, interesse público*. São Paulo: Atlas, 2012. p. 200.
5. MARRARA, Thiago. O conteúdo do princípio da moralidade: probidade, razoabilidade e cooperação. In: MARRARA, Thiago (org.). *Princípios de direito administrativo: legalidade, segurança jurídica, impessoalidade, publicidade, motivação, eficiência, moralidade, razoabilidade, interesse público*. São Paulo: Atlas, 2012. p. 166-167.
6. *Direito constitucional*. 24. ed. São Paulo: Atlas, 2009. p. 366.

2. LEI Nº 8.429/92 (LEI DE IMPROBIDADE ADMINISTRATIVA)

Regulamentando o art. 37, § 4º, da Constituição Federal, há a **Lei nº 8.429/92**, conhecida como Lei de Improbidade Administrativa (LIA), cujos dispositivos relacionados às disposições gerais e aos atos de improbidade passam a ser analisadas[7].

2.1. Sujeito passivo

Nos termos do art. 1º, podem ser **sujeito passivo** de ato de improbidade:

a) as **pessoas políticas (administração direta):** União, Estados, Distrito Federal e Municípios;

b) as **pessoas administrativas (administração indireta)**: autarquia, fundação pública, sociedade de economia mista, empresa pública;

c) as **empresas incorporadas ao patrimônio público**: empresas que não têm a condição de sociedade de economia mista nem de empresa pública e, por isso não fazem parte da administração indireta, mas "integram o Poder Público, porque foram incorporadas"[8];

d) **entidade para cuja criação ou custeio o erário haja concorrido ou concorra com mais de 50% do patrimônio ou da receita anual**: trata-se de **empresa controlada direta ou indiretamente pelo Poder Público,** pois, conforme afirma Maria Sylvia Zanella Di Pietro, não faria sentido o Poder Público contribuir com parcela tão substancial do patrimônio e deixar o controle nas mãos de particular[9];

e) **entidades que recebam subvenção, benefício ou incentivo (fiscal ou creditício) de órgão público**: serviços sociais autônomos – Sesi, Senai, Sesc, Senar e demais –, organizações sociais (OS), organizações sociais de interesse público (Oscip). Conforme o parágrafo único do art. 1º, limitada a sanção patrimonial à repercussão do ilícito sobre a contribuição dos cofres públicos;

f) **entidade para cuja criação ou custeio o erário haja concorrido ou concorra com menos de 50% do patrimônio ou da receita anual**: são entidades que não pertencem à Administração Pública, mas das quais o Estado participa de forma minoritária como, por exemplo, as sociedades de propósito específico criadas para gerir as parcerias público-privadas, conforme art. 9º, § 4º, da Lei 11.079/04[10]. De acordo com o parágrafo único do art. 1º, limitada a sanção patrimonial à repercussão do ilícito sobre a contribuição dos cofres públicos.

---

7. Para as demais disposições da lei, ver BORTOLETO, Leandro. *Direito Administrativo: para os concursos de analista*. 5. ed. Salvador: Juspodivm, 2016.
8. DI PIETRO, Maria Sylvia Zanella. *Direito administrativo*. 23. ed. São Paulo: Atlas, 2010. p. 827.
9. *Direito administrativo*. 23. ed. São Paulo: Atlas, 2010. p. 827.
10. MAZZA, Alexandre. *Manual de direito administrativo*. São Paulo: Saraiva, 2011. p. 475.

2.2. Sujeito ativo

O **sujeito ativo** do ato de improbidade pode ser (artigos 1º e 3º):

a) **agente público**: aquele que exerce mandato, cargo, emprego ou função, com ou sem remuneração, mesmo que transitoriamente, por eleição, nomeação, designação, contratação ou qualquer outra forma de investidura ou vínculo em qualquer uma das entidades que podem ser sujeito passivo. A lei adotou conceito bastante amplo e abrange todas as espécies de agentes públicos (agentes políticos, agentes administrativos – servidores públicos propriamente ditos, empregados públicos, servidores temporários, agentes honoríficos, agentes delegados, agentes credenciados) e até os dirigentes de organização social, Oscip, serviços sociais autônomos e demais entidades mencionadas no art. 1º da lei;

b) **terceiro** que induza ou concorra para a prática do ato de improbidade ou dele se beneficie. Exemplo: dono de construtora que, juntamente com agente público, frustra a licitude de procedimento licitatório poderá ser responsabilizado nos moldes previstos na lei de improbidade, no que couber (não pode ser aplicada a pena de perda da função pública, por exemplo).

Em relação aos **agentes políticos**, o Plenário do STF decidiu no julgamento da Pet 3240/DF, datado de 10/05/2018, pela inexistência de foro por prerrogativa de função nas ações de improbidade administrativa contra agentes políticos. Segundo a Corte, o foro por prerrogativa é restrito às ações penais comuns, conforme previsão Constitucional, não se estendendo às ações de improbidade administrativa, cuja natureza é civil.

O sujeito ativo do ato de improbidade **responderá patrimonialmente** se houver lesão ao patrimônio público e/ou enriquecimento ilícito e, respectivamente, deverá **ressarcir integralmente** o dano e **perderá** o que foi acrescido ilegalmente ao seu patrimônio, conforme enunciam os artigos 5º e 6º da Lei nº 8.429/92, além das demais penas previstas conforme se verá adiante.

Como regra geral, o art. 5º, XLV, da Constituição Federal assegura que "nenhuma pena passará da pessoa do condenado, podendo a obrigação de reparar o dano e a decretação do perdimento de bens ser, nos termos da lei, estendidas aos sucessores e contra eles executadas, até o limite do valor do patrimônio transferido" e, nesse sentido, o art. 8º da Lei de Improbidade estabelece que o "**sucessor** daquele que causar lesão ao patrimônio público ou se enriquecer ilicitamente está sujeito às cominações desta lei **até o limite do valor da herança**". De qualquer forma, ao sucessor não poderão ser estendidas as **demais penalidades** previstas na lei, como perda de função pública, proibição de celebrar contrato com o Poder Público ou receber benefícios ou incentivos fiscais ou creditícios ou suspensão de direitos políticos, em cumprimento à previsão constitucional.

2.3. Atos de improbidade

A Lei nº 8.429/92 prevê quatro modalidades de atos de improbidade:

a) atos que importam **enriquecimento ilícito** (art. 9º);

b) atos que causam **prejuízo ao erário** (art. 10);

c) atos de improbidade administrativa decorrentes de concessão ou aplicação indevida de benefício financeiro ou tributário (art. 10-A);

d) atos que atentam **contra os princípios** da Administração Pública (art. 11).

2.3.1. *Atos de improbidade que importam enriquecimento ilícito*

Os atos de improbidade que importam enriquecimento ilícito, conforme o art. 9º da Lei nº 8.429/92, são aqueles em que o agente **aufere vantagem indevida** em razão do cargo, mandato, função, emprego ou atividade nas entidades mencionadas no art. 1º da lei. A percepção de vantagem indevida é pressuposto, mas o dano econômico ao erário não, pois é possível o enriquecimento ilícito sem o efetivo dano econômico ao patrimônio público, até porque há, como modalidade específica, os atos de improbidade que causam prejuízo ao erário, nos termos do art. 10. No mesmo sentido, o art. 12 prevê que, no caso de ato de improbidade que importa enriquecimento ilícito, sempre haverá a pena de perda dos bens acrescidos ilicitamente e, por outro lado, a pena de reparação do dano ao erário somente será aplicada se houve dano patrimonial.

No art. 9º há rol exemplificativo ("notadamente") dessa espécie de ato de improbidade[11]. São **exemplos** de atos de improbidade que importam **enriquecimento ilícito**:

a) receber, para si ou para outrem, dinheiro, bem móvel ou imóvel, ou qualquer outra vantagem econômica, direta ou indireta, a título de comissão, percentagem, gratificação ou presente de quem tenha interesse, direto ou indireto, que possa ser atingido ou amparado por ação ou omissão decorrente das atribuições do agente público;

b) perceber vantagem econômica, direta ou indireta, para facilitar a aquisição, permuta ou locação de bem móvel ou imóvel, ou a contratação de serviços pelas entidades referidas no art. da lei por preço superior ao valor de mercado;

c) perceber vantagem econômica, direta ou indireta, para facilitar a alienação, permuta ou locação de bem público ou o fornecimento de serviço por ente estatal por preço inferior ao valor de mercado;

d) utilizar, em obra ou serviço particular, veículos, máquinas, equipamentos ou material de qualquer natureza, de propriedade ou à disposição de qualquer das entidades mencionadas no art. 1° dessa lei, bem como o trabalho de servidores públicos, empregados ou terceiros contratados por essas entidades;

e) receber vantagem econômica de qualquer natureza, direta ou indireta, para tolerar a exploração ou a prática de jogos de azar, de lenocínio, de narcotráfico, de contrabando, de usura ou de qualquer outra atividade ilícita, ou aceitar promessa de tal vantagem;

11. **ATENÇÃO**: apesar da natureza exemplificativa das hipóteses enumeradas no art. 9º, é indispensável a leitura atenta, pois a cobrança é frequente nas provas, o que também ocorre com as outras duas modalidades de ato de improbidade, exigindo-se a leitura dos artigos 10 e 11.

f) receber vantagem econômica de qualquer natureza, direta ou indireta, para fazer declaração falsa sobre medição ou avaliação em obras públicas ou qualquer outro serviço, ou sobre quantidade, peso, medida, qualidade ou característica de mercadorias ou bens fornecidos a qualquer das entidades mencionadas no art. 1º dessa lei;

g) adquirir, para si ou para outrem, no exercício de mandato, cargo, emprego ou função pública, bens de qualquer natureza cujo valor seja desproporcional à evolução do patrimônio ou à renda do agente público;

h) aceitar emprego, comissão ou exercer atividade de consultoria ou assessoramento para pessoa física ou jurídica que tenha interesse suscetível de ser atingido ou amparado por ação ou omissão decorrente das atribuições do agente público, durante a atividade;

i) perceber vantagem econômica para intermediar a liberação ou aplicação de verba pública de qualquer natureza;

j) receber vantagem econômica de qualquer natureza, direta ou indiretamente, para omitir ato de ofício, providência ou declaração a que esteja obrigado;

k) incorporar, por qualquer forma, ao seu patrimônio, bens, rendas, verbas ou valores integrantes do acervo patrimonial das entidades mencionadas no art. 1° da lei;

l) usar, em proveito próprio, bens, rendas, verbas ou valores integrantes do acervo patrimonial das entidades mencionadas no art. 1º da lei.

2.3.2. *Atos de improbidade que causam prejuízo ao erário*

Essa modalidade de ato de improbidade é a **única** em que, expressamente, a lei admitiu a possibilidade de prática **culposa**, exigindo-se a forma dolosa para as outras duas modalidades[12]. De qualquer maneira, a **responsabilidade** do agente que pratica ato de improbidade é **subjetiva** e nunca objetiva.

Nos termos do art. 10, configura ato de improbidade que causa **prejuízo ao erário** "qualquer ação ou omissão, dolosa ou culposa, que enseje perda patrimonial, desvio, apropriação, malbaratamento ou dilapidação dos bens ou haveres das entidades" mencionadas no art. 1º da lei.

São **exemplos** de ato de improbidade que **causam prejuízo ao erário**:

a) facilitar ou concorrer por qualquer forma para a incorporação ao patrimônio particular, de pessoa física ou jurídica, de bens, rendas, verbas ou valores integrantes do acervo patrimonial das entidades mencionadas no art. 1º da lei;

b) permitir ou concorrer para que pessoa física ou jurídica privada utilize bens, rendas, verbas ou valores integrantes do acervo patrimonial das entidades

12. CARVALHO FILHO. José dos Santos. *Manual de direito administrativo*. 19. ed. Rio de Janeiro: Lumen Juris, 2008. p. 948-951.

mencionadas no art. 1º da lei, sem a observância das formalidades legais ou regulamentares aplicáveis à espécie;

c) doar à pessoa física ou jurídica bem como ao ente despersonalizado, ainda que de fins educativos ou assistenciais, bens, rendas, verbas ou valores do patrimônio de qualquer das entidades mencionadas no art. 1º da lei, sem observância das formalidades legais e regulamentares aplicáveis à espécie;

d) permitir ou facilitar a alienação, permuta ou locação de bem integrante do patrimônio de qualquer das entidades referidas no art. 1º da lei, ou ainda a prestação de serviço por parte delas, por preço inferior ao de mercado;

e) permitir ou facilitar a aquisição, permuta ou locação de bem ou serviço por preço superior ao de mercado;

f) realizar operação financeira sem observância das normas legais e regulamentares ou aceitar garantia insuficiente ou inidônea;

g) conceder benefício administrativo ou fiscal sem a observância das formalidades legais ou regulamentares aplicáveis à espécie;

h) frustrar a licitude de processo licitatório ou de processo seletivo para celebração de parcerias com entidades sem fins lucrativos, ou dispensá-los indevidamente;

i) ordenar ou permitir a realização de despesas não autorizadas em lei ou regulamento;

j) agir negligentemente na arrecadação de tributo ou renda, bem como no que diz respeito à conservação do patrimônio público;

k) liberar verba pública sem a estrita observância das normas pertinentes ou influir de qualquer forma para a sua aplicação irregular;

l) permitir, facilitar ou concorrer para que terceiro se enriqueça ilicitamente;

m) permitir que se utilize, em obra ou serviço particular, veículos, máquinas, equipamentos ou material de qualquer natureza, de propriedade ou à disposição de qualquer das entidades mencionadas no art. 1° da lei, bem como o trabalho de servidor público, empregados ou terceiros contratados por essas entidades;

n) celebrar contrato ou outro instrumento que tenha por objeto a prestação de serviços públicos por meio da gestão associada sem observar as formalidades previstas na lei;

o) celebrar contrato de rateio de consórcio público sem suficiente e prévia dotação orçamentária, ou sem observar as formalidades previstas na lei.

A partir da entrada em vigor da Lei nº 13.019/14, acrescentaram-se os incisos XVI a XXI no art. 10 e, assim, também são considerados atos de improbidade:

p) facilitar ou concorrer, por qualquer forma, para a incorporação, ao patrimônio particular de pessoa física ou jurídica, de bens, rendas, verbas ou valores públicos transferidos pela administração pública a entidades privadas mediante celebração de parcerias, sem a observância das formalidades legais ou regulamentares aplicáveis à espécie.

q) permitir ou concorrer para que pessoa física ou jurídica privada utilize bens, rendas, verbas ou valores públicos transferidos pela administração pública a entidade privada mediante celebração de parcerias, sem a observância das formalidades legais ou regulamentares aplicáveis à espécie.

r) celebrar parcerias da administração pública com entidades privadas sem a observância das formalidades legais ou regulamentares aplicáveis à espécie.

s) frustrar a licitude de processo seletivo para celebração de parcerias da administração pública com entidades privadas ou dispensá-lo indevidamente.

t) agir negligentemente na celebração, fiscalização e análise das prestações de contas de parcerias firmadas pela administração pública com entidades privadas.

u) liberar recursos de parcerias firmadas pela administração pública com entidades privadas sem a estrita observância das normas pertinentes ou influir de qualquer forma para a sua aplicação irregular.

2.3.3. Atos de improbidade administrativa decorrentes de concessão ou aplicação indevida de benefícios financeiro ou tributário

Essa nova modalidade foi inserida por força da Lei Complementar nº 157/2016, que acrescentou o artigo 10-A, na Lei 8.429/92.

A LC 157/16 fez diversas alterações na Lei Complementar nº 116/03, que dispõe sobre o ISSQN (imposto sobre serviço de qualquer natureza), sendo uma delas a inserção do artigo 8º-A.

De acordo com esse dispositivo, a alíquota mínima do ISSQN é de 2% (dois por cento), nos termos do caput, tendo sido expressamente vedado, no §1º do artigo 8º-A, que esse imposto seja "objeto de concessão de isenções, incentivos ou benefícios tributários ou financeiros, inclusive de redução de base de cálculo ou de crédito presumido ou outorgado, ou sob qualquer outra forma que resulte, direta ou indiretamente, em carga tributária menor que a decorrente da aplicação da alíquota mínima estabelecida no caput, exceto para os serviços a que se referem os subitens 7.02, 7.05, e 16.01 da lista anexa" à LC 116/03.

Os mencionados anexos englobam os seguintes serviços:

> "7.02 – Execução, por administração, empreitada ou subempreitada, de obras de construção civil, hidráulica ou elétrica e de outras obras semelhantes, inclusive sondagem, perfuração de poços, escavação, drenagem e irrigação, terraplanagem, pavimentação, concretagem e a instalação e montagem de produtos, peças e equipamentos (exceto o fornecimento de mercadorias produzidas pelo prestador de serviços fora do local da prestação dos serviços, que fica sujeito ao ICMS).
>
> 7.05- Reparação, conservação e reforma de edifícios, estradas, pontes, portos e congêneres (exceto o fornecimento de mercadorias produzidas

> pelo prestador dos serviços, fora do local a prestação dos serviços, que fica sujeito ao ICMS)
>
> 16.01- Serviços de transporte coletivo rodoviário, metroviário, ferroviário e aquaviário de passageiros."

Desse modo, com exceção desses serviços listados nos três subitens, é proibido que a carga tributária referente ao ISSQN seja menor que a decorrente da alíquota de 2% e para que os Municípios e o Distrito Federal tenham tempo para se adaptar, o artigo 6º da LC 157/16 determinou que possuem o prazo de um ano, contado da publicação dessa lei complementar (que se deu em 30/12/2016), para revogarem os dispositivos legais que contrariarem essa vedação. Assim, somente passou a ser configurada esta modalidade de improbidade administrativa um ano após a publicação da Lei Complementar 157/16.

2.3.4. *Atos de improbidade que atentam contra os princípios da Administração Pública*

Configura ato que atenta contra os princípios da Administração Pública, de acordo com o art. 11, "qualquer ação ou omissão que viole os deveres de honestidade, imparcialidade, legalidade e lealdade às instituições".

São exemplos de atos que atentam **contra os princípios** da Administração Pública:

a) praticar ato visando a fim proibido em lei ou regulamento ou diverso daquele previsto na regra de competência;

b) retardar ou deixar de praticar, indevidamente, ato de ofício;

c) revelar fato ou circunstância de que tem ciência em razão das atribuições e que deva permanecer em segredo;

d) negar publicidade aos atos oficiais;

e) frustrar a licitude de concurso público;

> ATENÇÃO!
>
> Frustrar a licitude de processo licitatório ou de processo seletivo para celebração de parcerias com entidades sem fins lucrativos, ou dispensá-los indevidamente é ato de improbidade que causa prejuízo ao erário (art. 10, VIII);

f) deixar de prestar contas quando esteja obrigado a fazê-lo;

g) revelar ou permitir que chegue ao conhecimento de terceiro, antes da respectiva divulgação oficial, teor de medida política ou econômica capaz de afetar o preço de mercadoria, bem ou serviço.

A partir da entrada em vigor da Lei nº 13.019/14, acrescentou-se o inciso VIII no art. 11 e, assim, também é considerado ato de improbidade:

h) descumprir as normas relativas à celebração, fiscalização e aprovação de contas de parcerias firmadas pela administração pública com entidades privadas.

Também, a Lei nº 13.146/15 (Estatuto da Pessoa com Deficiência) inseriu nova modalidade de ato de improbidade que atenta contra os princípios da Administração ao acrescentar o inciso IX ao art. 11:

i) deixar de cumprir a exigência de requisitos de acessibilidade previstos na legislação;

A Lei 13.650/2018, com olhos voltados à lisura e transparência da participação complementar do SUS na área da saúde, trouxe mais uma conduta que configura ato de improbidade administrativa:

j) transferir recurso a entidade privada, em razão da prestação de serviços na área de saúde sem a prévia celebração de contrato, convênio ou instrumento congênere, nos termos do parágrafo único do artigo 24 da Lei 8.080, de 19 de setembro de 1990.

▸ MODALIDADES DE ATOS DE IMPROBIDADE	
atos que importam enriquecimento ilícito (art. 9º)	**auferir qualquer tipo de vantagem patrimonial indevida** em razão do exercício de cargo, mandato, função, emprego ou atividade nas entidades mencionadas no art. 1º da lei
atos que causam prejuízo ao erário (art. 10)	**qualquer ação ou omissão, dolosa ou culposa, que enseje** perda patrimonial, desvio, apropriação, malbaratamento ou dilapidação dos bens ou haveres das entidades" mencionadas no art. 1º da lei
atos que atentam contra os princípios da Administração Pública (art. 11)	**qualquer ação ou omissão que viole** os deveres de honestidade, imparcialidade, legalidade, e lealdade às instituições
atos de improbidade decorrentes de concessão indevida de benefício financeiro ou tributário (art. 10-A)	**qualquer ação ou omissão para conceder, aplicar ou manter benefício financeiro ou tributário** que dispõe o *caput* e o §1º do art. 8º-A da LC 116/2013 (ISSQN).

2.4. Sanções

O art. 12 da Lei nº 8.429/92 estabelece que as **sanções** previstas nesse diploma normativo são aplicadas **independentemente** das **sanções penais, civis** e **administrativas** previstas na legislação específica. Ou seja, há a **independência das instâncias.**

Assim, caso o ato praticado seja enquadrado como ato de improbidade e, também, seja considerado crime, o autor se submeterá às penas da Lei de Improbidade Administrativa e, ainda, às existentes na legislação penal, sem se esquecer, ademais, das sanções administrativas e civis eventualmente existentes. Para reforçar, em relação às infrações penais, não há coincidência obrigatória entre o ato de improbidade administrativa e a infração penal, pois há ato de improbidade que também está previsto na lei penal como crime e, por outro lado, há aqueles em que não há a prática de infração penal. Desse modo, por exemplo, o ato de receber vantagem econômica indevida em razão da função configura, simultaneamente, ato de improbidade (art. 9º, I) e crime de corrupção passiva (art. 317, Código Penal), no entanto há diversos casos em que determinada conduta configuradora da prática de ato de improbidade é desprovida de tipificação penal como, por exemplo, os atos que atentam contra princípios da Administração Pública.

Dessa maneira, as sanções previstas na Lei nº 8.429/92 têm natureza **extrapenal**[13].

As **sanções** passíveis de aplicação em decorrência da prática de ato de improbidade administrativa podem ser aplicadas **isolada** ou **cumulativamente** e são as **seguintes** (art. 12):

a) perda de bens e valores;

b) ressarcimento integral do dano. É aplicada, apenas, se houve efetiva **ocorrência de dano** ao patrimônio público (art. 21, I);

c) perda da função pública. Somente é aplicada **após o trânsito em julgado** da decisão condenatória (art. 20);

d) suspensão dos direitos políticos. Somente é aplicada **após o trânsito em julgado** da decisão condenatória (art. 20);

e) multa civil;

f) proibição de contratar e de receber benefícios.

A a**plicação** das sanções, nos termos do art. 21, **independe**:

a) da efetiva ocorrência de **dano** ao patrimônio público, salvo quanto à pena de **ressarcimento**;

b) da **aprovação** ou **rejeição** das **contas** pelo órgão de controle interno ou pelo Tribunal ou Conselho de Contas.

Há na lei uma espécie de **graduação de gravidade** do ato de improbidade, na qual são considerados mais graves – e, por isso, a previsão das maiores penas – os atos que importam enriquecimento ilícito. Em um grau menor de gravidade, de acordo com a lei, há os atos que causam prejuízo ao erário, para os quais as penas a serem aplicadas são um pouco menos severas e, por fim, existem os atos que atentam contra os princípios da Administração Pública, cujas penas são menores do que as previstas para as outras duas espécies de atos de improbidade.

Na **aplicação** das penas, o **juiz** levará em conta a **extensão do dano** causado e o **proveito patrimonial** obtido pelo agente (art. 12, parágrafo único).

---

13. CARVALHO FILHO. José dos Santos. *Manual de direito administrativo*. 19. ed. Rio de Janeiro: Lumen Juris, 2008. p. 948-953.

Conforme a modalidade de ato de improbidade, aplicam-se as seguintes **sanções** (art. 12):

a) **atos que importem enriquecimento ilícito** (art. 12, I):
- perda dos bens ou valores acrescidos ilicitamente ao patrimônio;
- ressarcimento integral do dano, quando houver;
- perda da função pública;
- suspensão dos direitos políticos de **oito a dez anos;**
- pagamento de multa civil de até **três vezes** o valor do **acréscimo** patrimonial;
- proibição de celebrar contrato com o Poder Público ou de receber benefícios ou incentivos fiscais ou creditícios, direta ou indiretamente, ainda que por intermédio de pessoa jurídica da qual seja sócio majoritário, pelo prazo de **dez anos.**

b) **atos que causam lesão ao erário** (art. 12, II):
- ressarcimento integral do dano;
- perda dos bens ou valores acrescidos ilicitamente ao patrimônio, se concorrer esta circunstância;
- perda da função pública;
- suspensão dos direitos políticos de **cinco a oito anos;**
- pagamento de multa civil de até **duas vezes** o valor do **dano**;
- proibição de celebrar contrato com o Poder Público ou receber benefícios ou incentivos fiscais ou creditícios, direta ou indiretamente, ainda que por intermédio de pessoa jurídica da qual seja sócio majoritário, pelo prazo de **cinco anos;**

c) **atos que atentem contra os princípios da Administração Pública** (art. 12, III):
- ressarcimento integral do dano, se houver;
- perda da função pública;
- suspensão dos direitos políticos de **três a cinco anos;**
- pagamento de multa civil de até **cem vezes** o valor da **remuneração** percebida pelo agente;
- proibição de celebrar contrato com o Poder Público ou de receber benefícios ou incentivos fiscais ou creditícios, direta ou indiretamente, ainda que por intermédio de pessoa jurídica da qual seja sócio majoritário, pelo prazo de **três anos.**

d) **atos decorrentes de concessão, aplicação ou mantença indevida de benefício financeiro ou tributário (12, IV):**
- perda da função pública;
- suspensão dos direitos políticos de cinco a oito anos;
- multa civil de até três vezes o valor do benefício financeiro ou tributário concedido.

Importa destacar que a 1ª Turma do STJ entendeu, em julgamento do REsp nº 1423452/SP e 1766149/RJ, que o condenado na prática do ato de improbidade só perde a função pública que se utilizou para a prática de referido ato, pois as normas que estabelecem penalidades devem ser interpretadas de forma restritiva.

Referido posicionamento contraria o adotado pela 2ª Turma do STJ e pela doutrina majoritária, que entendem que o agente público deve perder a função pública que estiver ocupando no momento do trânsito em julgado (REsp nº 1297021/PR), em observância ao princípio da moralidade.

▸ IMPROBIDADE ADMINISTRATIVA: SANÇÕES

- Podem ser aplicadas isolada ou cumulativamente
- Juiz deve levar em conta a extensão do dano causado e o proveito patrimonial obtido pelo agente
- Aplicação independe:
  - da rejeição ou aprovação pelo órgão de controle interno ou pelo Tribunal de Contas
  - da efetiva ocorrência de dano ao patrimônio público, salvo quanto à pena de ressarcimento

Atos que importam enriquecimento ilícito	**Atos que causam lesão ao erário**	**Atos que atentam contra os princípios da Administração**	**Atos que decorrem da concessão ou aplicação indevida de benefício financeiro ou tributário**
Perda da função pública	Perda da função pública	Perda da função pública	Perda da função pública
Suspensão dos direitos políticos: 8 a 10 anos	Suspensão dos direitos políticos: 5 a 8 anos	Suspensão dos direitos políticos: 3 a 5 anos	Suspensão dos direitos políticos: 5 a 8 anos
Multa civil: até 3x valor do acréscimo	Multa civil: até 2x valor do dano	Multa civil: até 100x valor da remuneração	Multa civil: até 3x valor do benefício financeiro ou tributário concedido
Proibição de celebrar contrato com o Poder Público e de receber benefícios ou incentivos fiscais ou creditícios: 10 anos	Proibição de celebrar contrato com o Poder Público e de receber benefícios ou incentivos fiscais ou creditícios: 5 anos	Proibição de celebrar contrato com o Poder Público e de receber benefícios ou incentivos fiscais ou creditícios: 3 anos	-
Perda dos bens ou valores acrescidos indevidamente	Perda dos bens ou valores acrescidos indevidamente, se ocorreu	-	-
Ressarcimento integral do dano, se houver	Ressarcimento integral do dano	Ressarcimento integral do dano, se houver	-

3. LEGISLAÇÃO RELACIONADA AO CAPÍTULO

» CONSTITUIÇÃO FEDERAL

[...]

Art. 37 [...]

§ 4º – Os atos de improbidade administrativa importarão a suspensão dos direitos políticos, a perda da função pública, a indisponibilidade dos bens e o ressarcimento ao erário, na forma e gradação previstas em lei, sem prejuízo da ação penal cabível.

Brasília, 5 de outubro de 1988.

Ulysses Guimarães

Presidente

Publicado no DOU de 5.10.1988

» LEI Nº 8.429, DE 2 DE JUNHO DE 1992.

Dispõe sobre as sanções aplicáveis aos agentes públicos nos casos de enriquecimento ilícito no exercício de mandato, cargo, emprego ou função na administração pública direta, indireta ou fundacional e dá outras providências.

O PRESIDENTE DA REPÚBLICA, Faço saber que o Congresso Nacional decreta e eu sanciono a seguinte lei:

CAPÍTULO I

Das Disposições Gerais

Art. 1° Os atos de improbidade praticados por qualquer agente público, servidor ou não, contra a administração direta, indireta ou fundacional de qualquer dos Poderes da União, dos Estados, do Distrito Federal, dos Municípios, de Território, de empresa incorporada ao patrimônio público ou de entidade para cuja criação ou custeio o erário haja concorrido ou concorra com mais de cinqüenta por cento do patrimônio ou da receita anual, serão punidos na forma desta lei.

Parágrafo único. Estão também sujeitos às penalidades desta lei os atos de improbidade praticados contra o patrimônio de entidade que receba subvenção, benefício ou incentivo, fiscal ou creditício, de órgão público bem como daquelas para cuja criação ou custeio o erário haja concorrido ou concorra com menos de cinqüenta por cento do patrimônio ou da receita anual, limitando-se, nestes casos, a sanção patrimonial à repercussão do ilícito sobre a contribuição dos cofres públicos.

Art. 2° Reputa-se agente público, para os efeitos desta lei, todo aquele que exerce, ainda que transitoriamente ou sem remuneração, por eleição, nomeação, designação, contratação ou qualquer outra forma de investidura ou vínculo, mandato, cargo, emprego ou função nas entidades mencionadas no artigo anterior.

Art. 3° As disposições desta lei são aplicáveis, no que couber, àquele que, mesmo não sendo agente público, induza ou concorra para a prática do ato de improbidade ou dele se beneficie sob qualquer forma direta ou indireta.

Art. 4° Os agentes públicos de qualquer nível ou hierarquia são obrigados a velar pela estrita observância dos princípios de legalidade, impessoalidade, moralidade e publicidade no trato dos assuntos que lhe são afetos.

Art. 5° Ocorrendo lesão ao patrimônio público por ação ou omissão, dolosa ou culposa, do agente ou de terceiro, dar-se-á o integral ressarcimento do dano.

Art. 6° No caso de enriquecimento ilícito, perderá o agente público ou terceiro beneficiário os bens ou valores acrescidos ao seu patrimônio.

Art. 7º Quando o ato de improbidade causar lesão ao patrimônio público ou ensejar enriquecimento ilícito, caberá a autoridade administrativa responsável pelo inquérito representar ao Ministério Público, para a indisponibilidade dos bens do indiciado.

Parágrafo único. A indisponibilidade a que se refere o *caput* deste artigo recairá sobre bens que assegurem o integral ressarcimento do dano, ou sobre o acréscimo patrimonial resultante do enriquecimento ilícito.

Art. 8° O sucessor daquele que causar lesão ao patrimônio público ou se enriquecer ilicitamente está sujeito às cominações desta lei até o limite do valor da herança.

CAPÍTULO II
Dos Atos de Improbidade Administrativa

Seção I
Dos Atos de Improbidade Administrativa que Importam Enriquecimento Ilícito

Art. 9° Constitui ato de improbidade administrativa importando enriquecimento ilícito auferir qualquer tipo de vantagem patrimonial indevida em razão do exercício de cargo, mandato, função, emprego ou atividade nas entidades mencionadas no art. 1° desta lei, e notadamente:

I - receber, para si ou para outrem, dinheiro, bem móvel ou imóvel, ou qualquer outra vantagem econômica, direta ou indireta, a título de comissão, percentagem, gratificação ou presente de quem tenha interesse, direto ou indireto, que possa ser atingido ou amparado por ação ou omissão decorrente das atribuições do agente público;

II - perceber vantagem econômica, direta ou indireta, para facilitar a aquisição, permuta ou locação de bem móvel ou imóvel, ou a contratação de serviços pelas entidades referidas no art. 1° por preço superior ao valor de mercado;

III - perceber vantagem econômica, direta ou indireta, para facilitar a alienação, permuta ou locação de bem público ou o fornecimento de serviço por ente estatal por preço inferior ao valor de mercado;

IV - utilizar, em obra ou serviço particular, veículos, máquinas, equipamentos ou material de qualquer natureza, de propriedade ou à disposição de qualquer das entidades mencionadas no art. 1° desta lei, bem como o trabalho de servidores públicos, empregados ou terceiros contratados por essas entidades;

V - receber vantagem econômica de qualquer natureza, direta ou indireta, para tolerar a exploração ou a prática de jogos de azar, de lenocínio, de narcotráfico, de contrabando, de usura ou de qualquer outra atividade ilícita, ou aceitar promessa de tal vantagem;

VI - receber vantagem econômica de qualquer natureza, direta ou indireta, para fazer declaração falsa sobre medição ou avaliação em obras públicas ou qualquer outro serviço, ou sobre quantidade, peso, medida, qualidade ou característica de mercadorias ou bens fornecidos a qualquer das entidades mencionadas no art. 1º desta lei;

VII - adquirir, para si ou para outrem, no exercício de mandato, cargo, emprego ou função pública, bens de qualquer natureza cujo valor seja desproporcional à evolução do patrimônio ou à renda do agente público;

VIII - aceitar emprego, comissão ou exercer atividade de consultoria ou assessoramento para pessoa física ou jurídica que tenha interesse suscetível de ser atingido ou amparado por ação ou omissão decorrente das atribuições do agente público, durante a atividade;

IX - perceber vantagem econômica para intermediar a liberação ou aplicação de verba pública de qualquer natureza;

X - receber vantagem econômica de qualquer natureza, direta ou indiretamente, para omitir ato de ofício, providência ou declaração a que esteja obrigado;

XI - incorporar, por qualquer forma, ao seu patrimônio bens, rendas, verbas ou valores integrantes do acervo patrimonial das entidades mencionadas no art. 1° desta lei;

XII - usar, em proveito próprio, bens, rendas, verbas ou valores integrantes do acervo patrimonial das entidades mencionadas no art. 1° desta lei.

Seção II
Dos Atos de Improbidade Administrativa que Causam Prejuízo ao Erário

Art. 10. Constitui ato de improbidade administrativa que causa lesão ao erário qualquer ação ou omissão, dolosa ou culposa, que enseje perda patrimonial, desvio, apropriação, malbaratamento ou dilapidação dos bens ou haveres das entidades referidas no art. 1º desta lei, e notadamente:

I - facilitar ou concorrer por qualquer forma para a incorporação ao patrimônio particular, de pessoa física ou jurídica, de bens, rendas, verbas ou valores integrantes do acervo patrimonial das entidades mencionadas no art. 1º desta lei;

II - permitir ou concorrer para que pessoa física ou jurídica privada utilize bens, rendas, verbas ou valores integrantes do acervo patrimonial das entidades mencionadas no art. 1º desta lei, sem a observância das formalidades legais ou regulamentares aplicáveis à espécie;

III – doar à pessoa física ou jurídica bem como ao ente despersonalizado, ainda que de fins educativos ou assistências, bens, rendas, verbas ou valores do patrimônio de qualquer das entidades mencionadas no art. 1º desta lei, sem observância das formalidades legais e regulamentares aplicáveis à espécie;

IV – permitir ou facilitar a alienação, permuta ou locação de bem integrante do patrimônio de qualquer das entidades referidas no art. 1º desta lei, ou ainda a prestação de serviço por parte delas, por preço inferior ao de mercado;

V – permitir ou facilitar a aquisição, permuta ou locação de bem ou serviço por preço superior ao de mercado;

VI – realizar operação financeira sem observância das normas legais e regulamentares ou aceitar garantia insuficiente ou inidônea;

VII – conceder benefício administrativo ou fiscal sem a observância das formalidades legais ou regulamentares aplicáveis à espécie;

VIII - frustrar a licitude de processo licitatório ou de processo seletivo para celebração de parcerias com entidades sem fins lucrativos, ou dispensá-los indevidamente; (Redação dada pela Lei nº 13.019, de 2014)

IX – ordenar ou permitir a realização de despesas não autorizadas em lei ou regulamento;

X – agir negligentemente na arrecadação de tributo ou renda, bem como no que diz respeito à conservação do patrimônio público;

XI – liberar verba pública sem a estrita observância das normas pertinentes ou influir de qualquer forma para a sua aplicação irregular;

XII – permitir, facilitar ou concorrer para que terceiro se enriqueça ilicitamente;

XIII – permitir que se utilize, em obra ou serviço particular, veículos, máquinas, equipamentos ou material de qualquer natureza, de propriedade ou à disposição de qualquer das entidades mencionadas no art. 1° desta lei, bem como o trabalho de servidor público, empregados ou terceiros contratados por essas entidades.

XIV – celebrar contrato ou outro instrumento que tenha por objeto a prestação de serviços públicos por meio da gestão associada sem observar as formalidades previstas na lei; (Incluído pela Lei nº 11.107, de 2005)

XV – celebrar contrato de rateio de consórcio público sem suficiente e prévia dotação orçamentária, ou sem observar as formalidades previstas na lei. (Incluído pela Lei nº 11.107, de 2005)

XVI - facilitar ou concorrer, por qualquer forma, para a incorporação, ao patrimônio particular de pessoa física ou jurídica, de bens, rendas, verbas ou valores públicos transferidos pela administração pública a entidades privadas mediante celebração de parcerias, sem a observância das formalidades legais ou regulamentares aplicáveis à espécie ((incluído pela Lei nº 13.019/14);

XVII - permitir ou concorrer para que pessoa física ou jurídica privada utilize bens, rendas, verbas ou valores públicos transferidos pela administração pública a entidade privada mediante celebração de parcerias, sem a observância das formalidades legais ou regulamentares aplicáveis à espécie (incluído pela Lei nº 13.019/14);

XVIII - celebrar parcerias da administração pública com entidades privadas sem a observância das formalidades legais ou regulamentares aplicáveis à espécie (incluído pela Lei nº 13.019/14);

XIX - agir negligentemente na celebração, fiscalização e análise das prestações de contas de parcerias firmadas pela administração pública com entidades privadas; (Incluído pela Lei nº 13.019, de 2014, com a redação dada pela Lei nº 13.204, de 2015);

XX - liberar recursos de parcerias firmadas pela administração pública com entidades privadas sem a estrita observância das normas pertinentes ou influir de qualquer forma para a sua aplicação irregular. (Incluído pela Lei nº 13.019, de 2014, com a redação dada pela Lei nº 13.204, de 2015);

XXI - liberar recursos de parcerias firmadas pela administração pública com entidades privadas sem a estrita observância das normas pertinentes ou influir de qualquer forma para a sua aplicação irregular (incluído pela Lei nº 13.019/14).

Seção II-A
Dos Atos de Improbidade Administrativa Decorrentes de Concessão ou Aplicação Indevida de Benefício Financeiro ou Tributário (Incluído pela LC 157/2016)

Art. 10-A. Constitui ato de improbidade administrativa qualquer ação ou omissão para conceder, aplicar ou manter benefício financeiro ou tributário contrário ao que dispõem o caput e o §1º do art. 8º-A da Lei Complementar nº 116 de 31 de julho de 2003. (Incluído pela LC 157/2016)

Seção III
Dos Atos de Improbidade Administrativa que Atentam Contra os Princípios da Administração Pública

Art. 11. Constitui ato de improbidade administrativa que atenta contra os princípios da administração pública qualquer ação ou omissão que viole os deveres de honestidade, imparcialidade, legalidade, e lealdade às instituições, e notadamente:

I – praticar ato visando fim proibido em lei ou regulamento ou diverso daquele previsto, na regra de competência;

II – retardar ou deixar de praticar, indevidamente, ato de ofício;

III – revelar fato ou circunstância de que tem ciência em razão das atribuições e que deva permanecer em segredo;

IV – negar publicidade aos atos oficiais;

V – frustrar a licitude de concurso público;

VI – deixar de prestar contas quando esteja obrigado a fazê-lo;

VII – revelar ou permitir que chegue ao conhecimento de terceiro, antes da respectiva divulgação oficial, teor de medida política ou econômica capaz de afetar o preço de mercadoria, bem ou serviço.

VIII - descumprir as normas relativas à celebração, fiscalização e aprovação de contas de parcerias firmadas pela administração pública com entidades privadas (incluído pela Lei nº 13.019/14).

IX - deixar de cumprir a exigência de requisitos de acessibilidade previstos na legislação. (Incluído pela Lei nº 13.146, de 2015)

X - transferir recurso a entidade privada, em razão da prestação de serviços na área de saúde sem prévia celebração de contrato, convênio ou instrumento congênere, nos termos do parágrafo único do artigo 24 da Lei nº 8.080, de 19 de setembro de 1990. (Incluído pela Lei 13.650, de 2018)

CAPÍTULO III
Das Penas

Art. 12. Independentemente das sanções penais, civis e administrativas previstas na legislação específica, está o responsável pelo ato de improbidade sujeito às seguintes cominações, que podem ser aplicadas isolada ou cumulativamente, de acordo com a gravidade do fato: (Redação dada pela Lei nº 12.120, de 2009).

I – na hipótese do art. 9°, perda dos bens ou valores acrescidos ilicitamente ao patrimônio, ressarcimento integral do dano, quando houver, perda da função pública, suspensão dos direitos políticos de oito a dez anos, pagamento de multa civil de até três vezes o valor do acréscimo patrimonial e proibição de contratar com o Poder Público ou receber benefícios ou incentivos fiscais ou creditícios, direta ou indiretamente, ainda que por intermédio de pessoa jurídica da qual seja sócio majoritário, pelo prazo de dez anos;

II – na hipótese do art. 10, ressarcimento integral do dano, perda dos bens ou valores acrescidos ilicitamente ao patrimônio, se concorrer esta circunstância, perda da função pública, suspensão dos direitos políticos de cinco a oito anos, pagamento de multa civil de até duas vezes o valor do dano e proibição de contratar com o Poder Público ou receber benefícios ou incentivos fiscais ou creditícios, direta ou indiretamente, ainda que por intermédio de pessoa jurídica da qual seja sócio majoritário, pelo prazo de cinco anos;

III – na hipótese do art. 11, ressarcimento integral do dano, se houver, perda da função pública, suspensão dos direitos políticos de três a cinco anos, pagamento de multa civil de até cem vezes o valor da remuneração percebida pelo agente e proibição de contratar com o Poder Público ou receber benefícios ou incentivos fiscais ou creditícios, direta ou indiretamente, ainda que por intermédio de pessoa jurídica da qual seja sócio majoritário, pelo prazo de três anos.

IV – na hipótese prevista no artigo 10-A, perda da função pública, suspensão dos direitos políticos de 5 (cinco) a 8 (oito) anos e multa civil de até 3 (três) vezes o valor do benefício financeiro ou tributário concedido. (Incluído pela LC 157/2016).

Parágrafo único. Na fixação das penas previstas nesta lei o juiz levará em conta a extensão do dano causado, assim como o proveito patrimonial obtido pelo agente.

[...]

CAPÍTULO VIII

Das Disposições Finais

Art. 24. Esta lei entra em vigor na data de sua publicação.

Art. 25. Ficam revogadas as Leis n°s 3.164, de 1° de junho de 1957, e 3.502, de 21 de dezembro de 1958 e demais disposições em contrário.

Rio de Janeiro, 2 de junho de 1992; 171° da Independência e 104° da República.

FERNANDO COLLOR

Publicado no DOU de 3.6.1992

4 QUESTÕES

4.1. Questões comentadas

01. **(Consulplan – Analista Judiciário – Área Judiciária – TRF 2/2017)** "João, estagiário de economia em uma Organização Social (OS), para cujo custeio o Poder Público Estadual concorre com 40% da receita anual, recebeu irregularmente comissão, repassada integralmente para seu chefe imediato, em decorrência de operação financeira realizada." Sobre o caso narrado, assinale a alternativa correta.

a) João não responderá por improbidade administrativa, na medida em que o Poder Público concorre com menos de 50% da receita anual da Organização Social (OS).

b) João não responderá por improbidade administrativa, uma vez que não foi beneficiário direto do ato, mas seu chefe imediato, que deve responder pelo enriquecimento ilícito na medida da vantagem obtida.

c) João responderá por improbidade administrativa, na medida da repercussão do ilícito sobre a contribuição dos cofres públicos, sendo competentes o Ministério Público e o Ente Federativo prejudicado a propor a ação de improbidade.

d) João responderá por improbidade administrativa, ainda que não seja beneficiário direto do ato, podendo haver suspensão dos seus direitos políticos, sendo a pena aplicada independentemente da extensão do dano e do proveito patrimonial obtido.

COMENTÁRIO

Alternativa correta: letra "c" (responde a alternativa "a"). Na forma do art. 1º, parágrafo único, da Lei nº 8.429/92, "também sujeitos às penalidades desta lei os atos de improbidade praticados contra o patrimônio de entidade que receba subvenção, benefício ou incentivo, fiscal ou creditício, de órgão público bem como daquelas para cuja criação ou custeio o erário haja concorrido ou concorra com menos de cinquenta por cento do patrimônio ou da receita anual, **limitando-se, nestes casos, a sanção patrimonial à repercussão do ilícito sobre a contribuição dos cofres públicos**". Neste sentido, o art. 9º, I, da Lei, estabelece que constitui ato de improbidade administrativa que importa enriquecimento ilícito "receber, para si ou para outrem, dinheiro, bem móvel ou imóvel, ou qualquer outra vantagem econômica, direta ou indireta, a título de comissão, percentagem, gratificação ou presente de quem tenha interesse, direto ou indireto, que possa ser atingido ou amparado por ação ou omissão decorrente das atribuições do agente público". Quanto à atividade específica de estagiário, o STJ tem entendimento de que responde por improbidade administrativa como, por exemplo, o REsp 1352035 / RS. Portanto, João responderá por improbidade administrativa, na medida da repercussão do ilícito sobre a contribuição dos cofres públicos. Quanto à legitimidade ativa para a propositura da ação, não se trata de exclusividade do **Ministério Público**, pois nos termos do art. 17, além dele, a pessoa jurídica interessada pode ingressar com a ação. Deve ser considerada como **pessoa jurídica interessada** uma das previstas no art. 1º da Lei. Dessa maneira, como se trata de Organização Social (OS) para cujo custeio o Poder Público Estadual concorre com 40% da receita anual, esse Estado da Federação é a pessoa jurídica apta a manejar a ação de improbidade, ressaltando-se, todavia, quando a ação de improbidade for proposta por uma dessas pessoas interessadas, o **Ministério Público**, obrigatoriamente, atuará como **fiscal da lei**, sob pena de nulidade (art. 17, §4º).

Alternativa "b". A Lei nº 8.429/92 não é aplicável apenas aos agentes públicos, mas, também, a qualquer pessoa que induza ou concorra para a prática do ato de improbidade ou dele se beneficie sob qualquer forma direta ou indireta, de acordo com o art. 3º, de referido diploma normativo.

Alternativa "d". O art. 12, parágrafo único, da Lei, preceitua que, na fixação das penas previstas, o juiz levará em conta a extensão do dano causado, assim como o proveito patrimonial obtido pelo agente.

02. **(FCC – Analista Judiciário – Oficial de Just. Avaliador – TRT 11/2017)** Joaquim é advogado e foi convidado por um Juiz de determinado Tribunal para ocupar cargo em comissão no citado Tribunal, sendo sua contratação efetivada em novembro de 2015. Ocorre que Joaquim, no exercício de suas atribuições, negou publicidade a atos oficiais, o que acarretou a sua exoneração, ocorrida em outubro de 2016. O fato também chegou ao conhecimento do Ministério Público, que pretende, após a devida investigação, ingressar com ação de improbidade administrativa contra Joaquim. Nos termos da Lei nº 8.429/1992, a ação de improbidade pretendida pelo Ministério Público pode ser proposta até

a) novembro de 2025.
b) novembro de 2020.
c) outubro de 2020.
d) outubro de 2021.
e) novembro de 2018.

COMENTÁRIO

Alternativa correta: letra "d" (responde as demais alternativas). Como Joaquim exerceu exclusivamente cargo em comissão, o termo inicial para a contagem do prazo prescricional é **até cinco anos depois do término do exercício do cargo** (art. 23, Lei nº 8.429/92), o que se deu em outubro de 2016. Assim, a ação de improbidade a ser movida pelo Ministério Público deve ser ajuizada até **novembro de 2021.**

03. **(Cespe – Técnico Judiciário – Área Administrativa – TRF 1/2017)** A configuração de ato de improbidade administrativa dependerá, necessariamente, da existência de dano efetivo ao erário.

COMENTÁRIO

"Errado". O art. 21 da Lei nº 8.429/92 enuncia que a aplicação das sanções previstas pode ocorrer independentemente da aprovação ou rejeição das contas pelo órgão de controle interno ou pelo Tribunal ou Conselho de Contas, ou da efetiva ocorrência de dano ao patrimônio público, salvo quanto à pena de ressarcimento.

04. **(Cespe – Técnico Judiciário – Área Administrativa – TRF 1/2017)** As penas previstas na lei em apreço serão sempre aplicadas de forma cumulativa, independentemente da gravidade do fato.

COMENTÁRIO

"Errado". Estabelece o art. 12, da Lei nº 8.429/92, que "independentemente das sanções penais, civis e administrativas previstas na legislação específica, está o responsável pelo ato de improbidade sujeito às seguintes cominações, que podem ser aplicadas isolada ou cumulativamente, **de acordo com a gravidade do fato**".

05. **(FCC – Analista Judiciário – Área administrativa – TRT 11/2017)** Vinicius é empresário, proprietário de gráfica e papelaria situada no Município de Boa Vista. O Ministério Público do Estado de Roraima ingressou com ação de improbidade administrativa contra Vinicius argumentando que, embora não seja agente público, beneficiou-se, indiretamente, de ato de improbidade administrativa. As disposições da Lei de Improbidade Administrativa

a) são aplicáveis, no que couber, a Vinicius.
b) não se aplicam a Vinicius, tendo em vista sua condição de particular.
c) são aplicáveis, em sua totalidade, a Vinicius, inclusive as destinadas especificamente aos agentes públicos.
d) não se aplicam a Vinicius, haja vista que o benefício indireto não justifica a incidência da citada lei.
e) não se aplicam a Vinicius, pois apenas o particular que induzir ou concorrer para a prática do ato ímprobo é que estará sujeito às disposições da citada lei.

COMENTÁRIO

Alternativa correta: letra "a" (responde as demais alternativas). O **sujeito ativo** do ato de improbidade pode ser (artigos 1º e 3º): a) **agente público**: aquele que exerce mandato, cargo, emprego ou função, com ou sem remuneração mesmo que transitoriamente, por eleição, designação, contratação ou qualquer outra forma de investidura ou vínculo em qualquer uma das entidades que podem ser sujeito passivo; b) **terceiro** que induza ou concorra para a prática do ato de improbidade ou **dele se beneficie**. Desse modo, a lei de improbidade admite, expressamente, que o terceiro não servidor público seja considerado sujeito ativo do ato ímprobo, a ele sendo aplicáveis as sanções, no que couber e, assim, por exemplo, não terá cabimento a perda da função, por não a exercer, mas poderá ser aplicada a suspensão de direitos políticos, a pena de multa, entre outras. Deve, ainda, ser feita a ressalva de que o terceiro não pode ser acionado judicialmente de maneira exclusiva, sendo necessário que no polo passivo da ação de improbidade, de forma simultânea, esteja o agente público.

06. **(Cespe – Analista Judiciário – Área Administrativa – TRT 8/2016)** Com base nas disposições legais e no entendimento jurisprudencial sobre a ação de improbidade administrativa, assinale a opção correta.

a) A ação de improbidade administrativa pode ser proposta contra o particular que se beneficiou do ato ímprobo, ainda que o agente público que praticou o ato não esteja no polo passivo da demanda.
b) Nas ações de improbidade administrativa, é admissível a utilização da prova emprestada, colhida na persecução penal, desde que assegurados o contraditório e a ampla defesa.
c) O juiz processante da ação de improbidade administrativa não pode determinar a quebra dos sigilos bancário e fiscal do réu, haja vista essa ação ser de natureza cível, e não penal.
d) A penalidade de demissão, em razão da prática de ato de improbidade administrativa, somente pode ser aplicada em caso de condenação judicial.
e) A ausência da notificação do réu para a apresentação de defesa preliminar é causa de nulidade absoluta.

COMENTÁRIO

Alternativa correta: letra "b". A **jurisprudência do Superior Tribunal de Justiça** é firme no sentido de ser admissível a utilização de prova emprestada nas ações de improbidade administrativa, anteriormente colhida na persecução penal, desde que assegurados o contraditório e a ampla defesa. Neste sentido, por exemplo, é o REsp nº 1.297.021-PR.

Alternativa "a". Nos termos dos artigos 1º e 3º, da Lei nº 8.429/92, o **sujeito ativo** do ato de improbidade, além do servidor público, pode ser **terceiro que induza ou concorra para a prática de ato de improbidade ou dele se beneficie.** Assim, é necessário que o agente público esteja no polo passivo da demanda.

Alternativa "c". O juiz processante da ação de improbidade administrativa pode determinar a quebra dos sigilos bancário e fiscal do réu. Neste sentido, por exemplo, o Superior Tribunal de Justiça já decidiu, no julgamento do REsp nº 996.983 – PE.

Alternativa "d". O art. 12 da Lei nº 8.429/92 estabelece que as **sanções** previstas nesse diploma normativo são aplicadas **independentemente das sanções penais, civis** e **administrativas** previstas na legislação específica. Ou seja, há a **independência das instâncias.** Assim, plenamente possível que o servidor seja demitido sem condenação judicial relacionada à ação de improbidade administrativa.

Alternativa "e". A ausência da notificação do réu para a apresentação de defesa preliminar é causa de nulidade relativa, conforme jurisprudência do STJ. Neste sentido, por exemplo, é o REsp nº 1.336.055-GO.

07. (FCC – Analista Judiciário – Área Administrativa - TRT 3/2015) Moisés, agente público encarregado da guarda do patrimônio de museu público, não tomou as medidas necessárias para garantir a inviolabilidade do local, acarretando a invasão do museu e o furto de valiosa obra de arte. A conduta negligente de Moisés

a) não caracteriza ato de improbidade administrativa.
b) caracteriza ato ímprobo, que pode ensejar, dentre outras sanções, a suspensão dos direitos políticos de cinco a oito anos.
c) caracteriza ato ímprobo, que pode ensejar, dentre outras sanções, a suspensão dos direitos políticos de oito a dez anos.
d) caracteriza ato ímprobo, que pode ensejar, dentre outras sanções, a proibição de contratar com o Poder Público pelo prazo de dez anos.
e) caracteriza ato ímprobo, que pode ensejar, dentre outras sanções, a proibição de contratar com o Poder Público pelo prazo de três anos.

COMENTÁRIO

Alternativa correta: letra "b". A conduta narrada no enunciado configura o ato de improbidade que causa dano ao erário, consistente em agir negligentemente na conservação do patrimônio público, descrita no art. 10, X, da Lei nº 8.429/92, cujas penas previstas são "ressarcimento integral do dano, perda dos bens ou valores acrescidos ilicitamente ao patrimônio, se concorrer esta circunstância, perda da função pública, suspensão dos direitos políticos de cinco a oito anos, pagamento de multa civil de até duas vezes o valor do dano e proibição de contratar com o Poder Público ou receber benefícios ou incentivos fiscais ou creditícios, direta ou indiretamente, ainda que por intermédio de pessoa jurídica da qual seja sócio majoritário, pelo prazo de cinco anos" (art. 12, II).

08. (Cespe – Analista Judiciário – Área Administrativa – CNJ/2013) Constituem improbidade administrativa não apenas os atos que geram enriquecimento ilícito, mas também os que atentam contra os princípios da administração pública.
Certo ( ) Errado ( )

COMENTÁRIO

Certo. A Lei de Improbidade Administrativa (Lei nº 8.492/92) prevê três diferentes modalidades de atos de improbidade: a) atos que **importam enriquecimento ilícito**; b) atos que causam prejuízo ao erário; c) atos que **atentam contra os princípios da Administração Pública**; e d) atos decorrentes de concessão, aplicação ou mantença indevida de benefício financeiro ou tributário.

09. (CESPE – Analista Judiciário – Área Judiciária – STF/2013) O ressarcimento integral do dano, em matéria de improbidade administrativa, dar-se-á se houver lesão ao patrimônio público por conduta comissiva ou omissiva, exclusivamente dolosa, praticada por agente público ou por terceiro. Nesse caso, caberá à autoridade administrativa responsável pelo inquérito representar ao Ministério Público para a indisponibilidade dos bens do indiciado.
Certo ( ) Errado ( )

COMENTÁRIO

Errado. Conforme consta do art. 7º, da Lei de Improbidade Administrativa, quando o ato de improbidade causar lesão ao patrimônio público ou ensejar enriquecimento ilícito, caberá à autoridade administrativa responsável pelo inquérito representar ao Ministério Público, para a indisponibilidade dos bens do indiciado e, nos termos do art. 5º, ocorrendo "lesão ao patrimônio público por ação ou omissão, **dolosa ou culposa,** do agente ou de terceiro, dar-se-á o integral ressarcimento do dano".

10. **(FCC – Analista Judiciário – Judiciária – TRT 1/2013)** Determinado administrador público adquiriu, sem licitação, dois veículos para uso da repartição pública que chefia. Em decorrência dessa aquisição, obteve desconto considerável na aquisição de outro veículo, com recursos próprios, para sua utilização. Em razão dessa conduta,

a) pode restar configurado ato de improbidade, desde que reste comprovado prejuízo pecuniário.
b) não poderá ser configurado ato de improbidade, salvo no que concerne à aquisição do veículo com recursos próprios, pois se valeu de vantagem obtida em razão do cargo.
c) pode restar configurado ato de improbidade, independentemente da ocorrência de prejuízo pecuniário.
d) não pode configurar ato de improbidade, mas pode configurar ilícito penal, independentemente da ocorrência de prejuízo pecuniário.
e) fica configurado ato de improbidade, devendo ser responsabilizado o agente estatal independentemente de dolo ou culpa, mas devendo ser comprovado prejuízo pecuniário.

COMENTÁRIO

Alternativa correta: letra "c" (responde as demais alternativas). Os atos de improbidade que importam enriquecimento ilícito, conforme o art. 9º, da Lei nº 8.429/92, são aqueles em que o agente **aufere vantagem indevida** em razão do cargo, mandato, função, emprego ou atividade nas entidades descritas no art. 1º da Lei. A percepção de vantagem indevida é pressuposto, mas **o dano econômico ao erário não é**, pois é possível o enriquecimento ilícito sem o efetivo dano econômico ao patrimônio público, até porque há, como modalidade específica, os atos de improbidade que causam prejuízo ao erário.

11. **(FCC – Técnico Judiciário – Administrativa – TRT 1/2013)** Paulo, servidor público federal, deixou de praticar, deliberadamente, ato de ofício que era de sua competência. A referida conduta

a) não configura ato de improbidade administrativa, salvo se comprovado, cumulativamente, enriquecimento ilícito e dano ao erário.
b) configura ato de improbidade administrativa, passível de aplicação de pena de multa, exclusivamente.
c) poderá caracterizar ato de improbidade administrativa, desde que comprovado que o servidor auferiu vantagem indevida para a sua prática.

d) configura ato de improbidade administrativa que atenta contra os Princípios da Administração pública, passível da aplicação da pena de perda da função pública.
e) não configura ato de improbidade administrativa, sendo passível, contudo, punição disciplinar.

COMENTÁRIO

Alternativa correta: letra "d" (responde as alternativas "a" e "e"). Na forma do art. 11, II, da Lei, constitui ato de improbidade administrativa que atenta contra os princípios da administração pública retardar ou deixar de praticar, indevidamente, ato de ofício. As **sanções** aplicáveis para os **atos que atentem contra os princípios da Administração Pública** estão previstas no art. 12, III, da Lei, dentre as quais se destaca, justamente, a **pena de perda da função pública.**

Alternativa "b". As **sanções** aplicáveis no caso da prática de **atos que atentem contra os princípios da Administração Pública** estão previstas no art. 12, III, da Lei. São elas: a) ressarcimento integral do dano, se houver; b) perda da função pública; c) suspensão dos direitos políticos de três a cinco anos; d) pagamento de multa civil de até cem vezes o valor da remuneração percebida pelo agente; e) proibição de celebrar contrato com o Poder Público ou de receber benefícios ficais ou creditícios, direta ou indiretamente, ainda que por intermédio de pessoa jurídica da qual seja sócio majoritário, pelo prazo de três anos.

Alternativa "c". Para caracterização de ato de improbidade que atenta contra os princípios da Administração Pública, não é necessário que o servidor tenha auferido vantagem indevida para a sua prática.

12. **(Fundação Carlos Chagas – Analista Judiciário – Judiciária – Oficial de Justiça Avaliador – TRT da 18ª Região / 2013)** Determinado funcionário de uma concessionária de serviço público valeu-se de sua posição e do auxílio de servidor público para se locupletar ilicitamente de numerário transferido pelo poder concedente. Considerando que a conduta praticada possa ser enquadrada na Lei nº 8.429/92, o funcionário

a) não poderá ser responsabilizado, porque a tipificação de improbidade é restrita a sujeitos ativos que sejam agentes públicos.
b) poderá ser responsabilizado, tendo em vista que a lei de improbidade admite que o terceiro, não servidor público, seja considerado sujeito ativo.
c) poderá ser responsabilizado pessoalmente somente se o ente público lesado for o poder concedente do serviço público desenvolvido pela concessionária.
d) não poderá ser responsabilizado, porque o contrato que constitui o vínculo jurídico entre poder concedente e concessionária não está expressamente previsto na lei de improbidade administrativa.
e) poderá ser responsabilizado, desde que o seu vínculo com a concessionária de serviço público seja de natureza definitiva e que seu cargo seja dotado de poder de decisão.

COMENTÁRIO

Alternativa correta: "b" (responde as demais alternativas). O **sujeito ativo** do ato de improbidade pode ser (artigos 1º e 3º): a) **agente público**: aquele que exerce mandato, cargo, emprego ou função, com ou sem remuneração mesmo que transitoriamente, por eleição, designação, contratação ou qualquer outra forma de investidura ou vínculo em qualquer uma das entidades que podem ser sujeito passivo; b) **terceiro** que induza ou concorra para a prática do ato de improbidade ou dele se beneficie. Desse modo, a lei de improbidade admite, expressamente, que o terceiro não servidor público seja considerado sujeito ativo do ato ímprobo.

13. **(FCC – Analista Judiciário – Exec. Mandados – TRT 6/2012)** De acordo com a Lei nº 8.429/92, os atos de improbidade administrativa

a) que causem enriquecimento ilícito ou lesão ao patrimônio público ensejam a possibilidade de obter a indisponibilidade de bens do indiciado.
b) somente podem ser considerados lesivos ao patrimônio público quando decorrentes de conduta dolosa do agente.
c) permitem a aplicação de sanções pecuniárias apenas na hipótese de ensejarem enriquecimento ilícito.
d) que atentem contra os princípios da Administração pública pressupõem, como sujeito ativo, agente público.
e) que ensejam lesão ao patrimônio público pressupõem o enriquecimento ilícito pelo agente público.

COMENTÁRIO

Alternativa correta: letra "a". Na forma do art. 7º, da Lei, **quando o ato de improbidade causar lesão ao patrimônio público ou ensejar enriquecimento ilícito**, caberá a autoridade administrativa responsável pelo inquérito representar ao Ministério Público, para a **indisponibilidade de bens do indiciado.**

Alternativa "b". Os atos de improbidade que **causam prejuízo ao erário** são os únicos em que, expressamente, a lei admitiu a possibilidade de prática **culposa**, exigindo-se a forma dolosa para as outras duas modalidades[14].

Alternativa "c". A **aplicação de sanções pecuniárias** é possível nas **quatro modalidades de atos de improbidade**, em diferentes gradações.

Alternativa "d". O **sujeito ativo de todo e qualquer** ato de improbidade pode ser **agente público** ou **terceiro** que induza ou concorra para a prática do ato de improbidade ou dele se beneficie.

Alternativa "e". Nos termos do art. 10, configura ato de improbidade que causa **prejuízo ao erário** qualquer ação ou omissão, dolosa ou culposa, que enseje perda patrimonial, desvio, apropriação, malbaratamento ou dilapidações dos bens ou haveres das entidades mencionadas no art. 1º da Lei, **independentemente de eventual enriquecimento ilícito do agente público.**

14. **(FCC – TRT 11 – Analista Judiciário/2012)** Guilherme, servidor público federal, recebeu vantagem econômica para fazer declaração falsa sobre avaliação em obra pública. Ricardo, também servidor público federal, através de determinado ato, facilitou

14. CARVALHO FILHO, José dos Santos. *Manual de direito administrativo.* 19 ed. Rio de Janeiro: Lumen Juris, 2008. p. 948 951.

que terceiro enriquecesse ilicitamente. Segundo as disposições legais expressas contidas na Lei nº 8.429/1992, as condutas de Guilherme e Ricardo constituem

a) ato ímprobo que importa enriquecimento ilícito e ato ímprobo causador de prejuízo ao erário, respectivamente.
b) apenas ilícito penal, não caracterizando atos de improbidade administrativa, dada a atipicidade das condutas.
c) ato ímprobo causador de prejuízo ao erário e ato ímprobo que atenta contra os princípios da Administração Pública, respectivamente.
d) ato ímprobo que importa enriquecimento ilícito e ato ímprobo que atenta contra os princípios da Administração Pública, respectivamente.
e) atos ímprobos que importam enriquecimento ilícito.

COMENTÁRIOS

Alternativa correta: letra "a" (responde a todas as demais alternativas). A conduta de Guilherme configura ato de improbidade que importa enriquecimento ilícito e está prevista no art. 9º, VI ("receber vantagem econômica de qualquer natureza, direta ou indireta, para fazer declaração falsa sobre medição ou avaliação em obras públicas ou qualquer outro serviço, ou sobre quantidade, peso, medida, qualidade ou característica de mercadorias ou bens fornecidos a qualquer das entidades mencionadas no art. 1º desta lei"). Por outro lado, a atuação de Ricardo corresponde a ato de improbidade que causa prejuízo ao erário, com previsão no art. 10, XII ("permitir, facilitar ou concorrer para que terceiro se enriqueça ilicitamente").

15. (FCC – Analista Judiciário – Área Judiciária – TST/2012) NÃO descreve de modo completo uma conduta caracterizadora de improbidade administrativa, nos termos da Lei nº 8.429/92,

a) receber vantagem econômica de qualquer natureza, direta ou indireta, para tolerar a exploração ou a prática de jogos de azar, de lenocínio, de narcotráfico, de contrabando, de usura ou de qualquer outra atividade ilícita, ou aceitar promessa de tal vantagem.
b) perceber vantagem econômica, direta ou indireta, para facilitar a alienação, permuta ou locação de bem público ou o fornecimento de serviço por ente estatal por preço inferior ao valor de mercado.
c) adquirir bens imóveis, para si ou para outrem, no exercício de mandato, cargo, emprego ou função pública.
d) perceber vantagem econômica para intermediar a liberação ou aplicação de verba pública de qualquer natureza.
e) receber vantagem econômica de qualquer natureza, direta ou indiretamente, para omitir ato de ofício, providência ou declaração a que esteja obrigado.

COMENTÁRIO

Alternativa correta: letra "c". Muito embora o rol dos atos de improbidade constante na Lei nº 8.429/92 seja **meramente exemplificativo**, o fato de adquirir bens imóveis, para si ou para outrem, no exercício de mandato, cargo, emprego ou função pública não é considerado, por óbvio, ato ímprobo. Nos termos do art. 9º, VII, o que é vedado é a aquisição de bens de qualquer natureza cujo valor seja desproporcional à evolução do patrimônio ou à renda do agente público.

Alternativa "a". "Receber vantagem econômica de qualquer natureza, direta ou indireta, para tolerar a exploração ou a prática de jogos de azar, de lenocínio, de narcotráfico, de contrabando, de usura ou de qualquer outra atividade ilícita, ou aceitar promessa de tal vantagem" é **ato de improbidade que importa enriquecimento ilícito.**

Alternativa "b". "Perceber vantagem econômica, direta ou indireta, para facilitar a alienação, permuta ou locação de bem público ou o fornecimento de serviço por ente estatal por preço inferior ao valor de mercado" é **ato de improbidade que importa enriquecimento ilícito.**

Alternativa "d". "Perceber vantagem econômica para intermediar a liberação ou aplicação de verba pública de qualquer natureza" é **ato de improbidade que importa enriquecimento ilícito.**

Alternativa "e". "Receber vantagem econômica de qualquer natureza, direta ou indiretamente, para omitir ato de ofício, providência ou declaração a que esteja obrigado" é **ato de improbidade que importa enriquecimento ilícito.**

16. **(FCC – Técnico Judiciário – Área Administrativa – TRE-CE/ 2012)** Nos termos da Lei nº 8.429/1992, dar-se-á o integral ressarcimento do dano ao erário, se houver lesão ao patrimônio público por conduta

a) comissiva ou omissiva, exclusivamente dolosa, praticada por agente público ou terceiro.
b) exclusivamente omissiva e dolosa, praticada tão somente por agente público.
c) exclusivamente comissiva e culposa, praticada por agente público ou terceiro.
d) comissiva ou omissiva, dolosa ou culposa, praticada por agente público ou terceiro.
e) exclusivamente comissiva, dolosa ou culposa, praticada tão somente por agente público.

COMENTÁRIO

Alternativa correta: letra "d" (responde as demais alternativas). Nos termos do artigo 5º, da Lei nº 8.429/92, **ocorrendo lesão ao patrimônio público por ação ou omissão, dolosa ou culposa, do agente ou de terceiro, dar-se-á o integral ressarcimento do dano.**

17. **(FCC – Técnico Judiciário – Área Administrativa – TRE-PR/ 2012)** O servidor que praticar ato de improbidade estará sujeito às

a) cominações estabelecidas na Lei de Improbidade (Lei nº 8.429/92), que, por mais graves, afastam a aplicação de outras sanções penais ou civis.
b) cominações estabelecidas na Lei de Improbidade (Lei nº 8.429/92) e às sanções penais cabíveis, excluindo-se a incidência de outras sanções de natureza civil ou administrativa.
c) sanções administrativas, no que concerne às infrações disciplinares, e às cominações previstas na Lei de Improbidade, afastando-se apenas a aplicação de sanções penais e civis, para evitar duplicidade de penalização pelo mesmo fato.

d) sanções penais, civis e administrativas previstas na legislação e às cominações previstas na Lei de Improbidade, isolada ou cumulativamente.
e) sanções penais, civis, administrativas ou às cominações previstas na Lei de Improbidade, isoladamente e nessa ordem de preferência, como critério de gravidade.

COMENTÁRIO

Alternativa correta: letra "d" (responde as demais alternativas). O artigo 12 da Lei de Improbidade Administrativa estabelece que as sanções previstas em tal diploma legal são aplicadas **independentemente das sanções penais, civis e administrativas** previstas em legislação específica. Ou seja, há independência das instâncias. Além disso, tais sanções podem ser **aplicadas isolada ou cumulativamente.**

18. (Fundação Carlos Chagas – Analista Judiciário / TRT da 6ª Região / 2012) A respeito dos atos de improbidade administrativa é correto afirmar que

a) são aqueles praticados contra o patrimônio público ou de entidades que recebam recurso ou subvenção pública, desde que em montante superior a 50% do capital ou custeio.
b) podem ter como sujeito passivo entidade para cuja criação ou custeio o erário concorra com menos de 50%, limitando-se, nesse caso, a sanção patrimonial à repercussão do ilícito sobre os cofres públicos.
c) pressupõem, para aplicação de sanções pecuniárias previstas na lei específica, cumulativamente, a ocorrência de prejuízo ao erário, enriquecimento ilícito e violação aos princípios da Administração pública.
d) possuem como sujeito ativo agentes públicos ou agentes políticos, exclusivamente, e como sujeito passivo entidades da Administração direta e indireta de todos os Poderes.
e) pressupõem, para aplicação das penalidades previstas na legislação própria, conduta comissiva com enriquecimento ilícito ou prejuízo ao erário e vínculo funcional ou eletivo do sujeito ativo com o poder público.

COMENTÁRIO

Alternativa correta: b. Nos termos do art. 1º, *caput*, da Lei nº 8.429/92, o sujeito ativo do ato de improbidade administrativa são os agentes públicos e o art. 2º define agente público como "aquele que exerce, ainda que transitoriamente ou sem remuneração, por eleição, nomeação, designação, contratação ou qualquer outra forma de investidura ou vínculo, mandato, cargo, emprego ou função" em todas as entidades mencionadas na alternativa anterior. O conceito adotado pela lei é bastante amplo e abrange os agentes políticos, os agentes administrativos, os agentes delegados, os agentes honoríficos e até quem trabalhe em organização social, Oscip, Senai, por exemplo. No que tange aos agentes políticos, o Supremo Tribunal Federal, na Rcl 2138/DF, decidiu que os agentes políticos não se sujeitam às disposições da lei de improbidade, caso se sujeitem a regime especial de responsabilização. De outro lado, podem ser sujeitos passivos a administração direta, indireta ou fundacional de qualquer dos Poderes da União, dos Estados, do Distrito Federal, dos Municípios, de Território, empresa incorporada ao patrimônio público ou entidade para cuja criação ou custeio o erário haja concorrido ou concorra com mais de cinquenta por cento do patrimônio ou da receita anual. Ou seja, são sujeitos passivos: a) as pessoas políticas (União, Estados, Distrito Federal e Municípios); b) as pessoas administrativas (autarquia, fundação pública, sociedade de economia mista, empresa pública); c) as empresas incorporadas ao patrimônio público (empresas que não têm a condição de sociedade de economia mista nem de empresa pública e, por isso não fazem parte da administração indireta, mas integram o patrimônio público, porque foram incorporadas[15]); d) entidade para cuja criação ou custeio o erário haja concorrido ou concorra com mais de 50% do patrimônio ou da receita anual: trata-se de empresa controlada direta ou indiretamente pelo Poder Público (trata-se de empresa controlada direta ou indiretamente pelo Poder Público); e) entidades que recebam subvenção, benefício ou incentivo (fiscal ou creditício) de órgão público (serviço sociais autônomos – Sesi, Senai, Sesc, Senar e demais –, organizações sociais, organizações sociais de interesse público – Oscip; conforme o parágrafo único do art. 1º, limitada a sanção patrimonial à repercussão do ilícito sobre a contribuição dos cofres públicos); f) entidade para cuja criação ou custeio o erário haja concorrido ou concorra com menos de cinquenta por cento do patrimônio ou da receita anual (são entidades que não pertencem à Administração Pública, mas, nas quais, o Estado participa de forma minoritária como, por exemplo, as sociedades de propósito específico criadas para gerir as parcerias público-privadas, conforme art. 9º, § 4º da Lei 11.079/04[16]; conforme o parágrafo único do art. 1º, limitada a sanção patrimonial à repercussão do ilícito sobre a contribuição dos cofres públicos).

19. **(Fundação Carlos Chagas – Analista Exec. de Mandados / TRT da 23ª Região / 2011)** Constitui ato de improbidade administrativa previsto especificamente no artigo 10, da Lei nº 8.429/92, isto é, ato causador de prejuízo ao erário:

a) frustrar a licitude de processo licitatório.
b) receber vantagem econômica de qualquer natureza, direta ou indireta, para fazer declaração falsa sobre medição ou avaliação em obras públicas.
c) adquirir, para si ou para outrem, no exercício de mandato, cargo, emprego ou função pública, bens de qualquer natureza cujo valor seja desproporcional à evolução do patrimônio ou à renda do agente público.
d) receber vantagem econômica de qualquer natureza, direta ou indiretamente, para omitir ato de ofício, providência ou declaração a que esteja obrigado.
e) utilizar, em obra ou serviço particular, o trabalho de servidores públicos da União.

COMENTÁRIO

Alternativa correta: a. A hipótese está prevista no art. 10, VIII, da Lei nº 8.429/92, ao lado da dispensa indevida do procedimento licitatório.

Alternativas "b", "c", "d", e "e". Essas alternativas descrevem atos de improbidade que importam enriquecimento ilícito, conforme, respectivamente, previsto nos incisos VI, VII, X e IV, do art. 9º da Lei nº 8.429/92.

15. DI PIETRO, Maria Sylvia Zanella. *Direito administrativo*. 23. ed. São Paulo: Atlas, 2010. p. 827.
16. MAZZA, Alexandre. *Manual de direito administrativo*. São Paulo. Saraiva, 2011, p. 475.

4.2. Questões de concursos

01. (FCC – Analista Judiciário – Área Administrativa - TRT 4/2015) Nos termos regulados pela Lei no 8.429/92, a pena de perda dos bens ou valores acrescidos ilicitamente ao patrimônio, ressarcimento integral do dano, quando houver, perda da função pública, suspensão dos direitos políticos de oito a dez anos, pagamento de multa civil de até três vezes o valor do acréscimo patrimonial e proibição de contratar com o Poder Público ou receber benefícios ou incentivos fiscais ou creditícios, direta ou indiretamente, ainda que por intermédio de pessoa jurídica da qual seja sócio majoritário, pelo prazo de dez anos, pode ser aplicada quando caracterizado o ato de improbidade administrativa por

a) receber vantagem econômica de qualquer natureza, direta ou indiretamente, para omitir ato de ofício, providência ou declaração a que esteja obrigado.
b) permitir ou facilitar a aquisição, permuta ou locação de bem ou serviço por preço superior ao de mercado.
c) ordenar ou permitir a realização de despesas não autorizadas em lei ou regulamento.
d) negar publicidade aos atos oficiais.
e) retardar ou deixar de praticar, indevidamente, ato de ofício.

02. (FCC – Técnico Judiciário – Área Administrativa - TRT 4/2015) Nos termos regulados pela Lei nº 8.429/92, é ato de improbidade administrativa que atenta contra os princípios da Administração Pública:

a) aceitar emprego, comissão ou exercer atividade de consultoria ou assessoramento para pessoa física ou jurídica que tenha interesse suscetível de ser atingido ou amparado por ação ou omissão decorrente das atribuições do agente público, durante a atividade.
b) causar prejuízo ao erário ao liberar verba pública sem a estrita observância das normas pertinentes ou influir de qualquer forma para a sua aplicação irregular.
c) causar prejuízo ao erário ao conceder benefício administrativo ou fiscal sem a observância das formalidades legais ou regulamentares aplicáveis à espécie.
d) praticar ato visando fim proibido em lei ou regulamento ou diverso daquele previsto, na regra de competência.
e) perceber vantagem econômica, direta ou indireta, para facilitar a alienação, permuta ou locação de bem público ou o fornecimento de serviço por ente estatal por preço inferior ao valor de mercado.

03. (FCC – Técnico Judiciário –Administrativa – TRT 9/2013) Felipe, servidor público ocupante de cargo em comissão no âmbito do Ministério da Fazenda, revelou a empresários com os quais mantinha relações profissionais anteriormente ao ingresso no serviço público, teor de medida econômica prestes a ser divulgada pelo Ministério, tendo em vista que a mesma impactaria diretamente os preços das mercadorias comercializadas pelos referidos empresários. A conduta de Felipe

a) somente é passível de caracterização como ato de improbidade administrativa se comprovado que recebeu vantagem econômica direta ou indireta em decorrência da revelação.

b) não é passível de caracterização como ato de improbidade administrativa, tendo em vista o agente não ser ocupante de cargo efetivo.
c) é passível de caracterização como ato de improbidade administrativa que atenta contra os princípios da Administração, independentemente de eventual enriquecimento ilícito.
d) é passível de caracterização como ato de improbidade administrativa, desde que comprovado efetivo prejuízo ao erário.
e) não é passível de caracterização como ato de improbidade administrativa, podendo, contudo, ensejar a responsabilização administrativa do servidor por violação do dever de sigilo funcional.

(Cespe - Analista Judiciário - Exec. Mandados - TRT 10/2013) Apuração interna realizada descobriu que um empregado público federal de uma sociedade de economia mista recebeu vantagem indevida de terceiros, em troca do fornecimento de informações privilegiadas e dados sigilosos do ente de que ele fazia parte. O relatório de conclusão da apuração foi enviado ao Ministério Público para providências cabíveis.
Considerando essa situação hipotética, julgue os itens que se seguem.

04. O terceiro beneficiado poderá ser responsabilizado nas esferas cível e criminal, mas não por improbidade administrativa, visto que esta não abrange particulares.

05. **(FCC - Analista Judiciário - Judiciária - Oficial de Justiça Avaliador - TRT 18/2013)** Determinado funcionário de uma concessionária de serviço público valeu-se de sua posição e do auxílio de servidor público para se locupletar ilicitamente de numerário transferido pelo poder concedente. Considerando que a conduta praticada possa ser enquadrada na Lei nº 8.429/92, o funcionário

a) não poderá ser responsabilizado, porque a tipificação de improbidade é restrita a sujeitos ativos que sejam agentes públicos.
b) poderá ser responsabilizado, tendo em vista que a lei de improbidade admite que o terceiro, não servidor público, seja considerado sujeito ativo.
c) poderá ser responsabilizado pessoalmente somente se o ente público lesado for o poder concedente do serviço público desenvolvido pela concessionária.
d) não poderá ser responsabilizado, porque o contrato que constitui o vínculo jurídico entre poder concedente e concessionária não está expressamente previsto na lei de improbidade administrativa.
e) poderá ser responsabilizado, desde que o seu vínculo com a concessionária de serviço público seja de natureza definitiva e que seu cargo seja dotado de poder de decisão.

06. **(FCC - Analista Judiciário - Administrativa - TRT 1/2013)** Determinada empresa privada recebeu subvenção do Poder Público para desenvolver e implantar programa de irrigação em áreas carentes de município do nordeste atingido por estiagem. Dirigente dessa empresa aplicou os recursos oriundos da subvenção estatal em área de sua propriedade e em área de propriedade do servidor público responsável pela liberação da subvenção, deixando de cumprir as obrigações assumidas com o poder público. De acordo com as disposições da Lei nº 8.429/92, que trata dos atos de improbidade administrativa,

a) apenas a conduta do servidor é passível de caracterização como ato de improbidade.
b) ambas as condutas, do servidor e do dirigente, são passíveis de caracterização como ato de improbidade desde que configurado enriquecimento ilícito.
c) apenas a conduta do dirigente é passível de caracterização como ato de improbidade, sendo a do servidor passível de apuração disciplinar.
d) apenas a conduta do servidor é passível de caracterização como ato de improbidade, desde que configurado enriquecimento ilícito e violação de dever funcional.
e) ambas as condutas, do servidor e do dirigente, são passíveis de caracterização como ato de improbidade, limitada a sanção patrimonial à repercussão do ilícito sobre o montante da subvenção.

(Cespe – MPU – Técnico Administrativo – 2013) No que se refere à ética no serviço público, julgue os itens que se seguem.

07. O servidor que se valer do cargo que ocupa para lograr proveito pessoal indevido responderá por ato de improbidade administrativa que importa enriquecimento ilícito.
Certo ( ) Errado ( )

08. Cometerá ato de improbidade administrativa que atenta contra os princípios da administração pública o servidor público que revelar a seus familiares, durante um jantar em família, os detalhes de processo que tramite em segredo de justiça contra seu chefe e do qual tenha tomado conhecimento em razão de suas atribuições.
Certo ( ) Errado ( )

09. (**Fundação Carlos Chagas – Analista Judiciário – Área Judiciária – TRE de São Paulo / 2012)** Diretor-Presidente de determinada sociedade de economia mista firmou contrato para a execução de obra pública com empresas vencedoras dos correspondentes procedimentos licitatórios, instaurados para diferentes lotes do empreendimento. Posteriormente, restou comprovado conluio entre os licitantes, bem como o estabelecimento, no Edital, de condições de participação que objetivavam favorecer a determinados licitantes e propiciar o arranjo fraudulento. Em tal situação, às penalidades previstas na Lei de Improbidade Administrativa

a) sujeitam-se apenas os licitantes que tenham praticado atos com o objetivo de fraudar o procedimento licitatório, desde que comprovado o dano ao erário.
b) sujeita-se apenas o Diretor-Presidente da sociedade de economia mista, desde que comprovada conduta dolosa ou enriquecimento ilícito.
c) sujeitam-se os agentes públicos e os particulares que tenham concorrido para a prática do ato ou dele tenham se beneficiado, direta ou indiretamente, independentemente de dano ao erário.

d) sujeitam-se os agentes públicos e os particulares que tenham concorrido para a prática do ato ou dele tenham se beneficiado, desde que comprovado dano ao erário.
e) sujeitam-se apenas os agentes públicos que tenham concorrido, de forma ativa ou passiva, para a prática do ato ou dele tenham se beneficiado.

10. **(Fundação Carlos Chagas – Analista Administrativo / TRE do Amapá / 2011)** Nos termos da Lei nº 8.429/92, o agente público que praticou ato de improbidade administrativa previsto no artigo 11 da mencionada lei (ato ímprobo que atenta contra os princípios da Administração Pública), poderá ser sancionado com a pena, dentre outras, de:
a) proibição de contratar com o Poder Público pelo prazo de cinco anos.
b) suspensão de direitos políticos de seis a oito anos.
c) multa civil de, no máximo, cinco vezes o valor do dano.
d) proibição de receber benefícios ou incentivos fiscais ou creditícios pelo prazo de três anos.
e) multa civil de até duzentas vezes o valor da remuneração percebida pelo agente.

11. **(Fundação Carlos Chagas – Analista Judiciário / TRE do Amapá / 2011)** Nos termos da Lei nº 8.429/92, o agente público que praticou ato de improbidade administrativa previsto no artigo 9º da mencionada lei (ato ímprobo que importa enriquecimento ilícito), poderá ser sancionado com a pena, dentre outras, de:
a) multa civil de cinco vezes o valor do acréscimo patrimonial.
b) suspensão de direitos políticos de três a cinco anos.
c) proibição de contratar com o Poder Público pelo prazo de dez anos.
d) proibição de receber benefícios ou incentivos fiscais ou creditícios pelo prazo de doze anos.
e) multa civil de até duzentas vezes o valor da remuneração percebida pelo agente.

12. **(FCC – TRT 24 – Analista Judiciário/2011)** Nos termos da Lei nº 8.429/1992, o ato de improbidade administrativa
a) causador de lesão ao erário não pode ser punido na modalidade culposa.
b) que importa enriquecimento ilícito nem sempre acarretará a perda dos bens ou valores acrescidos ao patrimônio do agente público ou terceiro beneficiário.
c) consistente em agir negligentemente na arrecadação de tributos corresponde a ato ímprobo causador de prejuízo ao erário.
d) consistente em negar publicidade aos atos oficiais corresponde a ato ímprobo que importa enriquecimento ilícito.
e) consistente em omissão de prestar contas, quando esteja obrigado a fazê-lo, corresponde a ato ímprobo causador de prejuízo ao erário.

13. **(FGV – Técnico Judiciário – Área Administrativa– TRE-PA/2011)** No que diz respeito à improbidade administrativa, analise as afirmativas a seguir:
I. Dar-se-á o integral ressarcimento do dano somente nos casos de lesão ao patrimônio público decorrentes de ação dolosa.

II. Ocorrendo lesão ao patrimônio público por ação ou omissão, dolosa ou culposa, do agente ou de terceiro, dar-se- á o integral ressarcimento do dano.
III. A aquisição, permuta ou locação de bem ou serviço por preço superior ao de mercado é conduta que viola o princípio da moralidade, mas que não se enquadra como ato de improbidade de acordo com a lei.
IV. As omissões que são consideradas contrárias ao princípio da moralidade administrativa não constituem atos de improbidade, que só podem ser comissivos.
V. O sucessor daquele que causar lesão ao patrimônio público ou se enriquecer ilicitamente está sujeito às cominações da lei até o limite do valor da herança.

Assinale
a) se apenas as afirmativas I e III estiverem corretas.
b) se apenas as afirmativas I e V estiverem corretas.
c) se apenas as afirmativas II e III estiverem corretas.
d) se apenas as afirmativas II e IV estiverem corretas.
e) se apenas as afirmativas II e V estiverem corretas.

14. **(Cespe – Técnico Judiciário – Área Administrativa – STJ/ 2008)** Adriano foi nomeado pelo presidente da República membro de um conselho nacional, com mandato de dois anos e sem direito a qualquer remuneração. Nessa situação, ao exercer referido mandato, Adriano não poderá responder pela prática de ato de improbidade administrativa, pois não deterá a condição de agente público.
Certo ( ) Errado ( )

15. **(Cespe – Técnico Judiciário – Área Administrativa – STF/ 2008)** Os atos de improbidade administrativa devem ter por pressuposto a ocorrência de dano ao erário público.
Certo ( ) Errado ( )

16. **(Cespe – Técnico Judiciário – Área Administrativa – STF/ 2008)** A aquisição, para si ou para outrem, no exercício de função pública, de bens cujo valor seja desproporcional à evolução do patrimônio ou à renda do agente público configura ato de improbidade administrativa na modalidade dos que importam em enriquecimento ilícito.
Certo ( ) Errado ( )

17. **(Cespe – Analista Judiciário – Área Judiciária – TRF 1/2017)** O servidor público que retardar ou deixar de praticar ato de ofício indevidamente responderá por improbidade administrativa apenas no caso de o ato ter sido praticado por ação ou omissão dolosa.

18. **(FCC – Analista Judiciário – Área Judiciária – TRE – SP/2017)** Considere a seguinte situação hipotética: Cristiana, Diretora de uma autarquia federal, foi condenada, em primeira instância, pela prática de ato de improbidade administrativa. Segundo o entendimento do magistrado, Cristiana, ao determinar a contratação direta de cinco servidores para integrarem os quadros da entidade, frustrou a licitude de concurso público. Inconformada com a condenação, Cristiana interpôs recurso ao Tribunal competente. Nos termos da Lei nº 8.429/1992, para que seja afastada a caracterização do ato ímprobo, é necessário, dentre outros requisitos, a comprovação da ausência de

a) dolo.
b) prejuízo ao erário.
c) enriquecimento ilícito.
d) culpa.
e) benefícios indevidos aos servidores contratados.

19. **(FCC – Analista Judiciário – Oficial de Just. Avaliador – TRT 24/2017)** Considere a seguinte situação hipotética: João é servidor público de determinado Tribunal de Justiça e, por diversas vezes, utilizou-se dos serviços do motorista do Tribunal para fins particulares. Assim, utilizou-se do veículo oficial do Tribunal e do motorista para realizar viagens aos finais de semana, mudanças de residência, levar e buscar seus filhos à escola, fazer pagamentos em bancos, etc. Em razão dos fatos narrados, João foi processado por improbidade administrativa. Na hipótese de condenação, João estará sujeito, dentre outras, à cominação de
a) proibição de contratar com o Poder Público pelo prazo máximo de três anos.
b) pagamento de multa civil de até duas vezes o valor do dano.
c) suspensão dos direitos políticos de oito a dez anos.
d) proibição de contratar com o Poder Público pelo prazo máximo de cinco anos.
e) suspensão dos direitos políticos de cinco a oito anos

▶ GABARITO

Questão	Resposta	Fundamentação
1	A	Lei nº 8.429/92, art. 9º, X, e art. 12, I.
2	D	Lei nº 8.429/92, art. 11, I.
3	C	Lei nº 8.429/92, art. 11.
4	E	Lei nº 8.429/92, art. 3º.
5	B	Lei nº 8.429/92, art. 3º.
6	E	Lei nº 8.429/92, artigos 1º e 3º.
7	E	Lei nº 8.429/92, art. 9º, *caput*.
8	C	Lei nº 8.429/92, art. 11, III.
9	C	Lei nº 8.429/92, art. 3º.
10	D	Lei nº 8.429/92, art. 12, III.
11	C	Lei nº 8.429/92, art. 12, I.
12	C	Lei nº 8.429/92, art. 10, X.
13	E	I e II: Lei nº 8.429/92, art. 5º. III: Lei nº 8.429/92, art. 10. IV: Lei nº 8.429/92, art. 11. V: Lei nº 8.429/92, art. 8º.
14	E	Lei nº 8.429/92, artigos 1º e 2º.
15	E	Lei nº 8.429/92, art. 11.
16	C	Lei nº 8.429/92, art. 9º, VII.
17	C	Art. 11, II, da Lei nº 8.429/92.
18	A	Art. 11, V, da Lei nº 8.429/92.
19	C	Art. 9º, IV, c/c. art. 12, I, ambos da Lei nº 8.429/92.

4.3. Questões dissertativas e estudos de caso

ESTUDO DE CASO

(FCC – Analista Judiciário – Área Judiciária – TRF3/2014)

Ricardo, servidor público ocupante de cargo efetivo em Tribunal Federal, utilizou veículo pertencente ao Tribunal para fins estranhos ao serviço, retirando-o, sem a devida autorização da garagem do edifício no qual funciona o Tribunal, para realizar, no final de semana, viagem ao litoral. Carlos, amigo de Ricardo, conduziu o veículo e transportou, além de Ricardo, mais quatro passageiros, cobrando dos mesmos R$ 50,00 (cinquenta reais) pelo traslado. Carlos conhecia a procedência do veículo. Saulo, chefe imediato de Ricardo, sabia do ocorrido e não adotou qualquer medida para impedir que Ricardo utilizasse o veículo oficial em proveito próprio e tampouco comunicou ao Diretor da repartição. Considerando as disposições da Lei nº 8.112/90, que trata do regime jurídico dos servidores públicos civis da União, bem como a Lei nº 8.429/92, que estabelece as sanções aplicáveis aos atos de improbidade administrativa, responda, fundamentadamente, às seguintes indagações:

a) A que penalidade Ricardo está sujeito? Quem é a autoridade competente para aplicação da pena e quais são as fases do correspondente processo disciplinar? Qual o prazo prescricional da correspondente ação disciplinar? Esse prazo é passível de interrupção? Em caso positivo, em que hipótese(s)?
b) Ricardo se sujeita, mesmo na hipótese de condenação na esfera administrativa, às sanções previstas na Lei de Improbidade Administrativa? Quais seriam essas sanções? Carlos, que não é servidor público, também está sujeito às referidas sanções? É determinante, para fins de configuração da(s) conduta(s) como ato de improbidade, a comprovação do dano ao patrimônio público?
c) Saulo também pode responder por ato de improbidade? Admite-se que conduta omissiva seja configurada como ato de improbidade?

RESPOSTA SUGERIDA PELO AUTOR

a) Ricardo está sujeito à pena de demissão, nos termos do art. 132 da Lei nº 8.112/90, por ter descumprido a proibição de utilizar pessoal ou recursos materiais da repartição em serviços ou atividades particulares, prevista no art. 117, XVI, do mesmo diploma legislativo. Entretanto, para que a pena possa ser aplicada é indispensável que haja a devida apuração, com obediência ao contraditório e a ampla defesa, em regular processo administrativo disciplinar, no caso seguindo o rito ordinário, que se desenvolverá em três fases: instauração, inquérito administrativo e julgamento. A instauração dá-se com a publicação do ato de designação, pela autoridade competente, de comissão composta por três servidores estáveis, devendo indicar um deles para ser o presidente, sendo requisito, para tanto, ser ocupante de cargo efetivo superior ou de mesmo nível ou ter nível de escolaridade igual ou superior ao do acusado. Após, terá seguimento a fase do inquérito administrativo, que se subdivide em instrução, defesa e relatório. A instrução é o momento no inquérito em que a comissão fará a tomada de depoimentos, acareações, investigações e diligências cabíveis, bem como, se necessário, serão feitas perícias, tudo de maneira a que sejam colhidos os elementos necessários à elucidação dos fatos e, ao final, após o interrogatório do acusado, caso a comissão decida pela indiciação do servidor, ele será citado para apresentar defesa escrita. Apresentada a defesa, a comissão elabora o relatório, o qual terá como conteúdo o resumo das peças principais, a menção às provas que serviram para formar a convicção e, ainda, a conclusão quanto à inocência ou à responsabilidade do servidor e, se for reconhecida a responsabilidade do servidor, deverá haver a indicação do dispositivo legal violado. Nesse momento, encerra-se o trabalho da comissão que encaminhará os autos à autoridade que determinou a sua instauração, para que ocorra o julgamento. No caso em tela, a autoridade competente tanto para instaurar quanto para aplicar a penalidade é o Presidente do Tribunal Federal, conforme art. 141, I da Lei nº 8.112/90. Quanto à prescrição, os prazos variam conforme a sanção e, como se trata de demissão, nos termos definidos no art. 142, I, o prazo prescricional é de cinco anos, sendo interrompido com abertura de sindicância ou a instauração de processo disciplinar.

b) As esferas de responsabilização são independentes, havendo previsão nesse sentido tanto na Lei nº 8.112/90 quanto na Lei nº 8.429/92. Assim, mesmo que condenado à pena de demissão na esfera administrativa, está sujeito às penas previstas na Lei de Improbidade, que devem ser aplicadas em processo judicial. Ricardo praticou ato de improbidade que importa enriquecimento ilícito, pois usou veículo pertencente à Administração Pública para fins pessoais (art. 9º, XII, Lei nº 8.429/92) e, nesse caso, as penas passíveis de aplicação são a perda dos bens ou valores acrescidos ilicitamente ao patrimônio, o ressarcimento integral do dano, se ficar comprovado, a perda da função pública, a suspensão dos direitos políticos de oito a dez anos, o pagamento de multa civil de até três vezes o valor do acréscimo patrimonial e a proibição de celebrar contrato com o Poder Público ou receber benefícios ou incentivos fiscais ou creditícios, direta ou indiretamente, ainda que por intermédio de pessoa jurídica da qual seja sócio majoritário, pelo prazo de dez anos, nos termos do art. 12. Carlos, mesmo não sendo agente público, está sujeito às mesmas penas, com exceção da pena de perda da função pública, pois a Lei nº 8.429/92 prevê que responderá pelo ato de improbidade aquele que, mesmo não sendo agente público, induza ou concorra para a prática do ato de improbidade ou dele se beneficie sob qualquer forma direta ou indireta, por força do art. 3º da Lei nº 8.429/92. Quanto à comprovação do dano, ela só é indispensável quando se tratar de ato que cause dano ao erário, previsto no art. 10 da Lei de Improbidade.

c) Sim, desde que demonstrado o prejuízo, pois ele, em tese, cometeu ato de improbidade que causa dano ao erário, previsto no art. 10, XIII. Essa modalidade de ato de improbidade resta configurada quando há lesão ao erário qualquer ação ou omissão, dolosa ou culposa, que enseje perda patrimonial, desvio, apropriação, malbaratamento ou dilapidação dos bens ou haveres das pessoas jurídicas que podem ser sujeito passivo do ato de improbidade.

(TRT 17 - 2013 - ANALISTA OJAF CESPE) Suponha que advogados de uma banca de advocacia tenham dado gratificações a oficial de justiça em face de cumprimento preferencial de mandados judiciais referentes a processos que envolviam alguns de seus clientes. Tais valores eram pagos após o efetivo cumprimento dos mandados.

Em face dessa situação hipotética, responda, à luz do entendimento do STJ, se o pagamento de valores indevidos por particulares a oficiais de justiça para o cumprimento preferencial de mandados enseja ato de improbidade administrativa [valor: 7,00 pontos], explicitando, de acordo com o STF, a natureza jurídica do ilícito de improbidade [valor: 6,00 pontos]. Indique ainda, de modo fundamentado, o poder da administração pública resultante do ato praticado pelo respectivo oficial [valor: 6,00 pontos].

RESPOSTA SUGERIDA PELO AUTOR

A exigência de conduta administrativa ética, honesta, transparente, proba, moral e de acordo com a boa-fé simplesmente decorre do princípio da moralidade, ainda que não haja interpolação legislativa.

Entretanto, percebe-se que o Estado não atingiu o adequado grau de amadurecimento de suas instituições, vislumbrando-se, vez e outra, casos de corrupção noticiados em todos os canais de comunicação. Diante disso, o legislador constituinte, em vários dispositivos constitucionais (ex. 14, §9º, 15, 37, §4º e 85) se esmerou em proteger a moralidade administrativa, no aspecto da improbidade. Regulamentando o artigo 37, §4º, foi criada a Lei 8.429/1992, conhecida como Lei de Improbidade Administrativa. Esta lei traz diversas condutas que podem ser conceituadas como ímprobas e contrárias ao ordenamento jurídico. Um bom exemplo é a conduta de receber dinheiro para dar preferências ao cumprimento dos mandados daqueles que pagavam, atuação esta vedada constitucionalmente, senão expressa, mas implicitamente, e encontra-se rechaçada na lei de improbidade administrativa, devendo o oficial de justiça e os advogados responderem pelos atos de improbidade. A jurisprudência do Superior Tribunal de Justiça[17] é nesse sentido. Para a Corte, em situação similar, os bens jurídicos violados pelos ilícitos perpetrados são distintos: o oficial de justiça incorre na proibição do art. 9, I, da Lei 8.429/1992, que prevê o ato de improbidade administrativa que importe enriquecimento ilícito a conduta de auferir vantagem indevida em virtude do cargo que ocupa; já os advogados, estão incursos no caput do artigo 11, o qual atribui a característica de ímproba à conduta que atenta contra os princípios da Administração Pública, a exemplo aquela que viole os deveres de honestidade, lealdade às instituições, dentre outras.

No mais, estes ilícitos têm natureza cível, e não penal. Da própria leitura do texto constitucional se extrai esse entendimento, quando, no artigo 37, §4º, diz que os atos de improbidade importarão em várias sanções, tais como suspensão dos direitos políticos, ressarcimento ao erário, e outras, sem prejuízo da ação penal. A jurisprudência do Supremo Tribunal Federal[18] é nesse sentido. Complementando, a importância em se definir qual a natureza da ação está em que, se fosse de natureza penal, haveria foro por prerrogativa de função àqueles em que tal benesse é prevista no texto constitucional. Entretanto, o Supremo já afirmou que tem natureza cível, e não há foro por prerrogativa de função em ações cíveis.

Enfim, segundo o estatuto dos servidores públicos federais, Lei 8.112/1990, em seu artigo 130, IV, dispõe que é causa para demissão os casos de improbidade administrativa. Deste modo, o próprio ente público pode instaurar um procedimento administrativo disciplinar e, respeitados o contraditório e a ampla defesa, impor a pena de demissão ao seu agente, independente de já ter sido ou não proposta a ação judicial de improbidade administrativa.[19]

17. STJ. 1 Turma. REsp 1554292 RS 2015/0225007-6, Dje. 02/05/2017.
18. Pet 3030 QO/RO, rel. Min. Marco Aurélio, 23.5.2012. (Pet-3030).
19. STJ. 2ª Seção, MS 14.938/ DF, julgado em 09/09/2015.

REFERÊNCIAS

ABBAGNANO, Nicola. *Dicionário de filosofia*, 4. ed. São Paulo: Martins Fontes, 2000.

_________. *Storia della filosofia*, vol. 3, Torino: UTET, 2013.

ALMEIDA, Guilherme de Assis; CHRISTMANN, Martha Ochsenhofer. *Ética e direito: uma perspectiva integrada*, 3ª ed., São Paulo: Atlas, 2009.

ARANHA, Maria Lúcia de Arruda. *Filosofando: introdução à filosofia*. 3. ed. rev., São Paulo: Moderna, 2003.

ARISTÓTELES. Ética a *Nicômaco*. São Paulo: Atlas, 2009.

BITTAR, Eduardo C. B. *Curso de ética jurídica: ética geral e profissional*. 10. ed. São Paulo: Saraiva, 2013.

BOBBIO, Norberto. *Etica e política*, Milano: Mondadori, 2009.

BOBBIO, Norberto; MATTEUCCI, Nicola; PASQUINO, Gianfranco. Dicionário de política, 13ª ed., Brasília: Editora Universidade de Brasília. 2010.

CALCINI, Fábio Pallaretti. Princípio da moralidade administrativa. In: MARRARA, Thiago (org.). *Princípios de direito administrativo: legalidade, segurança jurídica, impessoalidade, publicidade, motivação, eficiência, moralidade, razoabilidade, interesse público*. São Paulo: Atlas, 2012.

CARVALHO FILHO, José dos Santos. *Manual de direito administrativo*. 19. ed. Rio de Janeiro: Lumen Juris, 2008.

CHAUÍ, Marilena. *Convite à filosofia*. São Paulo: Ática, 2012.

COMPARATO, Fábio Konder. Ética: direito, moral e religião no mundo moderno, São Paulo: Companhia das Letras, 2006.

COSTA, Elcias Ferreira da. *Deontologia Jurídica: ética das profissões jurídicas*. Rio de janeiro: Forense, 2013.

CONTROLADORIA GERAL DA UNIÃO. *Fraudes em licitações aparecem em 55 de 60 municípios fiscalizados pela CGU*. Disponível em: <http://www.cgu.gov.br/Imprensa/Noticias/2008/noticia03508.asp>. Acesso em: 30 jul. 2014.

DE CICCO, Cláudio. *Teoria geral do Estado e ciência política*. São Paulo: Revista dos Tribunais, 2013.

DI PIETRO, Maria Sylvia Zanella. *Direito administrativo*. 23. ed. São Paulo: Atlas, 2010.

FREITAS, Juarez. *Discricionariedade administrativa e o direito fundamental à boa administração pública*. 2. ed. São Paulo: Malheiros, 2009.

GASPARINI, Diógenes. *Direito administrativo*. 13. ed. São Paulo: Saraiva, 2008.

MARINELA, Fernanda. *Direito administrativo*. 5. ed. Niterói: Impetus, 2011.

MARRARA, Thiago. O conteúdo do princípio da moralidade: probidade, razoabilidade e cooperação. In: MARRARA, Thiago (org.). *Princípios de direito administrativo: legalidade, segurança jurídica, impessoalidade, publicidade, motivação, eficiência, moralidade, razoabilidade, interesse público*. São Paulo: Atlas, 2012.

MAZZA, Alexandre. *Manual de direito administrativo*. São Paulo: Saraiva, 2011.

MEIRELLES, Hely Lopes. *Direito administrativo brasileiro*. 25. ed., São Paulo: Malheiros, 2000.

MORAES, Alexandre. *Direito constitucional*. 24. ed. São Paulo: Atlas, 2009.

MORGADO, Almir. *Manual de direito administrativo*. Niterói: Impetus, 2008.

NALINI, José Renato. *Ética geral e profissional*, 9ª ed. rev. atual. e ampl., São Paulo: Editora Revista dos Tribunais, 2012.

OSÓRIO, Fábio Medina. O "novo" sistema judicial brasileiro: significados e significantes. In: OSÓRIO, Fábio Medina; SOUTO, Marcos Juruena Villela. *Direito administrativo: estudos em homenagem a Diogo de Figueiredo Moreira Neto*. Rio de Janeiro: Lumen Juris, 2006.

REALE, Miguel. Filosofia do direito, 17ª ed., São Paulo: Saraiva, 1996.